中国非物质文化遗产代表作丛书

主编 王文章

陈燕婷 著

安海嗦啰嗹

二维码总码

文化艺术出版社
Culture and Art Publishing House

"中国非物质文化遗产代表作丛书"编委会名单

主　编：王文章
副主编：马文辉　刘　茜　吕品田
委　员：（以姓氏笔画为序）
　　　　马盛德　乌丙安　田　青　刘文峰　刘魁立
　　　　沈　梅　屈盛瑞　周小璞　罗　微　资华筠

总　序

王文章

伴随着新世纪的开始，我国的非物质文化遗产保护工作已走过了十几个年头。短短的十几年时间，中国的非物质文化遗产保护取得了令世人瞩目的成就，总体上呈现出持续健康发展的良好局面。

一是符合我国国情的非物质文化遗产保护体系初步建立，非物质文化遗产保护理念逐渐深入人心。在党中央、国务院的高度重视下，在各级党委政府的大力支持和社会的广泛参与下，在各级文化部门的共同努力下，我国的非物质文化遗产保护体制、机制从无到有，逐步建立起来，并已发展为比较健全的四级名录保护体系和传承人保护制度。在进行全国非物质文化遗产资源普查的基础上，国务院已公布了三批共1219项国家级非物质文化遗产名录，文化部公布了三批共1488名国家级非物质文化遗产项目代表性传承人。各省、市、自治区也公布了省级保护名录项目8566项，代表性传承人9564名。我国的非物质文化遗产保护，已从十多年前单个的项目性保护，走上了整体性保护、科学保护和依法保护阶段。非物质文化遗产的重要价值和保护的意义越来越被人们所普遍认知和理解，人们越来越珍视优秀传统文化，全社会对非物质文化遗产保护工作的关注程度、参与热情越来越高，全社会已经逐步形成保护非物质文化遗产的文化自觉。

二是《中华人民共和国非物质文化遗产法》的颁布实施，为非物质文化遗产保护提供了坚实的法律保障。围绕着贯彻落实《中华人民共和国非物质文化遗产法》，非物质文化遗产保护的法制建设、规章制度建设得到了进一步加强。现在，全国已有十多个省、市、自治区出台了地方非物质文化遗产保护条例。

三是非物质文化遗产保护方式方法和方针、原则逐步完善和确立。在总结保护工作实践经验的基础上，我们逐渐认识到非物质文化遗产所具有的恒定性和活态流变性的基本衍变规律，并在此基础上，认识到对于非物质文化遗产的科学保护，既不是使它凝固不变，也不是人为地使之突变，而是要让它按照自身的规律去自然衍变。非物质文化遗产保护要遵循其本体规律。近些年来，我们提出的抢救性保护、整体性保护、生产性保护等多种针对不同类型项目实施的保护原则与方法，在保护实践中取得明显成效。同时，在准确认识、总结和把握非物质文化遗产本质特征的基础上，确立了保护工作的十六字方针："保护为主、抢救第一、合理利用、传承发展。"确立了保护工作的原则："政府主导、社会参与，明确职责、形成合力；长远规划、分步实施，点面结合、讲求实效。"保护方针和原则的确立，对非物质文化遗产保护工作的健康发展起到了重要的指导作用。

四是资金投入进一步加大，机构队伍基本建立。截至2011年，不包括地方财政资金投入，仅中央财政已累计投入非物质文化遗产保护经费14.3876亿元；2012年，中央财政转移地方非物质文化遗产保护经费增长至6.2298亿元。全国31个省、市、自治区均成立了省级非物质文化遗产保护中心，16个省、市、自治区文化厅（局）成立了非物质文化遗产处（室）。非物质文化遗产保护工作机构和队伍基本建立。

五是非物质文化遗产宣传展示活动丰富多彩。近十年来，北京和全国各地陆续举办了一系列非物质文化遗产项目展演及保护成果展，对于社会公众认知非物质文化遗产及其保护的意义起到了重要的促进作用。近两三年来，主要的展演活动如2009年文化部在北京农展馆举办的"中国非物质文化遗产传统技艺大展"，2010年在北京展览馆举办的"巧夺天工——中国非物质文化遗产百名工艺美术大师技艺大展"，2011年在中华世纪坛举办的"中国非物质文化遗产传承人师徒同台展演"，2012年初文化部等部门在北京农展馆举办的"中国非物质文化遗产生产性保护成果大展"等都引起轰动，增强了公众对非物质文化遗产保护的关注和参与意识。

六是国际合作和交流不断加强。2004年，经全国人大常委会批准，我国第一批加入了联合国教科文组织《保护非物质文化遗产公约》。我国在四川成都成功举办了三届国际非物质文化遗产节。截至2011年11月底，我国入选联合国教科文组织非物质文化遗产名录项目总数达36项，成为世界上入选项目最多的国家。2012年初，联合国教科文组织亚太地区非物质文化遗产保护国际培训中心在中国（北京）正式成立，这表明了国际社会对我国非物质文化遗产保护工作的充分肯定。

在充分肯定我国非物质文化遗产保护工作成绩的同时，也必须看到，非物质文化遗产保护工作仍然存在不少困难和问题：一些非物质文化遗产项目后继乏人、生存濒危的境况还没有得到根本解决，仍存在传承人年老体弱，人走歌息、人亡艺绝的现象；在保护工作中，重开发、轻保护、轻传承的问题仍不同程度地存在，过度开发、盲目开发非物质文化遗产资源的现象仍有发生；一些地方对保护工作认识不到位，保护工作不落实的情况依然存在。因此，我们应该头脑清醒，思想明确，进一步增强非物质文化遗产保护工作的紧迫感和责任感，认真研究解决保护工作中存在的突出问题，真抓实干，从而推动非物质文化遗产保护工作持续、扎实、深入地开展。

最近，文化部主要从国家级非物质文化遗产代表性项目保护规划的实施及保护措施落实情况、国家级代表性传承人传承情况，以及保护专项资金使用情况三个方面，对非物质文化遗产保护工作中存在的问题进行督促检查，以便找准问题，有针对性地采取有效措施加以调整。我相信，只要我们坚持求真务实的态度，把各项保护措施落到实处，我国的非物质文化遗产保护工作就会越做越好。

在概要回顾总结近年来我国非物质文化遗产保护工作的基本情况和经验的同时，我们也在思考一个问题，那就是我们保护工作的基础，或者说我们科学把握非物质文化遗产保护工作的规律，不断取得保护工作成绩的基础是什么，我想，首要的就是对非物质文化遗产项目的科学认知。今天，我们在非物质文化遗产得到全面整体性保护的情况下，更需要继续对具有代表性的项目进行认真、科学的梳理和分析，进一步探究它的文化渊源，揭示它的价值，总结它的存在形态和演变历程，以及研究如何在把握本质规律的基础上对其进行科学保护。

这样的调查、分析和梳理，可以充分展示非物质文化遗产的独特魅力，让更多的人了解、认识非物质文化遗产的精粹性及其杰出的文化、艺术、历史和科学价值，由此引导人们正确认识非物质文化遗产及其保护工作，逐步形成非物质文化遗产保护的文化自觉，关注、重视或主动参与到非物质文化遗产保护工作中来。正是基于此，我们组织专家学者或从事非物质文化遗产保护的实践者编撰出版了这套"中国非物质文化遗产代表作丛书"。2005年，浙江人民出版社也曾邀我主持编撰一套"非物质文化遗产丛书"，迄今已出版二十多本。这次经作者重新修订后纳入现在这套丛书，由文化艺术出版社出版，其项（书）目的选择，则是根据国务院公布的国家级非物质文化遗产代表作名录确定，每个项目独立成书，分批出版。第一辑收录中国非物质文化遗产代表作20项，内容涉及传统音乐、传统戏曲、传统工艺、传统技艺等多个领域。它们形式各异，但都以其厚重的历史、鲜明的特征在中华文明的深厚积淀中留下了鲜明的烙印，并长久地影响着中华民族文化基因、精神特质乃至生活方式；如同一朵朵奇葩，千姿百态、绚丽斑斓，与其他文化遗产共同构成中华文化的悠久博大、辉煌壮丽。

这套丛书的作者来自全国各地，都是该项目研究的专家学者或项目的传承人，其中不少作者是项目相关领域的权威学者。他们根据自己多年的实地调查和深入研究，本着严谨的态度和专业精神，详尽梳理每一个项目的历史渊源和沿革流变、分布区域和存续状况，细致描述它们的呈现形态，包括风格流派、技艺特征及其代表性传承人和代表性作品，并对其历史、文化、艺术、科学等价值进行深入的阐发。这套丛书力图以学术的权威性、叙述的准确性和可读性成为广大读者全面了解中国非物质文化遗产的优秀读物，它的出版不仅有助于中国读者认识和了解祖国优秀的文化遗产，也为世界人民认识和了解中国文化打开一扇窗口。

是为序。

2012年5月6日

前　言

陈燕婷

端午节是一个狂欢的节日。

当近海民众锣鼓喧天地举行龙舟赛时，安海小镇的居民正和着旗手的醉步，在"嗦啰嗹"的旋律之中，将端午的狂欢推向高潮。

安海是福建省泉州市的一个文化名镇，位于泉州城南20余公里临海处，于南宋建炎四年（1130）建镇，是宋元时代泉州海外交通的重要港口之一。宋朱熹与其父朱松都曾在安海讲学，史称"二朱过化"，因而安海有"闽学开宗"之美誉。安海还是著名侨乡，经济重镇，被中央文明委授予第二批"全国文明村镇"称号，并于2003年获得"中国历史文化名镇"称号。2016—2018年连续三年位居全国综合实力千强镇第27位，入选中国综合竞争力百强榜乡镇。

"嗦啰嗹"是一个音译词，历史上有"唆啰嗹""嗦噜嗹"等多种写法。近来，由于政府对民间文化的重视，"嗦啰嗹"也受到了特别关注，于是此三字作为通用写法被确定下来。

在闽南，"嗦啰嗹"有两层意思：其一，指歌曲《嗦啰嗹》，也称《采莲曲》。演唱形式为一唱众和。由于每句歌词都以众人合唱的"嗦啰嗹啊伊嘟啊啊咧，咧啊去咧"结束，因而得名。其二，指端午节的民俗活动"嗦啰嗹"，又称"采莲"。活动中，人们敲着大锣大鼓，装扮成铺兵、家婆等角色，抬着龙王，沿途反复高唱《嗦啰嗹》曲，挨家挨户为人们驱灾避邪。

"嗦啰嗹"原本盛行于泉州各个乡镇，后来由于种种原因，只剩安海古镇还在继续着这项古老的民俗活动。2008年,"嗦啰嗹"端午民俗被评为国家级"非遗"之后,得到了人们的重视。在泉州市李金针等人的努力下,泉郡南门后山四王爷宫恢复了"嗦啰嗹"活动,并于2013年以"泉州嗦啰嗹习俗"为名列入《泉州市第四批非物质文化遗产保护名录》。

"嗦啰嗹"是一种"沿门逐疫"之古傩遗存。端午节前,人们迎出木刻"龙王头",举行请神仪式,使龙神附体,接受善男信女的膜拜。端午节当天,采莲队伍装扮角色、敲锣打鼓,沿街游行,挨家挨户为人们禳灾祈福。

仔细想来,不禁为"嗦啰嗹"队伍的角色设置而拍案叫绝——铺兵和家婆,是不可或缺的一对,首先是队伍的联络员,是领队。他们用风趣的方式,向队伍传送信息。他们的行走路线,看似漫不经心,随意为之,其实早已胸中有数。其次,他们是渲染气氛的高手。他们嬉笑怒骂,插科打诨,在"嗦啰嗹"的歌声和锣鼓声中,一次又一次地制造出白热化的欢腾景象。旗手,其实是队伍的主力,"嗦啰嗹"的主要任务和目的就是为人们驱邪逐疫,禳灾祈福。实现这个任务和目的的力量来自龙王,而实施者就是旗手。因此,人们不辞辛劳地抬着沉重的龙王头沿街游行,所到之处,神威笼罩。人们坚信不疑,借助龙王的威力,旗手极具力量的冲刺和拂扫,能赶走一切污秽邪恶。三个角色,虽然简练,但是不简单。

《嗦啰嗹》曲同样意义非凡,没有它的"嗦啰嗹"活动是不可想象的。其曲调朗朗上口,切分音的频繁使用使旋律富于律动感,具有统一各角色步伐,调动众人情绪的重要作用。在端午节的活动中,众人随着队伍反复咏唱《嗦啰嗹》曲,其恢宏场面和气势可想而知。《嗦啰嗹》曲调在泉州地区广为流传,还被编上其他歌词,成为一首具有代表性的闽南民歌。

"嗦啰嗹"的另一名称"采莲"也很耐人寻味。老人们都说"采莲"是正名,"嗦啰嗹"只是俗称。这个"正名"令人疑惑:整个活动从头到尾未见与"采莲"有何相关。翻查资料，发现许多以"采莲"为名的歌曲及民俗，都有一个共同点，就是与龙舟相关，而且，这些资料主要集中在属于古越之地的福建、江西，也有部分为属于古楚地的湖北、湖南。由此可以推测，古楚、越正是"采莲"与龙舟、竞渡的发源地。"采莲"之名原有特殊蕴涵，随着斗转星移、时空变化，如今空剩其名，因而给人无限困扰。

对龙王的信仰是"嗦啰嗹"延续至今的关键。龙王被认为是掌管风雨之神灵。老人们说，以前旗手在"采莲"时，入屋喊"风调雨顺"，出来喊"五谷丰登"，祈求丰衣足食。如今，丰衣足食已不是问题，旗手说的吉祥语也与时俱进，更多地以祝愿主人富贵长寿、添丁进财为主。

"嗦啰嗹"独特的角色构成、逐疫方式，以及那支传唱不衰的曲调，使之当之无愧地被评为国家级非物质文化遗产。以"嗦啰嗹"申报"非遗"为契机，晋江市自2008年以来，在安海成功举办了数届端午民俗旅游文化节。该活动吸引了众多海内外人士、记者前来观看、采访。香港、澳门等地民间组织还向"嗦啰嗹"队伍发出邀请……

目 录

第一章 "嗦啰嗹"的最后堡垒——古镇安海……1
第一节 源远流长的文化古镇——安海……3
第二节 丰富珍贵的文化遗产……10
第三节 无形的防护——信仰民俗……29
第四节 有形的支持——各界商人……32

第二章 多方求索中的"嗦啰嗹"……37
第一节 古籍中的只言片语……39
第二节 现代文献中的记忆……42
第三节 当前的"嗦啰嗹"……48
第四节 "嗦啰嗹"在端午……58

第三章 探究"嗦啰嗹"之意——兼及"啰哩嗹"……67
第一节 探究"嗦啰嗹"之意……69
第二节 《嗦啰嗹》曲中的"啰哩嗹"……74
第三节 用途广泛的"啰哩嗹"……82
第四节 "啰哩嗹"在闽南……85

第四章 为"采莲"正名——采莲与龙舟竞渡……99
第一节 "采莲"之称引发的质疑……102
第二节 "采莲"与"龙舟竞渡"……105
第三节 采莲曲与龙船歌……109
第四节 "采莲"向民俗活动的衍变……113
第五节 龙王崇拜……118

第五章 "嗦啰嗹"——端午驱疫傩……127
第一节 "嗦啰嗹"——驱疫傩……129
第二节 端午民俗——以难（傩）止恶气……133
第三节 家婆、铺兵、旗手——丑之由来……135
第四节 夜壶与打夜胡……138
第五节 榕枝幡旗——竹竿子……143
第六节 与傩有关的其他事项……145

第六章 "嗦啰嗹"的当代传承……153
第一节 霁云殿"嗦啰嗹"队……156
第二节 妈祖宫"嗦啰嗹"队……179
第三节 当兴境队与三公境队……201
第四节 社会支持……216

第七章 "嗦啰嗹"项目省级代表性传承人——颜昌瑞……227
第一节 丰富多彩的人生经历……229
第二节 "嗦啰嗹"民俗传承……234
第三节 弘扬民俗文化、开展群众活动的领头人……241

第四节　结语⋯⋯⋯⋯249

第八章　"嗦啰嗹"的角色、道具分析⋯⋯⋯⋯251

第一节　铺兵⋯⋯⋯⋯254

第二节　家婆与花姑⋯⋯⋯⋯258

第三节　旗手⋯⋯⋯⋯262

第四节　前导旗/牌⋯⋯⋯⋯265

第五节　锣鼓队与乐队⋯⋯⋯⋯268

第六节　木刻龙王头⋯⋯⋯⋯272

第七节　民俗演出队及其他⋯⋯⋯⋯276

第九章　"嗦啰嗹"的舞台化⋯⋯⋯⋯281

第一节　"嗦啰嗹"舞台化溯源⋯⋯⋯⋯283

第二节　多才多艺的尤金满⋯⋯⋯⋯287

第三节　"嗦啰嗹"舞进校园⋯⋯⋯⋯290

第四节　多种风格的《嗦啰嗹》舞⋯⋯⋯⋯292

第十章　基于"嗦啰嗹"的端午民俗旅游文化节⋯⋯⋯⋯307

第一节　政府大力扶持⋯⋯⋯⋯309

第二节　首届端午民俗旅游文化节实录⋯⋯⋯⋯311

第三节　1—3届旅游文化节对比分析⋯⋯⋯⋯321

第四节　4—8届旅游文化节概况⋯⋯⋯⋯328

第十一章　"嗦啰嗹"的文化意义⋯⋯⋯⋯337

第一节　文化中的"嗦啰嗹"⋯⋯⋯⋯339

第二节　社会发展中的文化变迁…………342
第三节　深度的诠释…………347
第四节　狂欢：在象征与消解中…………350
第五节　个人、众人和历史中的人…………355

结语："嗦啰嗹"效应…………359
后记…………364

第一章
「嗦啰嗹」的最后堡垒——古镇安海

第一节 源远流长的文化古镇——安海

一、安海古名

安海位于福建省晋江市南部临海处,隶属于泉州市,是闻名遐迩的文化古镇。

安海历史上有过许多别名,如安平、石井、八都、鸿江澳等。回顾这些名称,几乎就是在回顾整个安海历史。

安海之名的由来是有典故的。据清道光十五年(1835)安海新街人柯琮璜之《诒经堂重修安平志》:"安海古名湾海,以其海九十九曲也。唐开元时,安金藏之孙安连济居此,故名之。"①"安"字,据说由于安连济曾居于此而得名。然而,关于安连济入安海的时间,却有不同说法。据《闽书·建置志·安平镇》及清乾隆重修《安平鳌海安氏族谱》,安连济于宋开宝年间(968—975)迁居安海。②这两份记载比柯琮璜之说晚了200余年。"海"字,毫无疑问,因为该地临海。而且其海岸线以弯多曲折著名,故有九十九曲之形容。安海之海港,为泉州港之一部分,由于海面开阔风浪小,是一个天然的避风港,成为泉州的一个重要港口。"意大利威尼斯人马可·波罗称泉州港(刺桐港)为'东方第一大港'。这第一大港,包括位于从晋江入海的泉州湾和其南面的深沪湾和

图1-1-1：安海 　　　　　　图1-1-2：安平 　　　　　　图1-1-3：八都

围头湾三大湾（有的将东海湾也归入泉州湾之内）。自此而南，泉州港有十二个支港……此中，尤以泉州港的后渚港和围头湾的安海港位居首要。"③因而当泉州港在宋元时期处于巅峰状态时，安海港也无比繁华。安海闻名于世的西桥（安平桥）即修建于南宋绍兴年间，时隔一年，又修建了东桥，二桥皆为安海海外贸易繁荣、财力充足的见证。

安海又称"安平"，"安平一名，在王安石为高惠连作墓志铭时，已称及之。南宋时建西桥，榜曰安平桥……有明一代，喜称安平。至清时官方正名安海……然民间习用安平，故安海人生时虽称安海，而清时坟墓，则一律标安平"④。据王安石撰《高惠连墓志铭》："高君惠连，字公溥，泉州安平人也。"⑤高惠连生于宋开宝五年（972），逝于熙宁元年（1068），由此可知，安平与安海之称同样古老。

石井是又一古老的别名。据《闽书》卷三十三："客舟自海到者，州遣吏榷税于此，号石井津。建炎四年，州请于朝，创石井镇，以迪功郎任。"⑥南宋建炎四年，即公元1130年，设石井镇，

图1-1-4：八都安平　　　　　　　　图1-1-5：鸿江澳

  第一任镇长是朱熹之父朱松。从1130年算起，至2010年，正好是880周年，因此2010年12月，安海举办了隆重的建镇880周年纪念活动。石井之名也是有来头的："宋在石泉门内往东上，今水南门内昼锦坊前，北上至高处，转西十余步，人居屋畔，石盘作底，中泐一缝，泉自中出，清冽甘美，邻海不咸，人以为奇，故名石井，亦以名镇亦以名书院。"[⑦]"亦以名镇亦以名书院"，前者指"石井镇"之名，后者指多位名人眷顾的"石井书院"。

  八都，元代改乡里为都，晋江县分为十七个都，安海属八都。明代仍承元朝旧制。

  鸿江澳，清雍正七年（1729），由于外来商船常停泊于安海，特于安海朝天巷内设户部税官，称"鸿江澳"，专门收税。于是安海又名"鸿江澳"。

  如上所述，小镇的众多名称，多数与海有关。小镇的许多风俗习惯，也与海有关，端午"嗦啰嗹"活动，与祈求航海平安而产生的龙王崇拜关系密切。

5

端午采莲时，各采莲队伍出门活动都要高举队旗、前导牌，表明身份。"泉郡晋邑八都都主""泉郡安平采莲队""鸿江澳妈祖宫彩梁队""安海当兴源泉境采莲队""八都安海三公境三公爷合境平安"等，又是八都，又是安平、鸿江澳、安海等，其实所指相同，但是名目繁多，不知情者往往无所适从。

二、安海古境

旧时安海被划分为24个境，包括龙山、尚贤、兴胜、霁云、拱北（玄坛宫）、城隍、忠义、第一、咸德、镇西（西宫）、当兴、新拱北（新街）、靖西、萃福、三辅、三公、鳌山、朝天、明义、西垵、鳌头、西河、仁寿、市心。每个境都有一个类似小庙的建筑，称"挡境"。挡境供奉一个主神，称为"境主公"，还供奉一些其他神灵，如龙王、黑官爷等，这些都属于挡境神。

据《安平志》（校注本）之"封域志·都里"校注2：

安海镇区之形成，始于宋代，其时以街巷，或道路为分界之社区名称，似乎与其他城镇同样以街坊为命名单位……至于以境为地名之时代，大概不会早于明嘉靖年间。其时，海交贸易，已相当发达，生齿日繁，号称万家巨镇，镇区扩大，重新划分社区，以境命名，是可能的，故老相传"明设十八境，清增二十四境"……清末二十四境，时代较近，与至今尚流传之民谣《普渡歌》之二十四境基本一致，名地具存，可以查对。镇中这种以境命名的社区，其实并不是基层行政单位，而

图1-1-6：鳌头境

是以供奉神祇，名曰"境主公"，籍以统摄该社区居民之世俗活动。各境供奉之神祇，各不相同，除了玄天大帝、关帝爷、城隍、土地神这些中原流传的民间神祇外，还有拱北境主赵光明大元帅、西垵境主乌官爷（即天狗精）、三公宫供奉明代抗倭殉难之三兄弟等，形成一种"福而有德千家敬，正则为神万世尊"，独特的泛造神观。扮演社区人神沟通的角色，称为境正，多者十余人，少者三五人不等，主持该境神诞祭祀，年节庆祝，以祈福消灾，保境安民为号召，摊派居民提供三牲供品，烟火纸灼，以至献金演戏谢神等活动。这种以民间信仰为纽带之神权组织，平时松散，必要时，却是一呼百应，反应快速。这种沿袭传统鬼神崇拜的形式，通过各种民间习俗活动，动员社会力量，为显现神祇威灵服务，当然也为社区创造一些睦邻敦里，守望相助，救急济难等等，促进社会安定祥和的效果，可是，长期过分的炒作神灵，频繁驱动居民参与，也就出现了民谣所说的"神佛兴，弟子穷"的无奈

图1-1-7：当兴境　　　　　　　　图1-1-8：仁福宫

哀叹。使这种民间人神沟通，永远处于"亦敬亦惧"的循环状态。解放后，经过历次运动的冲击，拆庙毁佛，各种习俗的祭祀活动，也都消声灭迹了，但是群众对世俗神祇的崇拜观念，并不因为行政禁令，和科学的进步而有所减弱，现在反而出现了越演越烈的趋势。⑧

这些境延续至今，就如同现在的街道一般，但是却与街道有着本质的不同。街道，纯粹按地理范畴划分，如安海在旧城的东边开发的新式大街，被称为东大街，就是以地理位置命名的街道，别无其他含义。而"境"既包含了地理范畴，又包含了神权疆界，是以民间信仰为纽带的地域划分。其"挡境"如同如今的"居委会"，但"挡境"的作用主要是举行神诞祭祀，演戏谢神，目的是祈福消灾，保境平安。

如每年农历三月初三为西河境挡境神上帝公诞辰，于初一日境正便会派人贴出告示，提醒境内人士备办筵碗敬神；三公境境主公三公爷农历五月初三生日，境里常请来戏班演出贺寿，各人家都要出筵碗，由于活动持续三天，于是境正按区域将境内人家分

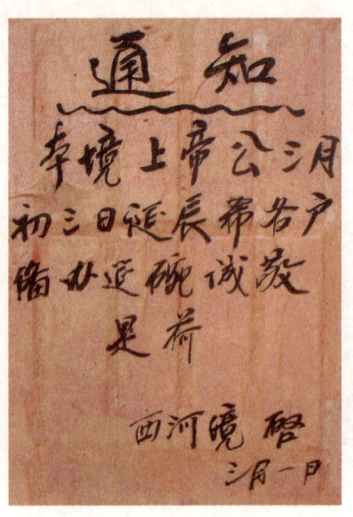

图1-1-9：西河境　　　　　　图1-1-10：西河境通知

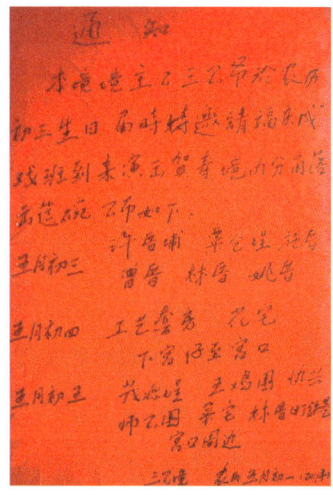

图1-1-11：三公境　　　　　　　　　图1-1-12：三公境通知

为三部分，每天由不同区域的人家出碗敬神；西宫境正月十五注生夫人妈诞辰、六月初一东斗夫人妈诞辰，都要举行盛大庆祝活动，出碗演戏。由于夫人妈神威遍及所有孩儿，所以其他各境居民也纷纷前来祭拜。

再如每年农历七月的普度，从初二到三十，24个境每境一天轮流做普，轮到的这一天，境内各家各户烧香祭祀，大办宴席。

图1-1-13：西宫境

"嗦啰嗹"民俗活动，也以境为单位来举办。端午临近时，各境热心人士往往会主动来到挡境，报名参加活动。除了个别公认的势力范围大的神灵外，各境采莲活动范围原则上只限于境内，不得越境，否则会引起民愤，据说神灵还有可能降罪于越境者。

第二节　丰富珍贵的文化遗产

一、有形文化遗产

安海有许多承载着厚重历史的文物古迹，例如龙山寺、安平桥、石井书院等。

龙山寺，全国重点佛教寺院之一。始建于隋皇泰年间（618—619），至今香火旺盛，并衍播至中国台湾及东南亚地区，其中以台湾的鹿港龙山寺和台北艋舺龙山寺最为著名。每年都有许多香客成群结队至安海龙山寺"舀火"。据《安平志》（校注本）：

>《县志》载："寺在安海，相传始于隋朝，中奉千手眼佛祖，阅今数百载，废兴不知凡几。"清朝顺治丙申迁界，滨海梵宫悉为灰烬，龙山寺岿然犹存，惟栋宇岁久半朽，渐且就圮，靖海侯施琅捐赀鼎建山门，其侄施韬偕里人黄基、蔡文彬、蔡周先、施世赐、陈梦弼、颜思敬、住寺僧十生鸠金重新。颜仪凤为记。

>传闻该地有榕树一株，时发毫光。东汉时，高僧一粒沙募捐创建，中奉千手千眼佛祖，数著灵异，祷求辄应，故至今香火倍盛焉。其间修理者累次，同治癸酉年正月二十六日动工，至光绪己卯年告竣，全行拆卸，始易大观。及光绪乙巳，里人田正元倡捐重修，并盖天坛。⑨

龙山寺之出名不仅因其历史悠久，更重要的是寺中供奉着一尊比寺还要古老，而且非常灵验的观音，因而当地人俗称之为观音殿。据传东汉时期，高僧一粒沙来到安海，看到一株古树（有说是榕树、有说是樟树），正发着神光。于是他认定这是一株神树，这片土地是一块圣地。他花费多年时间将树雕成一尊有1008只手眼

图1-2-1：龙山寺

的千手千眼观音像，并倡建龙山寺。安海人向来津津乐道于这尊观音神像的灵验性。首先在于"数著灵异"："明嘉靖间，倭寇八次扰安平，屡议毁寺，神显灵异，倭退"；清顺治迁界，"沿海十里宫室寺庙皆为灰烬，惟龙山寺岿然独存"；"乾隆四十七年七月……土匪啸聚安海，欲抢毁，大街皆见神光显赫，骤然大雨淋漓，匪散。先时，男女求祷皆得平安签，此其临难救民之灵感也"。[⑩] 其次，在于"祷求辄应"，因而至今香火旺盛，

图1-2-2：龙山寺

家家户户逢年过节，遇有大事，都要去龙山寺祭拜观音，祈求保佑。此外，殿中还珍藏着诸多宝贝，如殿前一对分别捧着一鼓一磬的蟠龙石柱，宋朱熹，明张瑞图，清庄俊元、柯琮璜，近代弘一法师等人的墨宝，以及19世纪后期华侨从南洋爪哇岛带回的爪哇钟等。每次安海镇有盛大的踩街活动，必然要到龙山寺请出爪哇钟，作为开路大钟。

安平桥，始建于宋绍兴八年（1138），14年后建成。横跨安海、水头二镇。因长约5里，又称五里桥，是世界上最长的石桥，为全国重点文物保护单位。桥体全部由石板构成，桥面宽约三四米，361个桥墩依水流的缓急分别设计为长方形、单边船形、双边船形3种形状。明清两代曾多次重修。

> 晋江南安之界，旧以舟渡。宋绍兴八年，僧祖派始筑石桥，里人黄护与僧智渊各施钱万缗为之倡。功将半，派与护殁，十四载弗克成。二十一年，郡守赵公令衿卒成之。长八百十有一丈，广一丈六尺，疏为水道三百六十二，榜曰："安平桥"。桥之东西中凡为五亭，后废其二，惟东西中三亭存耳……国朝永乐甲申，里人黄韦重修。天顺三年梁圮，蔡阳生修，陈弘撰记。成化乙酉复记，里人蔡守辉、刘耿等重修。

图1-2-3：安平桥

嘉靖辛卯、壬辰间，水啮埭岸，知县山阴钱楩命里人黄文器、文鼎、元景、蔡克振等重修中亭作水汊。万历二十九年间，中亭岁久风雨坏圮。二十九年辛丑西垵里人颜嘉梧募缘重建。人言天下之桥梁，妆饰华美者多矣，未有如是之长者。[11]

安平桥与龙山寺是安海最著名、历史最悠久的两处古迹，有"世间有佛宗斯佛，天下无桥长此桥"之称。而且有意思的是，二者都由佛家弟子倡建，龙山寺由"高僧一粒沙募捐创建"，安平桥由"僧祖派始筑石桥，里人黄护与僧智渊各施钱万缗为之倡"。由此得知，其一，安海僧人很热心公益事业；其二，僧人都很有钱，如僧智渊"施钱万缗"，至少他们需要钱的时候能筹到钱；其三，高僧具有很强的号召力，能够动员百姓。泉州号称"泉南佛国"，百姓对佛家子弟敬重有加，高僧具有这么高的号召力不足为奇。不过除了这些留名青史的倡建之人外，还有许许多多的老百姓共同出钱出力，两大建筑才得以建成。尤其是安平桥，其建造之难，从前文即可看出："功将半，派与护殁，十四载弗克成。"以当时的条件，光靠人力在大海上建造一座由厚重的石板构成的5里长大桥，谈何容易。而且群策群力轰轰烈烈地建造安平桥的这十几年，南宋政局动荡不安：金国入侵，徽、钦二帝被掳，奸臣秦桧当权，

图1-2-4：安平桥

岳飞遭到陷害。安海由于偏安一隅，较少受政局影响，因而社会安定；又由于繁荣的海外贸易，因而经济富足，这样浩大的工程才有可能最终完成。

在安平桥的桥头，耸立着一座六个角的五层砖塔，高22米，因塔身呈白色，俗称白塔，又称西塔、瑞光塔、文明塔，与安平桥建于同一时期，为南宋古迹。塔内有螺旋梯供人攀登。一直到20世纪中期时，白塔还可登上，塔前有海。当时，每年端午节中午，安海人一家老少，穿上新衣，带上煎"饦"，登上白塔去投"饦"。"饦"，是一种糯米面煎成的饼状物。投"饦"，即将"饦"扔入海中，据老人们说与投粽子同义，是为了祭奠屈原。后来，塔身倾斜，禁止游人攀登，塔前的海也被填平，此项风俗从此绝迹。

石井书院又称朱祠，因奉祀朱熹及其父朱松像而得名，与泉山书院、小山书院、欧阳书院并称泉州"四大书院"。始建于宋绍兴年间，其前身为黄护捐建的二朱讲学之地"鳌头精舍"。泉州文庙明伦堂有一对联："圣域津梁，理学渊源开石井；海滨邹鲁，诗书

图1-2-5：白塔

图1-2-6：曾经的安海八景之两塔凌霄
（摄自2016年"古韵安海"老照片展）

图1-2-7：石井书院　　　　　　　　图1-2-8：石井书院

弦诵遍桐城"，上联讲的就是"二朱"在石井传播理学之历史。后来几经重修，明代郑成功曾在此读书。

据清代黄其琛《安平石井书院记》：

> 石井书院按黄庭焕《旧志》在镇城西北，旧名曰：鳌头精舍。宋绍兴初，韦斋朱先生讳松为吏部郎镇是邦，公余讲学。后晦翁朱夫子官同安，时至安平，与耆士谈经说义。嘉定四年，镇官游绛、泉守邹应龙，于镇西构学院，建大成殿、尊德堂，立富义、敏行、移忠、立信四字，绘二朱夫子像于尊德堂，同堂异室而祀焉。留元刚为之记。
>
> 宝庆初年，郡守游九功废五寺田，以廪生掌收其租，分作季祭之费。明成化十二年，知府徐源、推官柯汉，重建殿座，塑文公像而礼之……弘治间同知罗憘重修，门外立石华表，额曰："石井书院。"嘉靖庚寅间，知县钱楩重建大殿，祀文公像。后堂祀韦斋公像。嘉靖庚子年，有勇巴庄姓，乞帖于闽督学田汝成。田以文公祠给庄儿新盖房屋。廪生黄仰丈义上争乃止。万历间有监生于祠前盖屋迫祠，乡士黄廷元诉于郡守窦子偁，拆卸。举手先拆者庠生苏琰。太傅黄汝良为窦公勒德政碑。

15

我朝以来，辛丑迁都，书院废为邱墟。迨康熙三十九年邑侯陈炎捐俸倡修，乡士始建中堂三间，夹室三间。柯良塑文公像，黄为宪建龛以祀之。而前朝所塑文公像，因迁都负逃在承天寺尚未还归。乾隆七年太守王廷诤乃建启贤祠于后，祭与前配。十四年通判马鏻创台门及两庑。乾隆二十七年壬午，通判靳起柏偕进士王士浚，乡绅施世膺、施士龄，举人杨攀桂、曾朝阳及诸绅衿等重修，肃然大观。嘉庆十九年甲戌举人黄士葵、施继源、柯琮璜、州同黄元礼偕绅衿等复大修之。而明所塑文公像在承天寺内，迎而归之，与大像文公同祀一龛。⑫

石井书院能从宋留存至今，上文记录在册的热心人士功不可没。从中也可看出"二朱"尤其是朱熹，以及石井书院在众人心中的地位。800多年来，书院几度被人侵占，总有人不畏豪强，挺身而出，仗义执言。对那些有功者，"勒德政碑"。而那些侵占书院者，则遗臭千年，遭人唾骂："今为市中之卖菜佣比类事为观之，则田汝成有通天之罪，当含羞入地而不可为人矣。"⑬

星塔，被视为"郑成功纪念塔"，为方形五层砖塔，高16.6米，明末民族英雄郑成功少年时代常在星塔旁读书。塔的第三层西面，镶嵌有明崇祯十六年（1643）郑成功叔父郑芝鹏撰书的《重建星塔小引》碑记一方。现为晋江市级文物保护单位。

"出砖入石"也是安海的宝藏。在设立"鸿江澳"之前，曾有一段时间，安海被毁城。据《晋江市情信息网》《晋江志书·旧县志》卷之九"城池志"："（顺治）十八

图1-2-9：星塔

图1-2-10：郑成功雕像

年辛丑，以民通海寇，迁都，沿海十里俱属界外。安海迁至六都内坑止，官廨民居一尽毁平。康熙十九年，海氛荡平。二十三年甲子复界。"[14]

这段毁城历史相当惨痛，以至于300多年来，安海人将对毁城的苦难记忆一代一代传下来，至今，那段历史历历在目，鲜活如初。除了口传记忆外，独特的"出砖入石"一直在无声地控诉着那段血泪历史。甲子复界时，安海人回到生养自己的土地上，看到的不仅是一片废墟，整个安海几乎已被夷为平地。安海镇不是一朝一夕建立起来的，毁之容易，重建何其困难。在物资极其匮乏的条件下，聪明的人们想出了一个主意，即就地收集破碎的砖头和石块，将它们砌在一起，成为一堵堵外形奇特的墙：红的砖、白的石砌在一起，红白相间格外醒目；各种不规则的砖块、石块似乎毫无秩序地堆积在一起，但却整齐平滑。如今，这种独特的"出砖入石"建筑，在安海仍有不少遗存。

安海的石敢当也值得一提。石敢当，是一种"镇宅傩俗，是由

17

从傩礼最后大门立桃梗的习俗发展而来……这类镇宅傩俗很多,桃符、悬苇索、贴虎、挂照妖镜等都是"⑮。在正对巷口的一些民居墙壁上,往往都镶嵌有石敢当。安海的石敢当造型多样。有的石敢当就是立一块石头,上书"石敢当"三字。另有一种宝塔形状的石敢当,由五层或七层构成,称五层宝塔、七级浮屠。这些宝塔状的石敢当由石头制成,塔顶呈葫芦状,每一层都有两端翘起的塔檐。塔上书"佛永安宝塔"或"南无阿弥陀佛"等字。塔底有基座,上刻花鸟、动物的图案。走在安海的老街老巷中,稍加留意便能发现它们的踪影。

图1-2-11:"出砖入石"建筑

安海的许多老巷,狭窄弯曲,令今人不解。考其原因,因为近海,冬季寒风强劲,如果街巷又宽又直,那么寒风横扫,势不可挡。而狭窄曲折的街巷,则可以有效地阻挡寒风侵袭。

此外,霁云殿、仁福宫、昭惠庙等历史悠久的古寺古庙,以及

图1-2-12:石敢当

第一章 "嗦啰嗹"的最后堡垒——古镇安海

图1-2-13：曲折的老巷

各境年代久远的挡境，共同构成了安海丰富多彩的有形文化遗产。

二、非物质文化遗产

安海还是一个充满着古老气息的小镇，尤其是行走在三里街上，两旁店铺里售卖的传统手工艺制品，如吉花、金聪绣、藤轿、铁器、南音乐器等，充满了恬淡宁静的色彩，与新建的东大街所呈现的现代化的浮华喧嚣形成强烈对比。

三里街与安平桥相连，是安海以前最繁华的街道，因长三里而得名。三里街两旁建筑前的五骹架颇有特色："五骹架是闽南语文化圈里最耐人寻味的建筑特色之一。它是鉴于南洋高温、多雨的特点，在临街店铺面前设置一种柱廊贯通的供行人遮日避雨和小贩就地摆摊的公共空间。据有关资料表明，目前所发现最早针对五骹架的都市法规出现在爪哇。1919年，安海镇旧街改造即引进了这一建筑模式，把五骹架与当地传统的前店后屋的'馆驿房'嫁接建成三里街。"[16] 如今的三里街，仍旧保留着这一特色。

如今的三里街，繁华不再，却古老依旧。然而，三里街并不总

19

是这么冷清的。每逢节日举行活动，盛大的踩街队伍必然要来到这条古街上，载歌载舞，因为这里才是他们原本的家。

有意思的是，三里街上的那些古老店铺，一次又一次踏过三里街的南音、什音、舞狮、舞龙、刣狮以及"嗦啰嗹"等踩街队伍，人们司空见惯，不足为奇。直到"嗦啰嗹"成功申报国家级非物质文化遗产，晋江市政府以此为契机在安海连续举办了几届民俗旅游文化节⑰，集中展示安海古镇乃至整个晋江市的文化遗产，人们才恍然大悟：原来身边藏着这么多宝贝。

需要说明的是，这些非物质文化遗产并不属安海独有，而是整个晋江或者是泉州地区，甚至是闽南地区的共同财产，这些

图1-2-14：三里街的五胶架

图1-2-15：传统店铺

财产，有些仍存活于包括安海在内的许多地方，如南音、什音等，有些则独存于安海，如"嗦啰嗹"。晋江市政府将晋江民俗旅游文化节放在安海举办，原因在于，其一，安海独有的"嗦啰嗹"入选第一批国家级非物质文化遗产名录的扩展项目；其二，安海较为集中，而且鲜活地保留了多项文化遗产。

（一）传统手工艺

晋江市安海民俗旅游文化节，展示了磨剪刀、扎吉花、织羊毛鞋、扎藤轿、做戏服、刻印、床花雕刻、南音乐器修理、竹蒸笼、

竹轿车椅、金聪刺绣、胜金橘红条制作、墨香斋画像、庐山国佛雕、捆蹄制作、土笋冻、扎灯笼、民俗绘画、打铁等多项传统手工艺。

吉花，顾名思义，就是吉祥之花，不同颜色和形状的吉花有不同的寓意，原本广泛应用于泉州各种红白喜事中，插在妇女的头上，也用于馈赠、答礼。

金聪绣，泉州的一门传统手艺。泉州刺绣又名"刺桐绣"，其中"金聪绣"是"刺桐绣"之一种，而且是最有特点的一种，纯手工刺

图1-2-16：竹蒸笼　　　　　图1-2-17：轿车椅

图1-2-18：土笋冻　　　　　图1-2-19：扎吉花

图1-2-20：金聪刺绣　　　　　　图1-2-21：藤轿

绣。除了能绣字外，雕龙画凤，无所不能。它广泛应用于寺庙、道观，以至普通人家，在各种红白喜事、节日庆典中大派用场。

藤轿又称"神轿"，主要于各寺庙举行庆典时，抬神像出巡消灾祈福之用。藤轿大小不一，依神像规格而做，一般需要预定。制作工艺复杂，以竹子搭出方形的主体结构，用各色鲜艳的藤条制成各种图案，装饰四周，顶端呈弧形，盖金聪绣绸布。从开工到最后完成，一般要花费1—2个月的时间。

南音乐器制作，主要是琵琶、三弦、二弦、洞箫等。这家手工作坊的主人蔡东鹏来自南音世家，祖籍惠安。20世纪初，其祖父蔡火水从惠安来到安海，在此定居，从事木工家具制作。由于爱好南音，成为安海雅颂南音社社员。闲暇时间或约上三五好友，弹琴唱曲，或自己动手制作南音乐器。他肯定没想到，自己的这一业余爱好，竟然影响了其后三代人。蔡东鹏的父亲蔡炎成是雅颂南音社理监事会艺术主任，驻社专职老师。受父亲的影响，他十二三岁时开始学南音、制琵琶、做木工，不久加入雅颂南音社。蔡火水、蔡炎成制作南音乐器基本上还只是作为业余爱好，而蔡东鹏却将之作为主业，并倾注了全部心血。他制作的乐器质量过

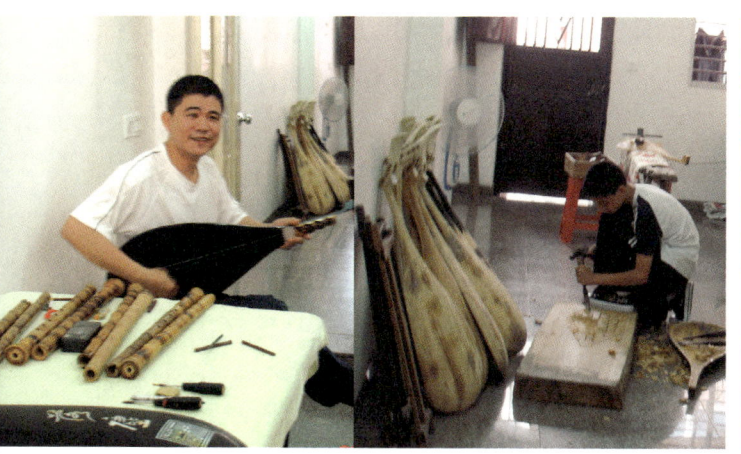

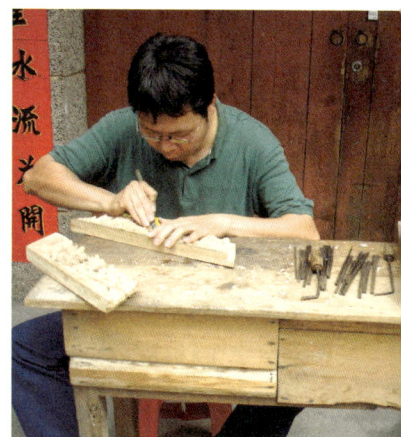

图1-2-22：南音乐器制作　　　　　　　　　图1-2-23：床花雕刻

硬，在安海仅此一家，即使在整个泉州也不多见，因而在南音界名气很大，众人皆知。如今他的儿子也加入了制作乐器的行列。

此外，还有磨剪刀、床花雕刻、庐山国佛雕、打铁等手艺，都自祖上流传下来。

由于社会变迁，这些传统手工艺面临着极大的威胁，随时都有断流的危险。如吉花、打铁等，现在社会上对之需求不多，几乎到了难以为继的地步。而金聪绣、藤轿、南音乐器制作等，虽然市场较大，但是由于工艺复杂，制作起来费时费力，已很少有年轻人愿意从事这种工作，因而面临着后继无人的困境。尽管如此，这些艺人们还在继续着自己的老行当。可能是出于习惯，可能是有了感情，也可能是真正的兴趣，更可能兼而有之。不管前景如何，首先不能在自己的手上断送。生于斯长于斯的安海人，顶着文化古镇的光环，对传统文化的这份执着，也许正是"嗦啰嗹"还得以流传的原因之一。

（二）民间音乐、戏曲

南音又名南管、弦管、南曲，流传于福建南部的泉州、厦门、漳州以及台湾等以闽南方言为母语的地区，并随着闽南人的足迹，传播到了中国香港、中国澳门地区以及菲律宾、新加坡、马来西亚、印度尼西亚等国家。几乎可以这么说：只要有闽南人的地方，就有南音存在。南音是一个博大精深、自成体系的闽南乐种，由指、谱、曲三大部分构成。"指"，又称"指套"，是有词、有谱的套曲，由若干支"曲"组成。初为36套，后来逐渐增加至48套。"指"虽有唱词，但演出时，往往只奏不唱。"谱"，是没有唱词的器乐曲，共有17套。"曲"，即散曲，是有歌词的乐曲，数量众多，据说有一两千首。所用乐器有南琶、洞箫、二弦、三弦、嗳仔、拍板以及响盏、四宝、双铃、小叫等小打击乐器。秉承汉代相和歌"丝竹更相和，执节者歌"的表演形式，旋律古朴含蓄，缓慢悠长。其唱词一字多音，主要以闽南话演唱。南音作为"非物质文化遗产"受到众人关注远远早于"嗦啰嗹"，2009年，正式入选《人类非物质文化遗产代表作名录》，为泉州为数不多的世界级非物质文化遗产之一。传说南音被康熙皇帝封为"御前清曲"，南音人为"御前清客"，因此在踩街队伍中，南音组织都要高举御赐曲柄黄凉伞和金丝宫灯，以显示自己不同于乡间俚曲的身份。安海有个历史悠久的南音百年老社"雅颂南音社"，在南音界颇有名气。

南音"嗳仔指"
《风打梨》

南音"曲"
《三更鼓》

图1-2-24：雅颂南音社举办的演出　　图1-2-25：雅颂南音社

图1-2-26：什音表演

什音由北方传入，与闽南地方音乐相结合，形成独具特色的乐种。什音兼容并蓄，演奏较为随意，使用乐器有琵琶、二弦、三弦、嗳仔、笛子、管子、月琴、高胡、双清、鼓、锣、钹、双铃、木鱼等。人数够时，就多种乐器齐上阵，人数少时，只用其中几种也可以。经常演奏的乐曲有《万年欢》《梳妆楼》《哭皇天》《金蛇狂舞》等。由于其演奏热烈欢快，善于营造热闹的气氛，因而常见于踩街、喜庆节日、红白喜事中。

梨园戏，历史悠久，广泛流传于各闽南语系地区。按流派分，可分为下南、上路和七子班；按演员年龄的大小，可分为大梨园和小梨园。下南、上路属前者，由成年人组成；七子班属后者，由6—13岁的孩子组成。下南、上路和七子班三个流派各有保留剧目"十八棚头"，这些剧目多为宋元旧篇、南戏遗存，因而梨园戏有"古南戏活化石"之称。梨园戏的演出场地古称"棚"，在演出前要举行"献棚"仪式，唱"啰哩嗹"曲，祭祀戏神田都元帅。

高甲戏又称"戈甲戏""九甲戏"，约起源于明末清初，由迎神

图1-2-27：高甲戏演出

赛会、喜庆节日中，于街头游行，扮演梁山故事的"宋江仔"演化而来。同样在各闽南语系地区广为流传，深受群众喜爱。

"嗦啰嗹"与这些民间音乐、戏曲也有着千丝万缕的关系。"嗦啰嗹"活动时需要乐队演奏音乐，常雇什音乐队，演奏《嗦啰嗹》曲以及其他众人喜闻乐见的乐曲；《嗦啰嗹》曲中反复唱诵的"嗦啰嗹啊，啰嗹哩啰嗹"句与南音、梨园戏、木偶戏中常见的"啰哩嗹"唱段（句）同样具有驱邪寓意；"嗦啰嗹"主要角色家婆、铺兵、旗手的装扮及动作借鉴了高甲戏中丑角的许多因素。

（三）传统舞蹈、游艺

拍胸舞又称"打七响"、乞丐舞，盛行于泉州，流传于闽南以及台湾等地，为男性群舞。基本装饰为光脚，裸着上身，用稻草编成的绳索绕头一圈，两端在额头上方缠绕并向上翘起，结成蛇形头饰。基本动作为"打七响"：第一响双手于胸前合击一掌，第二响右手拍打左胸，第三响左手拍打右胸，第四响右臂向内拍打右胁，第五响左臂向内拍打左胁，第六响右手拍打右腿，第七响左手拍打左腿。同时双脚屈膝左右跳动，身体随之晃动。一般以南音《三千两金》为舞蹈音乐。《三千两金》源自梨园戏传统剧目《郑元和》中的"莲花落"一折。《郑元和》剧情为：郑元和与妓女李亚仙相爱，并为她花光了积蓄，之后被老鸨赶出，沦为乞丐。后来李亚仙找回了郑元和，激他上进，终于考中状元，二人终成眷属。其中的"莲花落"一折表现郑元和三千两金用尽，沦为乞丐，不得不边唱《三千两金》，边跳拍胸舞沿街乞讨。对"嗦啰嗹"有着重要影响的老艺人尤金满同时也是三个公认的"拍胸舞"代表性传承人之一，他的拍胸舞代表性动作有"老鼠逐""蜈蚣展须""加令跳""矮步""车轮""青蛙扫蚊""公鸡斗""善财观天"等。

除了拍胸舞外，与《郑元和》剧有关的民间舞蹈还有彩球舞。彩球舞又名踢球舞、贡球舞、郑元和。在《郑元和》剧中，李亚仙为取悦郑元和，请人在宴会中跳彩球舞助兴，该舞蹈即源于此。拍胸舞、彩球舞等虽为舞蹈，但在踩街活动以及各种民俗活动中频频出现，边走边跳，深受大众喜爱。

"烧塔仔"是安海人中秋节传统的群众游戏。据传始于元朝，当时在安海镇设有一个元兵营，每三户人家要养一个元兵。但是这些元兵不但不领情，还欺压百姓，无恶不作。百姓不堪其辱，在月饼中暗藏纸条，约定中秋当天起义，以烧塔仔为信号。因此，至今泉州都流传着"三家养一元，一夜杀完全（杀光）"的俗语。为了纪念这次起义，安海人年年中秋举办"烧塔仔"活动。具体做法是，捡取碎砖碎瓦，围成一圈，层层叠起形成锥形空心塔，小的可以只有半米

图1-2-28：拍胸舞

图 1-2-29：烧塔仔（安平桥历史文化研究会提供）

高，大的可有两米左右。活动一般于天黑时开始，往塔中投入柴草点燃，火苗从缝隙中嗤嗤往外蹿。等砖瓦烧热后，众人朝塔中撒盐，发出噼噼啪啪的声响，甚为热闹，有驱邪、求平安的寓意。然而，烧塔仔已有多年未再举行。可喜的是，2011年中秋，"安平桥历史文化研究会"举办了中秋传统民俗系列活动，其中最热闹、反响最热烈的无疑是久违多年的"烧塔仔"活动。

除此之外，火鼎公火鼎婆、公背婆、刣狮、舞狮、舞龙等，都是闽南最常见的传统舞蹈与游艺项目。"嗦啰嗹"与它们是共荣共生的关系，活动时常请来许多阵头扩大队伍声势。在这个传统大家族中，各项活动都有自己的特色，都有自己的文化底蕴。它们之间看似互不相干，但是在各种节庆活动中经常同时出现，增加丰富性、观赏性，渲染热闹气氛。同时也向众人证明，传统舞蹈与游艺大家族至今仍有着蓬勃旺盛的生命力。

第三节　无形的防护——信仰民俗

泉州人对各路神灵的崇拜是出了名的，其"泉南佛国""闽南蓬莱""宗教博物馆"之称，名副其实。泉州自古就是一个移民社会，长期以来来自全国各地的移民带来了他们自己的风俗习惯，泉州人见多不怪。再加上发达的海上贸易活动，经常与外地甚至外国人接触，见多识广，形成了泉州人海纳百川的性格。这种包容性体现在信仰民俗上就是泛神崇拜。简言之，泉州人信奉"有烧香就有保佑"（泉州谚语）的信条，见神就拜。因此，除了道教、佛教外，伊斯兰教、基督教在泉州也有不少信徒，甚至犹太教、婆罗门教、摩尼教、日本教都曾在这里传播。至今泉州晋江还保留有全国唯一的一处摩尼教遗址——草庵，而且香火旺盛。

人们往往还奉祀于民有功之人为神灵，如南音祖师孟昶、开漳圣王陈元光、妈祖林默娘、保生大帝吴夲、清水祖师陈普足等，皆属此类。安海也奉祀本地有功之人。如石井书院奉祀二朱神像；宋赵令衿"绍兴十一年知泉州，博学能文，留意教养民疾，筑堂祀姜公辅、秦系于九日山，造安平、东洋二桥于石井镇，民感其惠，建祠祀之"[18]；明熊汝达，"倭夷由海岸屡犯安平，（嘉靖）三十七年，乃檄知县卢仲佃急筑安平城。民感其恩，于奎光阁东厅建崇祠以祀之"[19]；民众对筑城的知县卢仲佃感恩戴德，为他立了两个祠，"一在郡东郭，一在安平城"[20]；清代心系民生的好官高拱乾与王承祖被人们在龙山寺前建祠奉祀……[21]

再加上丰富的挡

图1-3-1：摩尼神像

境神信仰，所有这些构成了泉州庞杂的信仰体系。

多年以来，这个庞杂的信仰体系得以维持，在于人们的信仰不变。首先，信仰民俗如果没有"人"来传承，便成了无水之舟。"嗦啰嗹"等民俗能长盛不衰，主要在于有社会大众的支持。试想，这种挨家挨户沿门逐疫的形式，假如社会大众不接受、不支持，也不欢迎队伍入户，那么"嗦啰嗹"便无从进行。其次，社会支持建筑在信仰之上。人们相信借助龙王的威力，"嗦啰嗹"队伍会给自己带来好运，因而欢迎队伍入户。闽南是个泛神崇拜的社会，见神就拜，对龙王也不例外。而且端午前后，正值梅雨季节，天气渐热，蚊虫肆虐，人们也希望龙王

图1-3-2：南音祖师

图1-3-3：南山寺

真的显灵，让梅雨早点过去，希望那杆大旗真能将家中污秽扫光。

作为海边的一个小镇，城市化的速度没有大城市那么快，因此，安海的信仰民俗还有着富饶的土壤。人们循着先辈的脚步，继续着年复一年不断重复的各项信仰仪式，正因如此，当原本遍及泉州各地的端午民俗"嗦啰嗹"已在其他地方绝迹时，人们惊讶地发现，该活动在安海还有着广阔的天地；当其他市镇的人们都住进高楼大厦时，安海小镇的多数人们还住在自己有天有地的小楼里，许多传统仪式因而还能有举行的空间条件……

在安海人的心目中，尤其是当家主妇的脑子里，公历和农历两套历法是并重的。当城市里的人习惯按照公历计算时间时，安海人却将它一分为二，一方面按照公历安排日常学习、工作，另一方面，按照农历安排各项信仰活动。当与安海人谈起公历某年某月某日时，他们往往会条件反射地来上这么一句："那天是农历哪天啊？"农历对安海人如此重要，因为祭祖祀神等活动日期全部按照农历计算，要是算不好，没记住，忘了祭祀可是大忌。

在安海，每个人家中都奉祀观音、土地公，每月初一、十五祭拜观音，祈求平安顺利；每月初二、十六祭拜土地公，祈求生意兴旺，财源广进；正月初九祭拜天公；正月十五祭拜床母；二月十九报恩寺佛祖生日；四月初一要替身犒赏；六月初一东斗夫人妈生日；七月初一起路灯，初二开始轮流普度；七月初七七娘妈生日；八月初一谢路灯；九月十九龙山寺佛祖生日；除夕、清明、端午、七月半、八月十五、冬至祭拜自家祖先；家里自太公太妈以下的所有祖先之生日和忌日都要烧香祭拜……这些，都要牢牢记住，唯恐祭拜不周，神灵、祖先降罪。闽南人重视各种人情世故，左邻右舍、亲朋好友有红白喜事，都要有所表示，生怕失礼，为人所耻笑。此外，人们还积极配合境里的添油、出碗祭祀活动，或参与不定期举行的诸如祭祖、舀火等活动。

如此多的祭祖祀神活动，安海人乐此不疲，主要原因就在于他们相信祖先和其他神灵具有无比的神力，只要把他们奉祀好了，就能得到保佑。所以但凡有诸如神灵圣诞、"嗦啰嗹"采莲之类的大型活动,往往是一呼百应。寺庙主持、境正等负责、管理人员会在活动之前贴出告示,以提醒周围民众活动的内容、开始时间等。许多人不用看告示,到了时间自动前来参与。

第四节 有形的支持——各界商人

安海是一个经济发达的小镇,以纸业、机械制造、文具玩具业、建材、皮革、食品、服装印染等为主导产业,是全国经济百强镇、全国财政收入30强镇、中宣部全国文明城镇示范点、全国小城镇建设试点镇、全国乡镇投资100强。

安海自古商业氛围浓厚。据《安平志》(校注本):

安海濒海山水之区,土田稀少,民业儒商,又经二朱先生过化,是以科第之盛,宋元于今。商则襟带江湖,足迹遍天下,南海明珠,越裳翡翠,无所不有。文身之地,雕题之国,无所不到。[22]

再据李光缙《景璧集》卷四"史母沈孺人寿叙":

吾温陵里中家弦户诵,人喜儒不矜贾,安平市独矜贾,逐什一趋利。然亦不倚市门,丈夫子生及已弁,往往废著鬻财,贾行遍郡国,北贾燕,南贾吴,东贾粤,西贾巴蜀,或冲风突浪,争利于海岛绝夷之墟。近者岁一归,远者数岁始归,过邑不入门,以异域为家,壶以内之政,妇人秉之,此其俗之大都也。[23]

曾平晖认为："得于天时地利，安海港以唐为始，就走出多少商贾俊彦经海通贸享誉海外的安平商人。至明，又得时势人和，安平商帮崛起，在诸多商帮中，独领风骚二百年。"[24]

傅衣凌认为，"泉州的安平商人，亦是当时（明代）东南大贾之一，其势力足与徽州商人相匹敌"[25]。

安海人喜经商，以海上贸易为主，足迹遍天下，历史上出了许多著名人物。这些富商还有个特点，就是热爱家乡，热心公益事业，因而人们至今念念不忘。

黄护（1086—1144）是留名青史的一位既富有又慷慨的商人。前文提及："宋绍兴八年，僧祖派始筑石桥，里人黄护与僧智渊各施钱万缗为之倡。"这位热心公益事业的宋代人黄护即是一位安海富商。黄护经营海外贸易发家致富，除捐建安平桥外，还捐地兴建了石井书院。[26]当时，"时辟廨所，量夺民居，人皆难之。公独曰：'息贪风，补弊政，此善事可为也。'于是捐地建廨不吝。自尔俗化淳庞，人知礼让焉"。由于乐善好施，"宋追赠晋江县尉，韩识作《清源志》不没人善，因纪载其名，以垂不朽云"[27]，被安海桐林黄氏奉为开基始祖。

郑成功父子也是成功的安海商人。"在众多安平商人中，郑成功的父亲郑芝龙（1595—1661）是出类拔萃的一个⋯⋯他对发展安平乃至整个东南沿海海上贸易的建树是不容抹煞和低估的。"[28]他铲除大小海盗势力，驱逐荷兰殖民者，而且"郑芝龙查获官商财物，给饥民百姓，赈灾救济。对贫困潦倒的读书士子，更资惠有加"。在天灾人祸、民不聊生的逆境中，"广纳四方贫民百姓，以一己之力，'倾家资，市耕牛、粟麦，分给之'"[29]。他还组织大量饥民，用船舶运至台湾，开发资源，被誉为"台湾'开发工程'伟功第一人"[30]。民族英雄郑成功（1624—1662），"以商养兵"，"以海上贸易的巨额利润，来支撑军费支出"。[31]

陈清机（1881—1940），著名爱国华侨，曾任"安海市区"区长、晋江县知事，对安海的贡献众人乐道，先后在安海开设"鸿泰

33

干果店""泰丰金铺",创办"陶倚蓄牧区""泉州安海桥西垦殖公司""安南永矿业股份有限公司"等。侨居日本经商期间,受孙中山影响,加入同盟会。曾于1912年组织成立安海商户维持会,反对强迫商户二次纳税的"坐贾铺捐"而遭通缉。1919年4月回安海创办"闽南民办汽车路股份有限公司",为全省最早的民办汽车运输业,经多方奔走筹措资金,终于建成省第一条民办公路——泉安公路。同年,主持扩建安海旧街。先后发起创办养正小学、养正中学,并多次捐巨资支持办学。创办安海民众医院。抗战期间捐巨资施赈安海、泉州,救助战区伤员……[32]

图1-4-1:陈清机

从古至今,安海有仁有德的富商不胜枚举,上述仅是其中几例。如今,安海商人继续关心和支持着家乡的各项建设、文教事业。例如,2010年安海建镇880周年庆典期间,安海镇慈善协会在全镇范围进行募捐,仅20多天就筹集了1.88亿元人民币善款,数额在全国乡镇级慈善捐款中当数第一。其中恒安集团的施文博、许连捷,盼盼集团的蔡金垵各捐款2000万元,其他捐款1000万元、500万元、300万元的企业和个人更是不胜枚举。

商人同样是"嗦啰嗹"的重要社会支持。采头莲、二莲者一般皆为事业有成的商家,他们往往付给丰厚的劳资。街头大量的小商小贩同样欢迎"嗦啰嗹",并给予力所能及的支持。

第一章 "嗦啰嗹"的最后堡垒——古镇安海

[注释]

① 详见《安平源流志》，载安海乡土史料编辑委员会校注《安平志》（校注本），中国文联出版社2000年版，第11页。

② 详见《安平源流志·校注1》，载安海乡土史料编辑委员会校注《安平志》（校注本），中国文联出版社2000年版，第13页。

③ 曾平晖：《安海港与安平商人》，香港风雅图书出版有限公司2010年版，第11页。

④ 详见安海志编辑委员会1957年的"整理《安海志》说明"，载安海乡土史料编辑委员会校注《安平志》（校注本），中国文联出版社2000年版，第10页。

⑤ （宋）王安石：《高惠连墓志铭》，载安海乡土史料编辑委员会校注《安平志》（校注本），中国文联出版社2000年版，第195页。

⑥ 安海乡土史料编辑委员会校注：《安平志》（校注本），中国文联出版社2000年版，第18页。

⑦ 安海乡土史料编辑委员会校注：《安平志》（校注本），中国文联出版社2000年版，第99页。

⑧ 详见《封域志·都里·校注2》，载安海乡土史料编辑委员会校注《安平志》（校注本），中国文联出版社2000年版，第54—55页。

⑨ 安海乡土史料编辑委员会校注：《安平志》（校注本），中国文联出版社2000年版，第269页。

⑩ 柯琮璜：《安海龙山寺古刹考》，载安海乡土史料编辑委员会校注《安平志》（校注本），中国文联出版社2000年版，第271页。

⑪ 安海乡土史料编辑委员会校注：《安平志》（校注本），中国文联出版社2000年版，第76—77页。

⑫ 安海乡土史料编辑委员会校注：《安平志》（校注本），中国文联出版社2000年版，第153页。

⑬ 安海乡土史料编辑委员会校注：《安平志》（校注本），中国文联出版社2000年版，第138页。

⑭ "晋江市情信息网"：《晋江志书·旧县志》卷之九《城池志》，http：//www.jjsqxx.com/Item/Show.asp?m=1&d=69685。

⑮ 潘月编：《神秘舞蹈说傩俗》（修订版），河南大学出版社2005年版，第120页。

⑯ 颜呈礼：《爪哇钟与五骸架》，载许谋清、刘志峰主编《千年安平》，中国文联出版社2007年版，第431页。

⑰ 关于"晋江民俗旅游文化节"，将在第十章着重介绍。

⑱ 详见《人物志·宦绩·赵令衿》，载安海乡土史料编辑委员

会校注《安平志》(校注本),中国文联出版社2000年版,第202页。

⑲详见《人物志·宦绩·熊汝达》,载安海乡土史料编辑委员会校注《安平志》(校注本),中国文联出版社2000年版,第202页。

⑳详见《人物志·宦绩·卢仲佃》,载安海乡土史料编辑委员会校注《安平志》(校注本),中国文联出版社2000年版,第203页。

㉑详见《人物志·宦绩·高拱乾、王承祖》,载安海乡土史料编辑委员会校注《安平志》(校注本),中国文联出版社2000年版,第204页。

㉒安海乡土史料编辑委员会校注:《安平志》(校注本),中国文联出版社2000年版,第51页。

㉓安海乡土史料编辑委员会校注:《安平志》(校注本),中国文联出版社2000年版,第423页。

㉔曾平晖:《安海港与安平商人》,香港风雅图书出版有限公司2010年版,第12页。

㉕傅衣凌:《明代泉州安平商人史料辑补——读李光缙〈景璧集〉、何乔远〈镜山全集〉两书札记》,载许谋清、刘志峰主编《千年安平》,中国文联出版社2007年版,第342页。

㉖"建炎四年……州请于朝,差官监临,始置石井镇。市民黄护捐地建廨,在石井书院东。"转引自安海乡土史料编辑委员会校注《安平志》(校注本),中国文联出版社2000年版,第126页。

㉗详见《乐善·之宋·黄护》,载安海乡土史料编辑委员会校注《安平志》(校注本),中国文联出版社2000年版,第245页。

㉘李灿煌:《安平商录》,载许谋清、刘志峰主编《千年安平》,中国文联出版社2007年版,第114页。

㉙曾平晖:《安海港与安平商人》,香港风雅图书出版有限公司2010年版,第55、114页。

㉚曾平晖:《安海港与安平商人》,香港风雅图书出版有限公司2010年版,第114页。

㉛许谋清:《安海是什么古镇》,载许谋清、刘志峰主编《千年安平》,中国文联出版社2007年版,第79页。

㉜林兴邦:《爱国华侨陈清机》、高俊仁:《安平骄子——陈清机》,载许谋清、刘志峰主编《千年安平》,中国文联出版社2007年版,第211—213页、第314—335页。

第二章
多方求索中的『嗦啰嗹』

第一节　古籍中的只言片语

"嗦啰嗹"在泉州这片土地上流传了不知多少年。谁也不知道其源自何时，如何源起。早在明代，泉州惠安人黄克晦的《咏采莲斗龙舟诗》就提到了"采莲"二字，但具体情况不详。[①]目前公认最早记录这一风俗的文献为《泉州府志》。

据清乾隆版《泉州府志》卷二十"风俗"：五月初一日采莲城中，神庙及乡村之人以木刻龙头击锣鼓迎于人家，唱歌谣，劳以钱或酒米。[②]

有关文献原本就少得可怜，而这少有的文献用字又如此吝惜，只一句话，再也没有多余言语。不过这一句话高度概括，包含了大量信息。时间：五月初一；名称：采莲；地点：城中；人物：神庙及乡村之人；游街神灵：木刻龙头；队伍沿路：击锣鼓，唱歌谣；采莲方式：迎于人家，人家劳以钱或酒米。

与现在的采莲活动相比，除了时间有所变更外，其他方面都高度一致。

据台湾省《彰化县志》（十二卷·一九六八年《台湾方志汇编》本）：五月近海处作龙舟竞渡之戏，兼夺锦标。先是初一日，以旗鼓迎龙头，沿门歌唱，曰"采莲"，所唱即"采莲曲"也。[③]

台湾省彰化县原称半线，为高山族聚居区。自郑成功父子大

图2-1-1：乡人抬木刻龙头　　　　　　图2-1-2：举旗敲锣鼓

刀阔斧地开发台湾始，漳州、泉州大量移民来到这里。清雍正元年（1723）设县，改名彰化，取"显彰皇化"之寓意。移民台湾的漳州、泉州人也带去了自己的信仰民俗。该县从晋江安海分灵的龙山寺闻名遐迩；建于清康熙年间的天后宫供奉着康熙二十二年（1683）福建水师提督靖海侯施琅从莆田湄洲天后宫恭迎到台的妈祖神像，至今香火鼎盛。从上述县志来看，"采莲"民俗也被带到了台湾，活动时间五月初一。该县志编纂于清道光十二年（1832），此记载与《泉州府志》相佐，可见采莲时间为五月初一并非孤例。

清末安海文人施钰（1789—1850）在其诗集《石房樵唱》中有一首《端阳坐雨》诗：

> 日夜皆零雨，偏逢令节多。
> 檐声听不尽，莫问采莲歌。
> 当年古渡头，箫鼓斗龙舟。
> 此日苍烟暮，江空水急流。

原诗注：采莲，是日乡人抬有木刻龙首，搴旗击鼓游唱街道，谓之采莲。[④]

诗名《端阳坐雨》，"是日"自然指的就是端阳日。因此据此诗来看，当时的"采莲"于五月初五举行。除此之外，地点：街道；人物：乡人；游街神灵：木刻龙首；队伍沿路：搴旗击鼓游唱，都与《泉州府志》的记载相同。

再据《安海志》卷三十四"风俗"：端午：五月初五，俗曰："五月节"……午后……各境扛木刻龙头，举大旗，提鲜花篮，敲锣鼓，奏弦管，唱采莲歌（俗名"嗦噜嗹"）。迎于各户。执旗者舞于各家厅堂，呼吉祥语；提篮者送户主鲜花，人家以"红包"劳之，是谓"采莲"。⑤

此项记载更为详细，活动时间明确为端午当日的午后，增加了"提鲜花篮"、"奏弦管"、"唱采莲歌（俗名'嗦噜嗹'）"、"执旗者舞于各家厅堂，呼吉祥语"、"提篮者送户主鲜花"、人家回赠以"红包"等细节描述。所述各项与如今安海的采莲活动完全相同。

从四个文献的编纂时间来看，《泉州府志》刻于1763年；《彰化县志》编于1832年；《端阳坐雨》诗创作于道光十六年（1836），施钰在晋江县署后的云山北坡新居落成之时；而《安海志》出版于1983年，其中资料来自"自宋至清现存之诸家抄本"⑥，遗憾的是，

图2-1-3：游唱街道　　　　　　　　　图2-1-4：迎于人家

上述引文尚无法确定撰写年代。

《端阳坐雨》诗与《泉州府志》相距73年，活动时间发生变化是有可能的。至于彰化县在1832年仍保留原来的活动时间，是因为，漳州、泉州的许多民俗、传统随着移民传到台湾后，往往得到更为原汁原味的保护，以至于在漳州、泉州本地已经发生变化时，在台湾，仍能看到较为原始的状态。

也有可能采莲时间原本就很灵活，泉州各乡镇情况不同，时间也不统一。《泉州府志》记载的是泉州市府的活动时间；施钰的新家在晋江县，记载的可能是晋江的活动时间。

因此据现有古籍文献，采莲时间有五月初一、五月初五两种，而现今尚在活动的安海采莲，时间固定为五月初五。具体活动流程方面，古籍记载与如今活动实况相同，都由乡人抬木刻龙头，举旗敲锣鼓游唱街道，迎于人家。

第二节　现代文献中的记忆

"嗦啰嗹"原本在闽南尤其是泉州各地的盛行情景，许多上了年纪的老人还记忆犹新。可见至20世纪初，"嗦啰嗹"民俗还有着广阔的天地。

1959年6月10日（农历五月初五）的《福建日报》刊载了安海人陈增荣的《端午采莲》："端午采莲"的风俗，在闽南一带流行有几百年之久。这种活动，一般是抬着龙王头，龙王头后面有一两人挑着盛满鲜花的篮子，奏着细乐，唱着"采莲歌"，沿街游行。每走到一户人家门前，就停下来吹唱，拿几朵鲜花送给户主。

据原安海文化站站长颜昌瑞回忆："以前曾有过这项活动的地方还有泉州市区的义全街、浮桥圣公铺，南安市的水头镇、石井镇，晋江市的东石镇、深沪镇、金井镇等沿海区域，但都早已销声匿迹。唯独在古镇安海的流传保护得如此完美。"[7]

泉州市文联副主席、文化局艺术科科长、舞蹈家协会主席蔡湘江也说："在历史文化名城泉州，早年曾广泛流行一种民间舞蹈——《嗦啰嗹》舞。每年农历五月的端午前后，古泉州城三十六铺大街小巷、人家店铺之间，到处可见一队队……《嗦啰嗹》舞队。"[8]

值得注意的是，蔡文提及采莲时间是"端午前后"，但是在同一文随后又说："五月初一日一大早开始，先往本铺境上户人家采'头莲'、'二莲'和'三莲'，之后便沿街沿巷，挨家挨户一路采过。"[9]泉郡南门后山四王爷宫"嗦啰嗹"活动负责人李金针老人也谈及泉州古城的嗦啰嗹活动于五月初一举行。

1996年版的《中国民间歌曲集成·福建卷》收录了一首凌叙郁演唱、泉州市文化馆记谱的《采莲歌》，该曲有注如下："采莲歌：采莲是泉州市古俗……旧时每年四月初一，将本地方神庙内的木刻龙头抬出，到铺头铺尾霍放垃圾之处烧金放炮，意为去邪。四月底，在宫庙内烧金点香，使龙头附上神灵，同时备办土制龙王头，加上小旗二支，一锣，一鼓，一唢呐，有时还加品箫（笛子）及拍板，吹吹打打，到本地方各家各户'采莲'。"[10]

这段文字则说"采莲"时间为"四月底"，而且从抬出龙头到最后"采莲"的时间跨度相当长，从四月初一开始一直到四月底。

如此一来，似乎又乱套了。采莲时间有五月初一、端午前后、四月底之说，与现在安海的五月初五都不同。

泉州深沪渔村有一种传统的"祈夏"活动，与"采莲（嗦啰嗹）"非常相似："'祈夏'岁时风俗。深沪渔村独有。渔民最忌夏季（指农历五、六、七月）常有台风，而平时风轻不宜扬帆抛网，许多鱼种又未进入成熟期，是为生产的淡季，当地有'立夏小满，一日牵一碗，死五绝六无救七'的民谚流传。忌夏是渔民对天对海的敬畏，于是就产生四月初一'祈夏'（闽南方言'忌'与'祈'谐音）的祭典，祭天祭海，祈求年景丰稔，夏季平安。时届，一个

| 安海嗦啰嗹 |

由十二人至十六人组成的身穿清兵服，头戴清兵帽的'嗦啰嗹'队伍，恭迎奉祀在宝泉庵和五澳'挡境'宫庙里的龙公（一个木雕龙头）出宫，龙旗前导，钲鼓锣钹等打击乐及护驾善信后续。先原地祭祀，形式如原始驱鬼逐疫的傩舞。由司鼓领唱'嗦啰嗹'，众帮唱；唱词是依所求内容随口编成的，如'四月初一起鼓声（嗦啰嗹伊都啦啦啊嗹），手扶龙公出宫埕，龙公出巡四季好，平风善水有海讨（嗦啰嗹伊都啦啦啊嗹）'，后起驾巡行，为各埃澳通行选举祈夏祭奠仪式。返驾时，商店、民居均放鞭炮迎送。"⑪

深沪渔村的"祈夏"，同样要抬木制龙头，由清兵打扮的众人塞旗击锣鼓唱"嗦啰嗹"巡行，只是时间为四月初一。

由此更加有理由说明，采莲原本并无固定的、非此不可的时间，但是大体都在农历四五月间。由此也可推测，"采莲"与端午并无必然联系，只是因缘巧合，被纳入端午节习俗中。

再看"嗦啰嗹"队伍，上述《中国民间歌曲集成·福建卷》列出的队伍规模是龙头、小旗二支，一锣，一鼓，一唢呐，有时还加品箫（笛子）及拍板。这个队伍构成，与上述古籍中的记载相近，有龙头、有锣鼓，多了唢呐、品箫等乐器，当为演奏《嗦啰嗹》曲之用；但是同样没有提及是否有家婆、铺兵等队伍角色构成。

图2-2-1："嗦啰嗹"弦管乐队表演

据蔡湘江文:"《嗦啰嗹》……队伍组成城区与周围县乡略有区别,一般都包括四个部分:走在最前面的是一个手执长杆'采莲艾旗'的舞者……跟在旗后的是一队男扮女装,踩着滑稽舞步的'花婆'……紧接'花婆'之后的是二人或四人抬着造型怪异的龙王头……最后是用来伴奏的通鼓锣队或弦管乐队。"[12]

据颜昌瑞文:"传统式的采莲队伍比较简短,但十分有趣。走在最前面的是'旗手'……接着是标明某某境铺'采莲'队的卷书牌;其后有二人敲着锣、另二人打着鼓在配合着管弦乐队;最后是四人合抬的龙王头……队伍的两旁,一边是个……'铺兵'……另一边是个男扮花婆……"

前者说的是泉州城采莲队伍的一般组成情况,后者说的就是安海的情况。陈增荣的《安海端午采莲嗦啰嗹民俗》[13]《嗦啰嗹》[14]二文也与颜昌瑞的说法一致。两相比较,前者花婆是一队,后者花婆是一个;后者有铺兵,前者没有。蔡湘江也说:"保留在古镇安海的《嗦啰嗹》舞队与泉州城区有较大的区别,其执'采莲艾旗'的舞者腰间还分别挂着新鲜的猪脚、草鞋和锡酒壶。有的甚至在'采莲旗'前另设一清兵打扮的'铺兵',其肩上一头挑着金锣,一头挑着猪脚、草鞋和装酒的新夜壶,形象更为奇特。"

不过据李金针对泉州嗦啰嗹的回忆,有个清朝遗老的角色:"游嗦啰嗹结合民俗文化创造气氛,锣鼓戏曲杂技吹拉弹唱有声有色。其中的家婆送孩儿及清朝遗老挑夜壶猪脚穿插其中,制造不伦不类的助兴笑料……"其所说的"清朝遗老"相当于安海的"铺兵",同样挑夜壶猪脚。

总结从《泉州府志》至今的各家说法,龙头、旗手、锣鼓乐队为必需的组成,家婆、铺兵之角色仅见于近来的文献中。

至于队伍迎于人家时是否有入室拂扫环节,同样仅见于近来文献。《安海志》中虽有"执旗者舞于各家厅堂,呼吉祥语"之记载,但仍未明确是否执旗拂扫。

据蔡湘江文:"舞队所到之处,即登堂入室,在'嗦啰嗹'龙王

图2-2-2：铺兵、家婆

头和《嗦啰嗹》歌的伴和下，高举长杆'采莲艾旗'，于人家厅头、店堂梁间反复舞动，并散给小号泥塑'嗦啰嗹仔'和'孩儿仔'，人家则酬以红包和酒、米等物。"⑮在另一文章中，他又说："将采莲旗交由主妇进入自家室内四处拂拭……之后'采莲队'将随带的吉祥物小'嗦啰嗹'头——模印土龙王头、孩儿仔、一对红枣灯，一朵时新鲜花送给人家。"⑯

据李金针回忆，人们往往将龙王头称为"嗦啰嗹"，一般活动时会做一些可以套在手指上玩的小小龙王头，称为"嗦啰嗹仔"，以及香花、"孩儿仔"等，由花婆用来回赠给采莲人家。⑰

据颜昌瑞文："'采莲'旗手……如醉似颠地持旗冲入户主大厅，一边在厅堂间挥旗拂扫，一边高喊着……吉祥语句，然后就退出来……男扮花婆……入户向户主赠送玉兰花以表示龙王爷给户主留下了福禄吉祥；户主接过花后即回赠红包给花婆以示答谢。"

据陈增荣文："每到一家，前导就如醉似颠地持旗冲入，口喊吉祥语句在厅堂间挥旗拂扫一番然后退出。跟上的男扮花婆即给宅主送上白玉兰并接受宅主的红包。宅主送至门口即大放鞭炮，叩送龙神。至此，队伍即转入另一家。"⑱

总之，队伍迎于人家，人家则劳以钱或酒米，这点古今皆同。不同的是，在蔡湘江、李金针的记忆中，泉州城采莲队伍散给户主的是小号泥塑"嗦啰嗹仔"（龙王头）和"孩儿仔"，甚至还有"一对红枣灯，一朵时新鲜花"；而安海则是玉兰花。另有一说，据陈咏民《安海"嗦罗连"》对尤金满的访谈记录，安海原来送给户主的是莲花，但是因为数量有限，所以改为玉兰花。⑲

至于采莲目的，古籍虽没有加以特别说明，但是从抬龙头游街来看，肯定与信仰民俗有关，与现今所说驱除邪秽、禳灾祈福之义吻合。

据《中国民间歌曲集成·福建卷》，要抬龙头"到铺头铺尾霍放垃圾之处烧金放炮，意为去邪"。

据蔡湘江文："泉俗以'采莲'可以扫除污秽，禳祸纳福，因此历代以来广泛流传于城镇乡村。"⑳

据陈增荣文："意在借龙神之威驱走淫雨带来的余留邪气，求得人口平顺，五谷丰登。"㉑

总而言之，据现有资料以及老人们的回忆，采莲原本在泉州各地广为流传，活动时间大致在农历四五月间，以五月初一和端午当日为多。采莲队伍以龙王为核心，具体组成城乡略有差别，除都有龙头、旗手、锣鼓乐队外，还有独具特色的家婆、铺兵等角色。活动方式为沿街游行，每到一人家，旗手持旗入户拂扫，队伍送给主人象征吉祥的物品，在泉州城区是小号的泥塑龙王头、孩儿仔、红枣灯、时新鲜花等物，在安海是莲花、玉兰花等时令鲜花。户主回赠钱物。采莲的目的是禳灾祈福。

图2-2-3：时令鲜花

第三节　当前的"嗦啰嗹"

20世纪前半叶，社会动荡不安，泉州各地逐渐停止了"嗦啰嗹"活动，安海也不例外。在那样的年代里，谁都不想顶风冒险，给自己惹事。

但却有这样一个人，时值意气风发的年纪，因为儿时的美好记忆，不畏任何挫折，坚持要将"嗦啰嗹"等民俗恢复起来。这个人就是安海人颜昌瑞。当时的颜昌瑞年仅20来岁，却已是安海文化站站长，他冲破重重阻力，采用"旧瓶装新酒"的办法，动员老艺人恢复活动。这是"嗦啰嗹"得以延续的关键环节。同时在颜昌瑞的支持下，以舞蹈家尤金满为首，带领林华居、郑普雪、俞贵祥等新文艺工作者开始了对"嗦啰嗹"的舞台提炼工作。为适应舞台动作，必须对原有的《嗦啰嗹》曲稍加改编，于是南音名师高铭网承担了音乐方面的工作。歌词则由尤金满本人四处搜集资料，在伍棠等人的参与整理下，编成了歌颂时令鲜花的十二月令版和五月令版。1957年3月，经过层层选拔的舞蹈版《嗦啰嗹》赴京演出，大获成功。从此舞台版的"嗦啰嗹"与民俗版的"嗦啰嗹"相互促进，共同繁荣，社会影响力大大增强。

"文化大革命"期间"破四旧"，寺庙道观及其中的神像成为重点被破的对象。群众怕神像被毁，便偷偷地将它们抬出藏起来。霁云殿和妈祖宫的龙王头也被藏了起来，前者因此保留至今，后者则没有那么幸运，最终被发现并烧毁。在这样特殊的年代，安海"嗦啰嗹"也停止了活动。

"文化大革命"结束，颜昌瑞立刻组织大家恢复活动，并组织了一支"采莲示范队"，成立了"采莲协会"。霁云殿、妈祖宫、当兴境等采莲队伍也纷纷组织起来。2002年，颜昌瑞退休，洪德才接手文化站工作，继续积极引领民众开展活动。

新中国成立以来，"嗦啰嗹"经历各类运动、"文化大革命"等

第二章 多方求索中的"嗦啰嗹"

图2-3-1：安海端午"嗦啰嗹"习俗申遗辅助资料

安海端午"嗦啰嗹"队，走街串巷，敲锣打鼓，载歌载舞。手撑艾旗的"铺兵"挨家挨户地采莲，祈求驱邪祛瘟，风调雨顺，国泰民安。（摄影：吴杭州）

重创，虽还得以在安海留存，但却始终不温不火。一直到近些年来，全世界掀起了一股"非遗热"，"嗦啰嗹"与其他非物质文化遗产一样，受到了前所未有的重视：1987年，"嗦啰嗹"舞入选《中国民族民间舞蹈集成·福建卷》；2000年端午节，联合国教科文组织赴泉州参加"世界民俗摄影研讨会"和"泉州民俗文化活动"，对安海的"嗦

49

安海嗦啰嗹

"嗦啰嗹"保留原生态粗犷的古民俗，采莲旗手当众喝了"铺兵"尿壶里的酒，醉步踏歌行，威风凛凛。男扮的花婆生动诙谐，相互打趣逗乐，尽情表演。（摄影：吴杭州）

采莲旗手如醉似颠地冲入门庭。在厅堂梁间挥旗拂扫，并高喊如"龙神'采莲'来，兴旺大发财"，或"龙王'采莲'采大厅，主人富贵好名声"等吉祥语。（摄影：吴杭州）

古镇人家和大多数工厂、商店竞相接纳入采，首家接受采莲的称为"头莲"，据说获福最大，所以"头莲""二莲""三莲"的受采户最为采彩。（摄影：吴杭州）

男扮花婆高喊祝颂辞，走着科步与退出的旗手对舞一番后，馈送玉兰花表示龙王神留下福禄吉祥，户主接过香花即回赠红包给花婆，以示答谢。（摄影：吴杭州）

图2-3-2：安海端午"嗦啰嗹"习俗申遗辅助资料

50

第二章 多方求索中的"嗦啰嗹"

旗手和"铺兵"的后面,采莲姑娘们优美的舞姿好似摇荡着小船。(摄影:吴杭州)

安海三里古街上,"嗦啰嗹"队在行进间舞艾旗,扬正气,遗韵醇然。(摄影:黄攸健)

富有情调的民乐队,吹奏着原汁原味的《嗦啰嗹》古乐曲,锣鼓闹纷纷。(摄影:吴杭州)

图2-3-3:安海端午"嗦啰嗹"习俗申遗辅助资料

安海嗦啰嗹

小镇家家户户喜迎"嗦啰嗹"，祈福满家门。（摄影：吴杭州）

图2-3-4：安海端午"嗦啰嗹"习俗申遗辅助资料

啰嗹"赞不绝口；2002年，泉州市"海丝文化节"邀请"嗦啰嗹"队伍参与表演；2004年，泉州市被列为全国第一批民族民间文化保护工程试点城市，试点项目7大类25种，"嗦啰嗹"为申报项目之一；每年端午，各报社、电视台争相对"嗦啰嗹"进行专题采访……同时晋江市不失时机地启动了"嗦啰嗹"申报国家级非物质文化遗产的工作。

"嗦啰嗹"的"申遗"并不是一帆风顺的。2005年7月，以晋江

走过天下最长的安平桥，"嗦啰嗹"带给寻常巷闾的百姓家，平安走好运。（摄影：吴杭州）

"嗦啰嗹"队所到之处，群众拥挤观赏，呈现一派祥和的景象。（摄影：吴杭州）

图2-3-5：安海端午"嗦啰嗹"习俗申遗辅助资料

市文化体育局为主管部门，安海镇文化体育服务中心为保护单位，"嗦啰嗹"以"民间舞蹈：安海采莲"为题展开了申报工作，不料被退了回来，专家们的意见是"嗦啰嗹"是民俗，而不是舞蹈。据"嗦啰嗹"习俗申报文本的主要撰稿人颜长江回忆："来自北京的国家非物质文化遗产保护中心的4位专家，实地观看安海'嗦啰嗹'表演后认为，'嗦啰嗹'不是舞蹈，是一种综合的民俗活动，虽然它的主要表现形式是舞蹈，但它还有固定的音乐和曲牌、有独特的表演形式。应该深入发掘其价值和内涵，与一般的舞蹈区别开。"㉒ 于是晋江市第二次进行申报，重新撰写了申遗文本，送呈了2007年3月拍摄的专题片，终于于2008年申报成功，成为第一批国家级非物质文化遗产名录的扩展项目。

"嗦啰嗹"申报成功后，政府做了许多推广工作，其中最重要、成效最显著的就是举办端午民俗旅游文化节。该旅游文化节不仅凸显了"嗦啰嗹"，同时还带火了一大批文化遗产。

如今的端午节，还活跃在安海街头的有"霁云殿""妈祖宫""当兴境""三公境"等"嗦啰嗹"队伍。其中，"霁云殿"中供奉的殿主"北极玄天大帝"是安海"八都都主"，因此"霁云殿队"就成了"通街采莲队"，即可以在整个安海范围内活动；"妈祖宫"

图2-3-6：安海端午"嗦啰嗹"习俗申遗辅助资料

龙的传人朝拜龙王神，古色古香的"爪哇钟"是海洋文化交融的显影。（摄影：吴杭州）

安海嗦啰嗹

采莲旗手入户表演，以一种历史的仰视和原始的活力，在端午节狂欢。（摄影：吴旭旭）

男扮花婆用方言祝颂吉祥语，根据所采位置及所指物件不同，灵活变换内容。（摄影：吴旭旭）

繁殷的商场以传统的鞭炮声迎来"嗦啰嗹"，表达驱邪纳福的愿望和寄托。（摄影：吴杭州）

鸿江澳采莲队的彩车出发了，古老习俗与现代文明又一次融合，焕发新光。（摄影：安文）

图2-3-7：安海端午"嗦啰嗹"习俗申遗辅助资料

供奉海神妈祖，势力范围遍及沿海境域以及来往船只，其"嗦啰嗹"队为"通海采莲队"。另外，清雍正七年（1729），安海称鸿江澳。妈祖宫内供奉的龙王是整个鸿江澳最大的，因此也可以采遍全街；而"上帝宫队""三公境队"则只能在自己"境"内活动，不得越境，因为本境的境主、龙王不够大。据老人们说，一旦越境，后果不堪设想。"正因为'采莲'被泉俗民间普遍看重，因此各铺境的'采莲'严格限定在各自的地盘内进行，不允许稍有越境，否则被认为过境'抢人彩气'，轻者引起口角，严重者甚至引发争斗。"[23]

除了安海外，近些年，泉郡南门后山四王爷宫也恢复了"嗦啰
嗹"活动。负责人李金针已年近80岁，据他回忆："七岁那年（1950
年）五月初一，看到本乡村民采莲游嗦啰涟。至今已过六十多年了，
记得还手端泥塑的嗦啰涟龙头，游嗦啰涟印象仍然深刻。大人孩子
齐参加，非常热闹。以后就再没常看到那喜闻乐见的盛况了。"因
此，退休后的李金针凭借小时候的记忆，结合他人的描述，努力使
这项活动得以恢复，该活动于2013年以"泉州嗦啰嗹民俗"为名列入
《泉州市第四批非物质文化遗产保护名录》。后山宫民俗文化活动筹
备组于2017年端午期间草拟了一份"游嗦啰涟全过程"，具体如下：

2000年，泉州举办世界民俗摄影研讨会，"嗦啰嗹"引起联合国教科文组织官员的浓厚兴趣，并大加赞赏。（摄影：朱煌年）

2002年，参加泉州海丝文化节表演活动，深受观众的好评。（摄影：安文）

浙江美术学院来自法国巴黎的女大学生，特地随老师洪世清教授前来安海观赏"嗦啰嗹"活动。（原载1988年6月24日《泉州晚报》）（摄影：黄鹭旋）

图2-3-8：安海端午"嗦啰嗹"习俗申遗辅助资料

安海嗦啰嗹

图2-3-9：泉郡南门后山四王爷宫（摄影：杨诗琪）

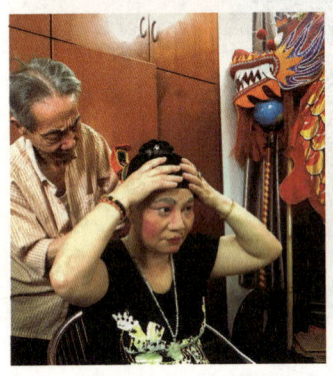

图2-3-10：李金针（左）正在为演员化妆（摄影：杨诗琪）

图2-3-11：后山宫的"嗦啰嗹"活动（摄影：杨诗琪）

  当日乡里老大点大香三炷。敬三牲果盒并行三拜九叩之礼。起大信杯，三"杯"定时辰。时辰到嗦啰涟起座上轿。鞭炮齐响、乐队齐响、歌谣联唱。采莲开始。队伍出宫。祭拜妈祖妈娘。入天后宫嗦啰涟起轿入殿安座，上香，行三拜九叩大礼。献香袋、大粽、红园、果盒、唱歌谣，采莲队伍表演节目，阵头表演，"家婆"等表演并念四句。嗦啰涟颠轿表

第二章 多方求索中的"嗦啰嗹"

图2-3-12：后山宫龙王头（摄影：杨诗琪）

图2-3-13：热闹的活动（摄影：杨诗琪）

演。转圈跳火盆冲出宫。游街采莲队伍走街串巷。龙旗阵前开路。信众香案排两边迎嗦啰涟，点香，烧金，放鞭炮。队伍到龙旗扫尘驱邪，喷雄黄酒（消毒除蛟虫）、插艾草榕枝（消灾驱邪）、送花及香袋（驱邪消灾大吉利）、送红孩儿（子孙满堂，富贵荣华）。家婆念四句：五月好年冬，钱银吃勿空。五月项项好，招财又进宝。五月添丁财，大厝起相排。嗦啰涟来

57

| 安海嗦啰嗹

图2-3-14：跳火盆（摄影：杨诗琪）

采莲，家家户户大发财……户主送红包，鸣大鞭炮。入乡串巷游境后，回本宫埕跳火盆（弃邪洁身入殿）游境结束。大家吃嗦啰涟咸饭。吃红园。㉔

由上述资料可以看出，泉州"嗦啰涟"的活动流程与安海"嗦啰嗹"大致相同。不同的是四王爷宫在活动开始前要先祭拜妈祖娘娘，出入宫殿都要跳火盆，活动中还有"颠轿"表演等。

第四节 "嗦啰嗹"在端午

每年的端午节，安海小镇都热闹非凡。这一天有太多的事情要做，忙忙碌碌，但是却特别有趣——有大众化的食粽，插榕枝，

第二章 多方求索中的"嗦啰嗹"

图2-4-1：包粽子
（摄影：黄攸健）

划龙舟，驱五毒，挂香袋，饮雄黄酒、午时水，烧苍术蝉蜕等习俗；还有独特的水上掠鸭、登塔投饨㉕、"嗦啰嗹"等活动。旧时的端午节，人们都要忙一上午准备各种东西，还要烧香祭祀。吃过午饭则是游玩时间，水上捉鸭、登塔投饨，以及"嗦啰嗹"都在下午举行。

　　端午一早，吃过早饭，家家户户就开始忙碌起来：摘榕枝、采玉兰花，上街买香袋、雄黄酒、苍术蝉蜕。回家以后先准备中午祭祀祖先的用品，其中饨和粽子是必备祭品，于是煎饨、结粽，忙得不亦乐乎。包粽子的风俗虽由来已久，且遍及全国各地，但是由于制作程序较为复杂，难度较大，人们大多选择在市场上买成品。只有煎"饨"是安海人家家会做而且家家必做的端午食品。"饨"的做法简单，即用面粉和水，加上糖，入油锅煎制成面饼。"饨"与女娲补天的传说有关。端午前后闽南地区阴雨绵绵，据明代谢肇淛《五杂俎·天部一》："江南每岁三、四月，苦霪雨不止，百物霉腐，俗谓之梅雨，盖当梅子青黄时也。自徐淮而北则春夏

59

常旱,至六七月之交,愁霖雨不止,物始霉焉。"㉖在闽南地区,农历四五月份的梅雨季节尤其让人心烦,连续的阴雨天气,不但许多东西开始发霉,就连墙壁都湿漉漉的,还经常往外渗水。据说"饦"能补天上破的那个大洞,堵住阴雨。于是人们都在端午的中午煎"饦",希望能起到"补天"的作用,让阴雨天气早点过去。

中午时分更加忙碌,首先,摆上满桌的供品,祭祀祖先;然后,利用午日午时极烈的阳光,汲午时水,炒午时盐。端午之名源自我国古代天文历法中的午月午日,即斗柄指午之月(五月),十二支纪日的第一个午日。据说午月午日阳气极盛,而这一天的午时,更是一年中阳气的顶点。于是民间就有了在午月午日午时炒午时盐、晒午时水的传统。"俗谓五月初五日正午所汲的井水为午时水。用此水洗浴可强身,泡药草饮可祛病除毒。"㉗另有一说,打一盆水,放在正午的太阳底下晒,因为午月午日午时的太阳最为强烈,用晒过的水给孩子洗澡,孩子一年都不会长痱子。炒午时盐、午时茶,露天架一口锅,在午时的烈日下将盐、薄荷、茶叶等炒制成午时盐,放在罐中可以长期保存,肚子疼时吃之有特殊疗效。有的地方更为讲究,要到药店购回多种中药一起炒制。"端午节有'合百药'之俗,农村常于是日午时炒'午时盐',往中药铺购藿香、香薷、大腹皮、苏叶,或加捣碎的生姜、橘皮、佛手、香橼,和盐炒熟。储于小罐,可供中暑、感冒、胃肠不适冲泡饮用。"㉘

午饭后,家家户户驱邪避灾。给用午时水洗过澡的孩子穿上新衣服,在孩子肩背上别上香袋。香袋造型多样,有虎仔、寿桃、鸡心、粽子等形状,用颜色鲜艳的缎布,缝以五彩丝线,袋中装入雄黄、菖蒲、艾叶等中草药研成的香末,民间认为具有辟邪作用。穿戴妥当后,在孩子头上垫一张纸,将饦平铺在纸上,孩子头顶着饦到屋外转一圈回来,也有堵住阴雨之意。之后,用一个小烽火炉,装入木炭点燃,将药店买回的一整包苍术蝉蜕倒入其中,所有人来到屋外,关紧门窗,任烟雾熏屋,可以驱蚊虫,杀菌去毒。晚饭前回家时，苍术蝉蜕已烧成灰，此时开窗通风，室内空气清新。

屋内熏苍术蝉蜕时，众人上街游玩，随后陆续来到安平桥头白塔边，登上塔顶，向水中投饻。此举与向水中投粽子同义。只是由于白塔附近已成陆地，白塔因塔身倾斜禁止游人攀登，此项活动自20

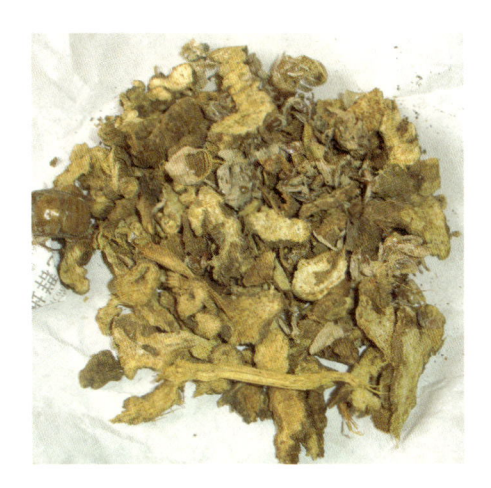

图2-4-2：苍术蝉蜕

世纪50年代起被迫停止。"五月节，安海家家煎麦饻敬祀神灵祖先。饱餐后，全家男女老少穿新衣上街游赏，一个个登上白塔，把随带的麦饻投入塔下的鸿江，以此凭吊伟大的爱国诗人屈原。上世纪50年代白塔塔身倾斜，鸿江又淤积成陆，'登塔投饻'之俗不复存在。但'饻衫润饼裤，满街四处摵'的俗语还在群众中流传。现在每届端午，孩子们穿漂亮衣服上街游玩也叫'投饻'。"㉙

投完饻，人们涌向安平桥，一年一度的水上掠鸭活动正在热火

图2-4-3：水上掠鸭（摄影：黄攸健）

61

朝天地举行。水上掠鸭据说与竞渡有关："夏历五月初五，屈原投汨罗江死，众集船营救不果，后成为龙舟竞渡之俗。据《武陵竞渡略》记载，是沅湘间竞渡已设有鸭标。安海的竞渡捉鸭，乃承古之楚制。后港道淤浅，竞渡不再，保留捉鸭的水上竞技。"[30]另有一说，水上掠鸭始自民族英雄郑成功在安海港操练水师，戏海练胆。

在安平桥边，停着一艘小船，船头绑着一根长长的圆滑的杉木或者粗竹竿，向外伸出三四米长。为了增加难度，有时还会在杉木上涂油。杉木的尽头挂着一个特殊设计的鸭笼，笼边凸出一根连接底部开关的棍子。只要一拍棍子，鸭笼底部就会打开。有

图2-4-4：鸭子入笼（上）
图2-4-5：保持平衡（下）

意参与活动者在岸上排成一长队，主办方安排专人划着小艇，载着满艇的鸭子划到鸭笼边，将一只鸭子塞入笼中。于是参与者小心翼翼地登上杉木，尽量保持平衡，一步步走向鸭笼。可是由于杉木太滑，常常走不了几步就落入水中。前者落水后，马上有人顶上。一直到有人成功地来到鸭笼边，拍下棍子，鸭笼底部自动打开，鸭子掉落水中，打开鸭笼者也跳入水中，去追逐鸭子。谁成功打开鸭笼，鸭子就归谁所有。一直到所有鸭子都被捉走，活动即告结束。有一段时间，安平桥已成陆上桥，活动改在桥附近的冬泳训练基地举行。后在旧城改造期间，经相关部门大力治理，

图2-4-6：不慎落水（中左）
图2-4-7：拍打鸭笼（中右）
图2-4-8：人鸭齐飞（下）

安平桥又恢复了往日的水上风光，掠鸭活动也回到安平桥畔举办。

同样在午后，"嗦啰嗹"队伍出场了。以前午饭过后，活动开始前，铺兵就要敲着锣沿街叫喊，提醒大家队伍即将出来。队伍出来先采头莲、二莲，然后沿街敲锣打鼓，唱着《嗦啰嗹》曲挨家挨户采莲，翻来覆去就一句歌词："五月初五是龙王生（呀啰），嗦啰嗹啊伊嘟啊啊咧，咧啊去咧，家家户户来拜龙王呀，啊啊咧咧啊去咧。"以前鞭炮尚未受禁时，人家看见队伍过来就大放鞭炮，这是给队伍的信息，表示希望接受采莲。活动一般2—3小时结束。如今镇区扩大，许多采莲队都把时间改到上午开始，持续一整天，只有当兴境队还延续午后出队的传统。

采莲时，采不同地方、见不同的人需要说不同的吉祥语句，如采大门时说"采门楣，给您发大财"；采厨房时说"采灶君，年年吃有剩"；见孕妇就说"采床铺，给您明年生干埔（男孩）"。旗手每到一户人家，在门口做出醉步颠来颠去，其实心里都在盘算着念什么吉祥语句。

有"嗦啰嗹"的端午是不平常的端午。以喜庆、诙谐的形式带给人们驱邪纳吉的美好祝愿，令所有人深受感染。

[注释]

① （明）黄克晦：《咏采莲斗龙舟诗》，载安海乡土史料编辑委员会校注《安平志》（校注本），中国文联出版社2000年版，第349页。(据原注："黄克晦，惠安人。诗书画，名震京畿，世称三绝。")

② （清）怀荫布主修，黄任、郭赓武纂修：《泉州府志》，清同治九年（1870），泉州学署藏版，据清乾隆二十八年（1763）刻版重修，第22页；再据《中国地方志民俗资料汇编·华东卷（下）》之《泉州府志》，七十六卷，民国十六年（1927）补刻本，书目文献出版社1995年版，第1296页。

③ 《中国地方志民俗资料汇编·华东卷（下）》，书目文献出版社1995年版，第1654页。

④吴幼雄:《安平施钰与〈石房樵唱〉》,转引自《安海港史研究》编辑组编《安海港史研究》,福建教育出版社1989年版,第234页。

⑤《安海志》修编小组编:《安海志》,晋江县印刷厂1983年版,第392—393页。

⑥《安海志》修编小组编:《安海志·修编说明》,晋江县印刷厂1983年版,第5页。

⑦颜昌瑞:《千年民俗文化瑰宝——"嗦啰嗹"》,内部资料。

⑧蔡湘江:《〈嗦啰嗹〉舞探微》,《闽台文化》2001年第5期,第51页。

⑨蔡湘江:《〈嗦啰嗹〉舞探微》,《闽台文化》2001年第5期,第51—52页。

⑩《中国民间歌曲集成》全国编辑委员会、《中国民间歌曲集成·福建卷》编辑委员会编:《中国民间歌曲集成·福建卷》,中国ISBN中心1996年版,第576页。

⑪李灿煌等编著:《晋江民间风俗录》,载黄延艺主编《晋江文化丛书·第五辑》,厦门大学出版社2010年版,第35—36页。

⑫蔡湘江:《〈嗦啰嗹〉舞探微》,《闽台文化》2001年第5期,第51页。

⑬陈增荣:《安海端午采莲嗦啰嗹民俗》,载《晋江文史资料·晋江非物质文化遗产专辑》第二十八辑,中国文史出版社2006年版,第120—128页。

⑭陈增荣:《嗦啰嗹》,载许谋清主编《安海百年文学作品选》,海南出版社2001年版,第478—481页。

⑮蔡湘江:《〈嗦啰嗹〉舞探微》,《闽台文化》2001年第5期,第51页。

⑯蔡湘江:《泉州民间舞蹈》,福建人民出版社2006年版,第102页。

⑰《我们的节日·端午节·探访闽南非遗习俗"泉州嗦啰嗹"》,海交馆、泉州海外交通史博物馆推文,2020年6月26日。

⑱陈增荣:《安海端午采莲嗦啰嗹民俗》,载《晋江文史资料·晋江非物质文化遗产专辑》第二十八辑,中国文史出版社2006年版,第123—124页。

⑲陈咏民:《安海"嗦罗连"》,《泉州晚报》(海外版)2006年5月25日。

⑳蔡湘江:《〈嗦啰嗹〉舞探微》,《闽台文化》2001年第5期,第51页。

㉑陈增荣:《安海端午采莲嗦啰嗹民俗》,载《晋江文史资料·晋江非物质文化遗产专辑》第二十八辑,中国文史出版社2006年版,第121页。

㉒颜长江:《海峡两岸"嗦啰嗹"——安海与鹿港端午迎龙王习俗》,载《晋江文史资料》第30辑,2009年,第150页,内部资料。

㉓蔡湘江:《泉州民间舞蹈》,福建人民出版社2006年版,第103页。

㉔本资料由北京大学孙静博士提供。

㉕饦,又有馎、餺、堆等多种写法。

㉖(明)谢肇淛:《五杂俎·天部一》,辽宁万有图书发行有限公司2001年版,第5页。

㉗李灿煌等编著:《晋江民间风俗录》,载黄延艺主编《晋江文化丛书·第五辑》,厦门大学出版社2010年版,第40页。

㉘李灿煌等编著:《晋江民间风俗录》,载黄延艺主编《晋江文化丛书·第五

辑》，厦门大学出版社2010年版，第239页。

㉙李灿煌等编著:《晋江民间风俗录》,载黄延艺主编《晋江文化丛书·第五辑》，厦门大学出版社2010年版，第40页。

㉚李灿煌等编著:《晋江民间风俗录》,载黄延艺主编《晋江文化丛书·第五辑》，厦门大学出版社2010年版，第39页。

第三章
探究「嗦啰嗹」之意
——兼及「啰哩嗹」

"嗦啰嗹"之称，源自歌词："正月立春（多）阳和气（呀啰），嗦啰嗹啊伊嘟啊啊咧，咧啊去咧。"这一点毫无疑义。有疑义的是，它是什么意思？别说普通话，就连在闽南话中它都语焉不详。从整个活动来看，"嗦啰嗹"与活动本身似乎毫不相干。那么"嗦啰嗹"三字究竟何意，仅仅因为歌词中出现了这三个字，就以之来指称该曲乃至整个活动？

第一节　探究"嗦啰嗹"之意

　　据当地当年申报国家级非物质文化遗产名录项目资料，《嗦啰嗹》曲谱如下：

谱例1　《嗦啰嗹》（申报国家级非物质文化遗产名录项目所用乐谱）

嗦　啰　嗹

$1=G\ \frac{2}{4}$

安海民歌

(6̣1 1̣6̣ | 23 21 | 6̣2 12 | 6̣ - | 6̣6̣ 1 2 - |

```
2 1 2 6 - ) 3 2̂5 3 - | 2̂3 2 1 6 - | 6 6̂ 1 |
       好 啊   好!   好 呀 好 勒 桃。  (啊啊

2 - | 2 1 2 6 - ‖: 3 2̂5 | 2̂3 1 | 2̂1 6̂1 | 2 1 2 |
咧   咧 啊 去 咧    正   月   立 春 (多) 阳 和   气(呀啰)
                   二   月   正 是 (多) 春 风   时(呀啰)
                   三   月   春 景 (多) 难 描   画(呀啰)
                   四   月   暂 作 (多) 是 夏   天(呀啰)
                   五   月   夏 来 (多) 满 天   红(呀啰)

2 3̂5 | 2̂3 2 1 | 6 6̂ 1 | 2 - | 2 1 2 6 - | 6 2 3 |
嗦 啰   嗹 啊 伊 嘟 啊 啊   咧,  咧 啊 去 咧    牡 丹
嗦 啰   嗹 啊 伊 嘟 啊 啊   咧,  咧 啊 去 咧    紫 荆
嗦 啰   嗹 啊 伊 嘟 啊 啊   咧,  咧 啊 去 咧    桃 红
嗦 啰   嗹 啊 伊 嘟 啊 啊   咧,  咧 啊 去 咧    茉 莉
嗦 啰   嗹 啊 伊 嘟 啊 啊   咧,  咧 啊 去 咧    莲 花

1 2 0 6 | 2̂1 6̂2 | 1 6 | 6 6̂ 1 | 2 - | 2 1 2 6 - :‖
开 花 是 定 人   意 啰  (啊啊  咧   咧 啊 去 咧)
开 花 是 笑 眯   眯 啰  (啊啊  咧   咧 啊 去 咧)
开 花 是 实 堪   夸 啰  (啊啊  咧   咧 啊 去 咧)
开 花 是 白 绵   绵 啰  (啊啊  咧   咧 啊 去 咧)
开 花 是 蕊 蕊   香 啰  (啊啊  咧   咧 啊 去 咧)
```

从乐谱可以看出，该曲为羽调式，结构简单，由3个乐句组成，为引子（1个乐句）+ 主体（2个乐句）的结构。各乐句又可分为前后两部分，前为领唱部分，后为众人唱和部分。从歌词来看，引子以及主体部分的第2句较为简单明了，前部分是有实义的唱词，后部分则是较长的衬句唱词"啊啊咧咧啊去咧"。主体部分的第1句则复杂得多，除了前部分穿插在有实义唱词中的"多""呀

啰"等衬词外，后部分的"嗦啰嗹啊伊嘟啊啊咧，咧啊去咧"也较之其他两句长。其中"伊嘟"是闽南常见的衬词，在著名的闽南语儿歌《火车》《一只鸟仔》中，二字频繁出现；"啊啊咧，咧啊去咧"与其他两句一样，都是衬词。曲中"嗦啰嗹"三字与这些衬词不同，普遍被认为是有实在意义的词，而非衬词。

"嗦啰嗹"之意，有多种说法。

其一，"须虑来呀"的谐音。

> "唆罗连"的由来，据考证，舟船在百越语中叫 su li（须虑），百越包括长江以南江浙湖广闽粤一带。百越族的图腾崇拜是龙，故奉祀的是龙，身上描绘的是龙，舟上也刻画着龙。舟行于水上叫龙舟。端午节原系古越族图腾祭祀的节日，除供大量祭品外，还划龙舟竞赛以娱神。比赛时，群呼"须虑来呀"，这就是"唆罗连"的由来。①

在汉代袁康的《越绝书·吴内传》，后人称之为"勾践维甲令"中，有关于"须虑"一词的解释：

> 越王勾践反国六年，皆得士民之众，而欲伐吴，于是乃使之维甲。维甲者，治甲系断。修内矛，赤鸡稽繇者也，越人谓人铩也。方舟航买仪尘者，越人往如江也；治须虑者，越人谓船为须虑。亟怒纷纷者，怒貌也，怒至；士击高文者，跃勇士也。习之于夷，夷，海也；宿之于莱，莱，野也；致之于单，单者，堵也。

其中，"治须虑者，越人谓船为须虑"一句，明确指出古越人将船称为"须虑"。因此，"须虑"就是古越语中的舟船。问题是，何以证明这个"须虑来呀"与"嗦啰嗹"的关系呢？从它们的发音来说，确实有几分相似，但是仅从发音的几分相似就得出"须虑来呀"就是"唆罗连"的由来之结论，未免太过草率。鉴于缺少足够

71

的资料和证据，该结论存疑。

其二，古闽越族对龙的称呼。

有人从"嗦啰嗹（采莲）"仰仗"龙王"神威驱灾避邪猜测，"嗦啰嗹"是古闽越族对"龙"的称呼。泉州市舞蹈家协会原主席蔡湘江在《〈嗦啰嗹〉舞探微》中提道："紧接'花婆'之后的是二人或四人抬着造型怪异的龙王头，即'嗦啰嗹'头"，而且花婆的"手提漆篮里放置着二寸至五六寸不等的小号泥塑'嗦啰嗹'头。"②按其字面意思，龙王头即"嗦啰嗹"头，那么"嗦啰嗹"应该就是对龙的称呼。但是由于还没有足够的理由支撑这一观点，因此同样存疑。

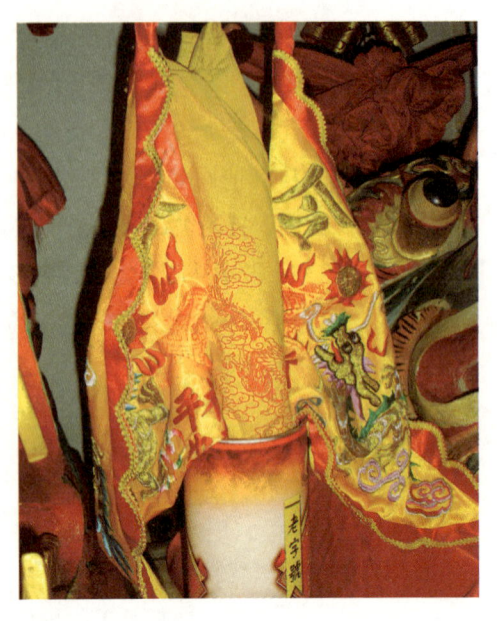

图3-1-1：龙王旗

其三，禳灾纳福的咒语。

有人认为，"嗦啰嗹"是古越族人辟邪驱灾的咒语，也有人认为它是龙王爷的驱邪神咒。

安海养正中学退休教师许书合认为："'嗦啰嗹'是佛教、道教及龙王爷和泉州木偶戏相公爷踩场唱的祝颂语，也唱成'啰哩嗹'和'啰嗹哩啰嗹'，相传为梵文译音词，意译为'禳灾纳福'。"③

按上述说法，"嗦啰嗹"就是"啰哩嗹"。

蔡湘江在《〈嗦啰嗹〉舞探微》中也认为："这句'嗦啰嗹，啰嗹哩啰嗹'与我国古代佛教、道教及戏神驱邪祈福唱诵平安咒语时所常见的唱'啰哩''啰啰哩哩''啰哩唛''啰哩嗹'属同出一源，有着千丝万缕的联系……其具体的内容、形式和内在含意等也都具有相当的一致性。"④

许多人持此观点。例如，在闽南，道士做法事时经常要唱诵"啰哩嗹"，他们中的许多人都认为"嗦啰嗹"就是"啰哩嗹"，都是驱邪神咒；木偶演出前要举行"献棚"仪式，演唱由"啰哩嗹"三音反复交错吟唱而组成的无实词的曲子。在许多木偶音乐中还有"啰哩嗹"唱段。许多在木偶剧团工作的人同样认为"嗦啰嗹"就是"啰哩嗹",是驱邪咒语。又如,孙星群在《佛经与传统音乐中的"啰哩嗹"》一文中,谈到"啰哩嗹"的分布时,也将"嗦啰嗹"纳入其视野,其所列歌谱与谱例1一样,只是少了开头处的过门。⑤毫无疑问,他也认为"嗦啰嗹"就是"啰哩嗹"。再如,蓝雪霏《闽台闽南语民歌研究》一书也提及:

> 据何昌林先生研究:"'罗哩连'早就见之于唐代,敦煌唐人曲子词《释谈章》《悉昙颂》中的'鲁流芦楼',也就是'罗哩连';原抄件中说,这是唐朝嵩山会善寺沙门定慧法师,按照鸠摩罗什(344—413)之《通韵》,从梵经中译出而翻注、定稿的,唱时要用'秦音';从汤显祖《庙记》可以得知,'罗哩连'已经成为当时祭戏神(清源师)的一首'典礼歌曲'了。"(《中国戏曲志·福建卷》,第32页)泉州采莲应是运用了古曲的演唱形式且引申了"罗哩连"的宗教内容。⑥
>
> 另外,有人认为"嗦"音常被用于咒语中。土家族有一种"啰儿调","据一些民间'啰儿调'歌手说,'啰儿调'的和声也不是现在所唱的'啰儿喂',而是'啰梭喂'。'梭'是一个古代巫术咒语在当今的遗存,据北宋沈括考证:'今夔、峡、湖、湘及南北江獠人,凡禁咒句尾皆称"些",乃楚人旧俗'(此处'些'应读为'梭')"。⑦

如此看来,"嗦啰嗹"与"啰哩嗹"关系密切,不论是当地人还是外地学者,基本都认同二者的驱邪祈福性质。再则,"嗦啰嗹"仪式也处处体现出驱邪祈福的用意。其所用道具竹竿、榕枝、夜壶被认为具有驱邪作用;旗手每入一户都高举榕枝、幡旗四处拂扫,象征驱逐邪秽;户主赠予家婆红包后,家婆还要回赠玉兰花,头莲、二莲要回赠龙王旗,象征将平安、吉祥留下。据说以前还会回赠土做的小龙王头、孩儿仔,祈求多子多福。

图3-1-2:孩儿仔
(摄影:杨诗琪)

第二节 《嗦啰嗹》曲中的"啰哩嗹"

笔者在田野考察以及其后的资料收集中,共收集到7首出处不同的"嗦啰嗹"歌曲。曲1为前所列举之申报国家级非物质文化遗产名录项目所用乐谱,该乐谱为五月令歌词。曲2是由福建省民歌组记录,陈玉英等演唱的《唆啰嗹》。曲3为泉州市文化馆记录,蔡宗泽等演唱的《唆罗连》,此曲被编入《中国民间歌曲集成·福建卷》[8]。虽然这些曲子由不同的人演唱,不同的人记谱,但其旋律和歌词高度一致。旋律与申报国家级非物质文化遗产名录项目所用乐谱完全一样,只是都使用十二月令歌词,即在申报材料乐谱的五月令基础上多出了7段歌词,从一月一直唱到十二月,前5个月的歌词大致相同,少数地方用词有点差异。

值得注意的是后面这几首曲子。曲4为泉州市文化馆记谱,凌叙郁演唱的《采莲歌》，该曲同样被收入《中国民间歌曲集成·福建卷》[9]。该曲有注如下："《采莲歌》是采莲过程中所唱的歌曲。歌词内容有吊祭屈原，祈求平安、歌唱自然景物等。目前所流传的基本曲调仅有一首，歌唱时，常有变化。因唱词中，多有出现'唆罗连啊'等衬词，所以，也有称《采莲歌》为《唆罗连》的。"

该曲所用曲调与歌词都与前3曲有较大差异。曲调方面，没有引子，由上下二句构成全曲。二句都由领唱的前半句和齐唱的后半句组成，各四小节，后半句皆为衬词。全曲共有10段歌词，所唱内容为凭吊屈原。尤其值得注意的是在上句的齐唱部分，衬词也与前几曲不同，为"唆罗连啊哩啊路里连罗"。在这里，"唆罗连"与"路里连"连成一气，同时出现。

谱例2 《采莲歌》，泉州市文化馆记谱，凌叙郁演唱

采 莲 歌

1=A 2/4

泉州市

中速稍快

	3	2 5	3	2	2 5	3 2	1	2	
1.(领)四	月	(嘿)	初	一	起	(嘿)鼓	声	(罗)，
2.(领)屈	原	(嘿)	为	国	为	(嘿)百	姓	(罗)，
3.(领)锣	瑱[1]	(嘿)	鼓	响	闹	(嘿)匆	匆	(罗)，
4.(领)只	因	(嘿)	为	国	尽	(嘿)忠	义	(罗)，
5.(领)屈	原	(嘿)	忠	义	受	(嘿)陷	害	(罗)，
6.(领)吟	完	(嘿)	离	骚	表	(嘿)心	迹	(罗)，
7.(领)屈	原	(嘿)	为	国	投	(嘿)江	死	(罗)，
8.(领)角	粽	(嘿)	菖	蒲	去	(嘿)奉	献	(罗)，
9.(领)江	中	(嘿)	锣	鼓	闹	(嘿)纷	纷	(罗)，
10.(领)自	古	(嘿)	奸	贼	人	(嘿)人	恨	(罗)，

[1]瑱：音[tan]24响。

安海嗦啰嗹

```
    2  ͡3 5 | 3   2  | 3 3 6̇ 2 | 1   6̇ |
   (齐)(唆 罗    连  啊   哩 啊 路 里  连   罗),

         ͡2 3  2 6̇ | 2 3  2 1 | 2   6̇ 2 | 1   6̇ |
  1.(领) 五  月(哪) 初 五 (哩) 龙    船(里) 行 (哪)。
  2.(领) 万  古(哪) 千 秋 (哩) 人    传(里) 名 (哪)。
  3.(领) 屈  原(哪) 伊 是 (哩) 大    贤(里) 人 (哪)。
  4.(领) 奸  臣(哪) 设 计 (哩) 陷    害(里) 伊 (哪)。
  5.(领) 单  身(哪) 来 到 (哩) 汨    罗(里) 江 (哪)。
  6.(领) 五  月(哪) 初 五 (哩) 投    江(里) 去 (哪)。
  7.(领) 百  姓(哪) 人 人 (哩) 思    念(里) 伊 (哪)。
  8.(领) 悼  念(哪) 屈 原 (哩) 在    江(里) 边 (哪)。
  9.(领) 同  心(哪) 协 力 (哩) 来    爬(里) 船[1](哪)。
 10.(领) 忠  臣(哪) 义 士 (哩) 万    年(里) 春 (哪)。

     6̇ 1 6̇ | 2 3 2 1 | 6̇ 2 1 2 | 6̇   -  ‖
    (齐)(啊    礼       啊 礼 啊 礼   啊)。
```

曲5为福建省民歌组记录，陈玉美等演唱的《众人扛山山会动》，副题"采莲歌"，有注如下："采莲歌，每年端午节演唱的风俗歌。"该曲曲调又与前几首都不同，但相比之下，更接近曲4。该曲没有引子，由上下二句构成全曲。二句都由领唱的前半句和齐唱的后半句组成，前半句4小节，后半句齐唱先重复前半句的后2小节，然后演唱衬词部分的4小节，每句共10小节，比前几曲篇幅扩大。歌词只有2段，内容为歌唱共产党，第一句后半部分的衬词为"唆啰嗹啊啰嗹哩啰嗹啊"，又是一首"唆啰嗹"与"啰嗹哩""哩啰嗹"同时出现的例子。

---

[1]爬船：划船。

谱例3 《众人扛山山会动》，福建省民歌组记录，陈玉美等演唱

众人扛山山会动

(采莲歌)[1]

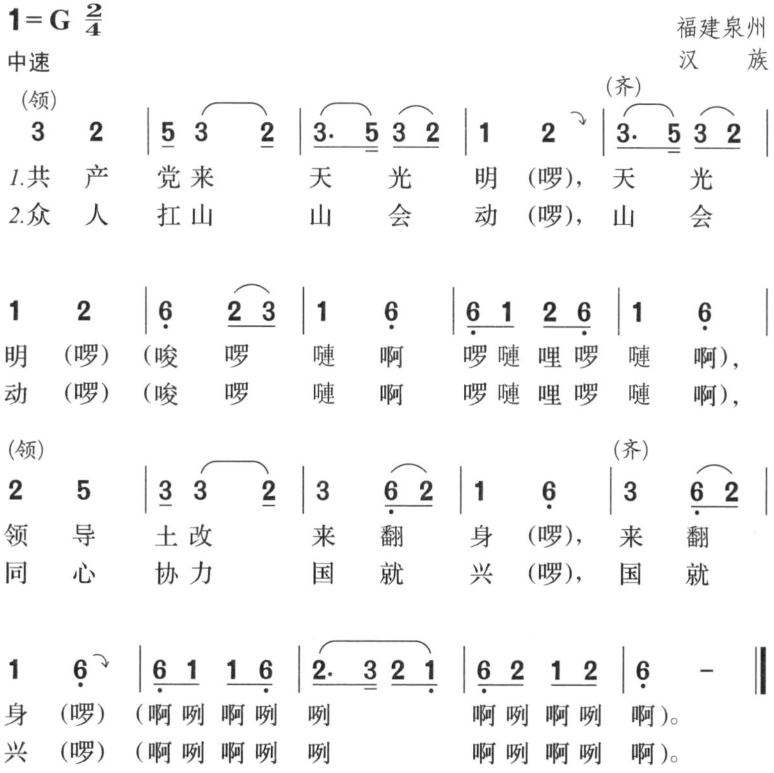

1=G 2/4　　　　　　　　　　　　　　　　　　　福建泉州
中速　　　　　　　　　　　　　　　　　　　　　汉　族

（领）　　　　　　　　　　　　　　　　　　（齐）
3　2　｜5　3　2　｜3. 5 3 2　｜1　2　｜3. 5 3 2　｜
1.共　产　党来　天　光　明（啰），天　光
2.众　人　扛山　山　会　动（啰），山　会

1　2　｜6　2 3　｜1　6　｜6 1 2 6　｜1　6　｜
明（啰）（唆　啰　哩　啊　啰哩哩啰哩　啊），
动（啰）（唆　啰　哩　啊　啰哩哩啰哩　啊），

（领）　　　　　　　　　　　　　　　　　　（齐）
2　5　｜3　3　2　｜3　6 2　｜1　6　｜3　6 2　｜
领　导　土改　来　翻　身（啰），来　翻
同　心　协力　国　就　兴（啰），国　就

1　6　｜6 1　1 6　｜2. 3 2 1　｜6 2 1 2　｜6　-　‖
身（啰）（啊咧　啊咧　咧　　　啊咧啊咧　啊）。
兴（啰）（啊咧　啊咧　咧　　　啊咧啊咧　啊）。

　　曲6为"妈祖宫嗦啰哩队"负责人黄荣科提供的乐谱。这首"嗦啰哩"可以说是集大成者，将曲1、2、3以及曲4、5拼凑在一起，形成了二段体结构，为引子+第一部分+第二部分。先是与曲1、2、3相同的引子。紧接着的第一部分曲调与曲5相近，只有少数几个

---

[1]采莲歌，每年端午节演唱的风俗歌。

77

音有差异，共上下二句，每句10小节，领唱4小节，齐唱先重复领唱的后2小节，再演唱衬词的4小节。歌词只有一段，唱的是端午节的内容。上句衬词为"唆啰连啊啰连里啰连啊"，"唆啰哇"与"啰哇哩""哩啰哇"同时出现。接下来的第二部分，曲调与曲1、2、3相同，歌词与曲1相同，为五月令歌词。

谱例4　妈祖宫《唆啰哇》

唆 啰 哇

1=G 2/4

晋江民歌

(6 1 1 6 | 2 3 2 1 | 6 2 1 2 | 6 - | 6 6 1 2 - |

2 1 2 | 6 -) | 3 2 5 | 3 - | 2 3 2 1 | 6 - |
　　　　　　　　好　啊　好！　　好啊好堤托

6 6 1 | 2 - | 2 1 2 | 6 - | 3 2 | 5 3 2 |
啊　　咧　　　咧啊　去咧！　　五　月　初五　是

3. 5 3 2 | 1 2 | 3. 5 3 2 | 1 2 | 6 2 | 1 6 |
端　午　节啊 端　午 节啊 唆 啰　哇　啊

6 1 2 6 | 1 6 | 2 5 | 3 3 2 | 3. 3 6 2 | 1 6 |
啰哇里啰　哇　啊 迎 接　节日 是 要　清　洁　啊

3. 3 6 2 | 1 6 | 6 6 1 | 2 - | 2 1 2 | 6 - |
要　清　洁　啊啊　咧　　　啊啊 去 咧

(6 1 1 6 | 2 3 2 1 | 6 2 1 2 | 6 - | 6 6 1 2 - |

2 1 2 | 6 -) | 3 2 5 | 2 3 | 1 | 2 1 6 1 | 2 1 2 |
　　　　　　正　月　立春 (多) 阳　和　气啊 啰
　　　　　　二　月　正是 (多) 春　风　时啊 啰
　　　　　　三　月　春景 (多) 难　描　画啊 啰
　　　　　　四　月　暂作 (多) 是　夏　天啊 啰
　　　　　　五　月　夏来 (多) 满　天　红啊 啰

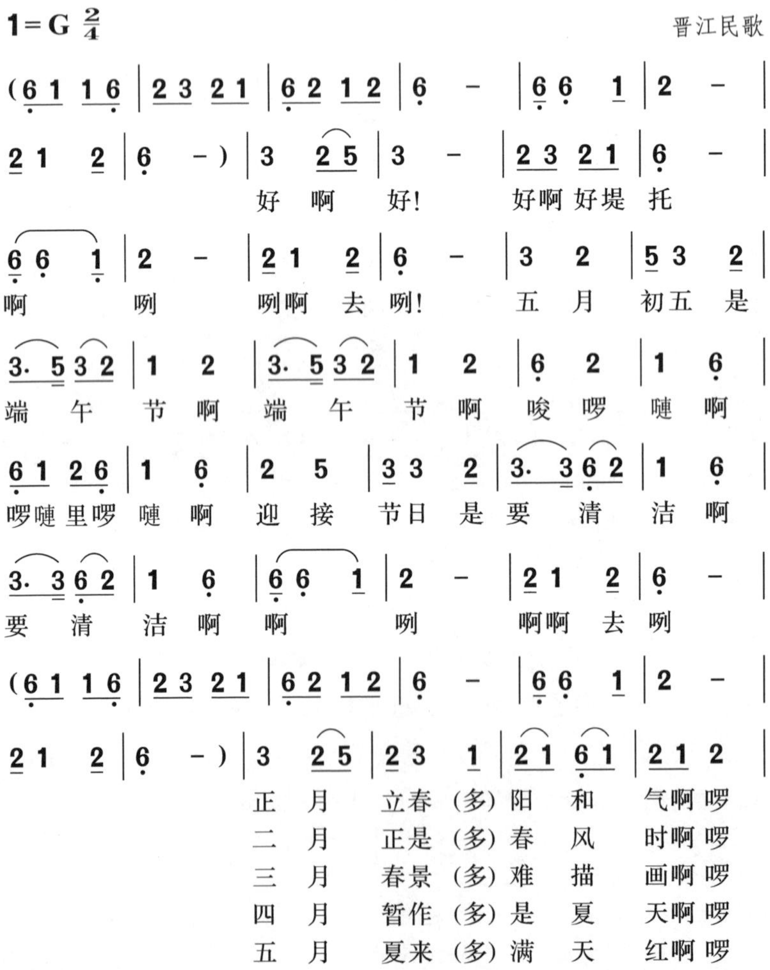

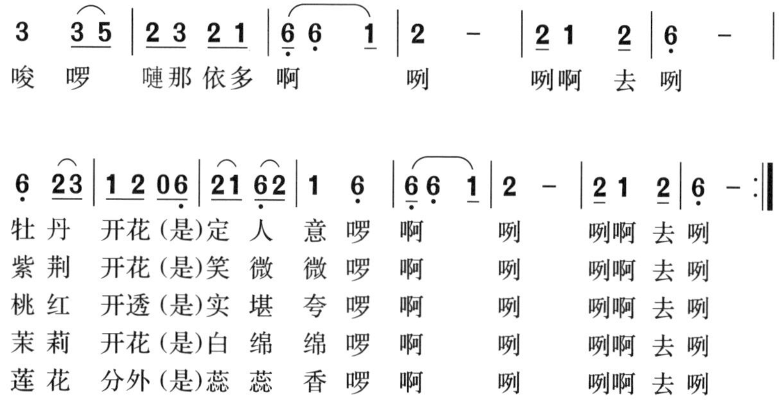

[乐谱：第一部分]

唆啰 嗹那依多啊 咧 咧啊去咧

牡丹 开花(是)定人 意啰 啊 咧 咧啊去咧
紫荆 开花(是)笑微 微啰 啊 咧 咧啊去咧
桃红 开透(是)实堪 夸啰 啊 咧 咧啊去咧
茉莉 开花(是)白绵 绵啰 啊 咧 咧啊去咧
莲花 分外(是)蕊蕊 香啰 啊 咧 咧啊去咧

曲7为《中国民族民间舞蹈集成·福建卷》[⑩]汉族舞蹈类中的《唆罗莲》舞所附乐谱。该谱与曲6高度一致，也是拼凑了曲1、2、3以及曲4、5的二段体结构，为引子+第一部分+第二部分。不同的是在第一部分的衬词处，有意隐去了两处"啰连"。

谱例5 《中国民族民间舞蹈集成·福建卷》《唆罗莲》第一段

唆 罗 莲
（唢呐吹奏）

吴睦忠传授
王丹奇、丁聪辉记谱

1=G 2/4
中速

[乐谱]

好(啊) 好！ 好(啊)好勒 桃
(啊 咧 咧啊去咧)， 五月初五 是

79

端　午　节（啊），端　午　节（啊　唆　罗　莲　啊

哩　　啊），迎接 节日 是要 清　洁（啊），

要　清　洁（啊）。

　　上述几个版本的"嗦啰嗹"曲大致可以划分为三大阵营，曲1、2、3为阵营一，以歌唱各个月令的节气和时令花为内容，都没有"啰哩嗹"唱词。曲4、5为阵营二，歌词内容各不相同，衬词中有"啰哩嗹"唱词。曲6、7为阵营三，拼凑了阵营一和阵营二，是集大成者，但是前者有"啰哩嗹"唱词，后者没有。

　　阵营一、二总是同时并存，如同《中国民间歌曲集成·福建卷》，既收录了阵营一的曲3，同时也收录了阵营二的曲4；同为福建省民歌组记录，既收集了阵营一的曲2，同时也收录了阵营二的曲5。然而，如今仅存的"嗦啰嗹"活动地安海，却只使用阵营一的曲谱。

　　民歌在长期的流传过程中，在不同地区，由不同的人演唱经常会有一些变异，出现许多不同版本是很正常的。上述几个版本的"嗦啰嗹"曲，无论是演唱者、记录者还是提供者，都说不出其曲调、歌词的来源，只知民间就是这么传唱的。只有《中国民族民间舞蹈集成·福建卷》说明了曲调来源："我们这次整理该舞，从舞蹈到音乐，都保存着民间原来的风貌，唯独歌词，则根据1954年参加全国民间舞蹈会演时由尤金满先生加工修改的。"[⑪] 这段资料时间记录有误，应为1957年，但透露出一个重要信息，即歌词由尤金满加工修改，而且该曲谱应该就是会演时所用之曲。

　　1956年，以尤金满为首的一批文化工作者为第二届全国民

间音乐舞蹈会演编排节目时,将民俗"嗦啰嗹"加以提炼,搬上舞台,同时在曲调和歌词方面也颇费苦心,最终形成了有引子的十二月令歌词。引子的作用在于引出舞蹈者,为适应舞台演出而添加。但实际演出时,由于时间有限,仅使用了5段歌词,因此,如今安海广为流行的同时有五月令和十二月令两个版本,实际上二者是一回事。该舞蹈题材新颖,受到众人一致称赞,经过层层选拔,最终于1957年赴京演出。[12]"嗦啰嗹"成功进京演出,一炮打响,从此,舞台版的"嗦啰嗹"曲广为流传。[13]该曲为月令版歌词之源。它将原始"嗦啰嗹"曲歌词去掉"啰连"二字后作为全曲的第一部分,然后加上引子,以及歌唱各月鲜花的第二部分。第二部分与第一部分结构相同,曲调相近,是为变体。

　　阵营一中的3首乐谱,属于简化后的月令版"嗦啰嗹"。去掉了较为原始的第一部分,保留了引子和月令歌词部分。

　　阵营二中的两首歌曲编唱年代应该也不太久远,但由于曲调有诸多差异,应属不同的流传版本。曲4的10段歌词都在讲述屈原的故事,词句文雅,应为文人创编,具体年代不详。曲5的2段歌词都在歌颂中国共产党,歌颂"土改"。中国共产党领导的全国土地改革工作于1950年6月开始,至1952年基本完成。所以可以推断,曲5的创编年代应在1950—1952年间。

　　由此看来,上述几首"嗦啰嗹"曲,可以分属于3个版本中,阵营一、三为同一版本,前者为简化版,后者为完全版。阵营二中的两首歌曲是另两个版本。这3个版本都是经文人编创或填词而成。不过其曲调素材肯定来源于原始的"嗦啰嗹"曲。阵营一和阵营二的曲调虽有不同,但是在旋律音型、句式结构方面大致相同,明显属同一曲调的不同变体。笔者认为阵营二中的两个版本以及阵营三中的第一部分更为接近原始曲调。因为歌颂"土改"的曲5创编年代比舞台版的"嗦啰嗹"早。而且3个版本中,两个版本有衬词"唆啰连啊啰连里啰连啊",可见早期的"嗦啰嗹"曲应是有此句的,只是在搬上舞台时,被改编而隐去。另据蔡湘江回忆:"'采莲'古俗又称'嗦啰嗹',主要原因在于'采莲'过程中众人始终和唱不停的方言褒歌,总是翻来覆去地反复出现'嗦啰嗹,啰嗹哩啰嗹'这句和声歌词。"⑭由此更可以肯定,原始的《嗦啰嗹》曲中有"啰嗹哩"唱词。

总结起来,上述《嗦啰嗹》曲大致为我们展现了这样一个流变过程:

原来,不同版本并存,各自为政,歌词不同,但衬词中都有"啰嗹哩"字样,证明了"嗦啰嗹"和"啰哩嗹"原为一个整体,具有驱邪祈福的功能。

1956年,为适应舞台演出,新文艺工作者对之进行改编创作,加上引子;将原始曲谱用于第一部分,民间流传的仍保留"啰嗹哩"字样,如曲6,正式出版时则隐去"啰嗹"二字,如曲7,之后加上改编的第二部分,演唱月令歌词,没有"啰嗹哩"字样。

后来,民俗活动采用月令歌词,但只使用引子和月令歌词部分,造成简化版月令歌词的流行,如今安海传唱的,以及"申遗"所用乐谱都是简化月令版,歌词中没有"啰嗹哩"唱词。

第三节 用途广泛的"啰哩嗹"

"啰哩嗹"是一个历史悠久而且应用广泛的词,在许多地方都有其踪迹。"啰哩嗹"也可写成"路里连""鲁里连""柳里连"之类的同音或音近字,多数学者认为这是一个记音词。"啰哩嗹"三字还经常翻来覆去地变换位置,可以是"啰嗹哩""哩啰嗹""嗹啰哩"等。关于它的来源、分布、使用场合、功用、内涵等,许多专家学者做了充分的考察与论证,总结起来,大致有如下几种。

一、来源及发展脉络

据孙星群考证，目前已知关于"啰哩嗹"来源的观点有源自佛教梵语、道教音乐、番曲、民间小调4种。由于有关文字记载出现在"宋末旧篇"《刘知远白兔记》(成化本)、《张协状元》等剧目中，因此，孙星群断定"啰哩嗹"至迟出现于宋末元初，而创始时间更早于当时，是相当古老的。[15]

康保成认为"啰哩嗹"源自梵语。因为："唐·南卓《羯鼓录》所附'诸宫曲'，于'太簇宫'下有'罗犁罗'曲名。'罗犁罗'曲当与后世戏曲中的'啰哩嗹'有关。羯鼓本是西北少数民族的乐器，故'罗犁罗'必为西域乐曲无疑。"他进一步推测，"'罗犁罗'本为梵语"。而且"传入中原的时间最迟应在西晋"，并认为佛教"禅宗中唱的'啰哩'，在梵曲'罗犁罗'之后，其渊源关系是相当明显的"。[16]

周广荣更进一步认为"啰哩嗹"源自梵文的《悉昙章》："在笔者搜集到的相关材料中，以文邃之唱'啰哩'为最早，这应是受了寰中《悉昙章》歌辞的影响而来。后世民间曲艺中以'啰哩''啰哩嗹'等作为和声的现象非常普遍，肇其始者则为寰中的《悉昙章》歌辞。"[17]

孟凡玉则认为"'啰哩嗹'民歌衬词源自中国古代生殖崇拜"[18]。

二、分布

据康保成语，宋元以来诸宫调、南戏、杂剧、明传奇中的许多剧目都插有"啰哩嗹"的演唱；如今，福建的梨园戏、莆仙戏、傀儡戏，广东潮州的白字戏，云南的彝剧，广西的师公戏，还保留着演唱"啰哩嗹"的习俗；明清以来从莲花落发展而成的一些地方戏，如评剧和黄梅戏，以"啰哩嗹"为和声；"啰哩嗹"之类的衬词或和声，还广泛运用于南方各族民歌中。[19]

据孙星群考证，在木偶戏、梨园戏、高甲戏等戏曲音乐，佛、道、巫的宗教音乐中，闽南、广东、广西瑶族、贵州布依族、云南彝族、浙江等地民歌中，福建南音中，都有"啰哩嗹"曲调：据所见"啰哩嗹"，它保藏在道教、佛教仪式活动和福建的提线木偶、掌中木偶（布袋戏）、莆仙戏、梨园戏、打城戏、高甲戏、庶民戏、民歌中，保藏在宋元以来的中国南戏、诸宫调、杂剧、传奇中，保藏在广东潮州白字戏、云南彝剧、广西师公戏、浙江水上居民疍歌中，它们在一些剧目演出的开头或结尾或中间穿插上一段"啰哩嗹"曲调，或是整段演唱，十分有特点。[20]而且孙星群罗列了大量泉州提线木偶音乐、道教音乐、梨园戏音乐、高甲戏音乐、民歌、民间歌舞车鼓弄、福建南音中的"啰哩嗹"例子，认为，"'啰哩嗹'大量保藏在福建，保藏在南戏传播的闽、浙、台、潮州等区"[21]。

三、使用场合

康保成认为，"啰哩嗹"的使用场合主要有如下4种：祭祀戏神所唱的咒语，与婚恋有关的喜庆场合，乞儿所唱莲花落，作为衬字、帮腔使用等。[22]

孙星群认为"啰哩嗹"主要有如下用场：净台、驱魔；敬奉田都元帅；木偶戏酬神演出开场唱"啰哩嗹"；为主人求愿、还愿、求平安；用于祭祀；高兴顺口唱；和声；调情、合欢隐语等8个用场。[23]

四、功用、内涵

不同的使用场合，"啰哩嗹"有着不同的功用和内涵。

孙星群指出，"啰哩嗹"的功用是多种多样的，在道为"咒"，在佛为"梵"，在民歌为口语、信号，在戏曲为感情隐语，有祈福、求神、驱邪、降魔、娱人、娱神、调情等功用。"其性质因时、因地、因民族、因功用、因传播范围的不同而不同。"" '啰哩嗹'的功用在发展、在扩大。"[24]

孟凡玉则认为生殖崇拜是"啰哩嗹"最重要的核心密码。"'啰哩嗹'在民歌、戏曲中作为性隐语的使用情况有很多",他还从"哩"谐音"鲤","嗹"谐音"莲"的角度探讨了"啰哩嗹"中隐含的生殖文化信息。[25]

总而言之,"啰哩嗹"有着悠久的历史,因为过于古老,其起源问题难以考证。但是从史料记载,以及当前的流传情况可证,"啰哩嗹"广布于全国各地,在佛道宗教音乐、戏曲、民歌中大量存在,而且包含的意蕴丰富、深刻。然而,同样由于年代久远,一些"啰哩嗹"在实际使用中的功用和蕴含已逐渐模糊。

第四节 "啰哩嗹"在闽南

在闽南,"啰哩嗹"同样用途广泛。正如孙星群所说,在泉州木偶音乐、道教音乐、梨园戏音乐、高甲戏音乐、民歌、民间歌舞车鼓弄,以及福建南音中,都有大量的"啰哩嗹"例子;既有整曲颠来倒去只演唱"啰哩嗹"3个字的,也有将"啰哩嗹"作为衬词用在曲中或曲末的。笔者认为"啰哩嗹"在闽南,其功能主要为"驱邪祈福"。

2009年5月20日至26日,以中央音乐学院为主办单位的北京现代音乐节成功举办。主办方别出心裁,请来"福建晋江掌中木偶剧团"。木偶剧团先是参与了盛大的开幕式音乐会演出,后于5月25日下午4点单独举行了"古乐雅韵说傀儡"专场演出。他们的节目新颖独特,博得了阵阵喝彩。

"古乐雅韵说傀儡"由8个节目组成,依次是献棚仪式《唠哩嗹》《四将踏棚》《公子游春》《青衣行路》《净角审案》《娘嫺赏花》以及新编木偶戏《五里长虹》唱段《痛失心上人》、传统小戏《大名府》等。

其中献棚仪式《唠哩嗹》在演出前举行，具有驱邪、净台的作用，所唱乐曲之歌词由"唠哩嗹"3个字翻来覆去构成，可以是"哩嗹啰""啰嗹哩"，也可以是"嗹嗹哩哩啰啰哩嗹"。节目介绍如下：

《唠哩嗹》亦称《㗂吜》，是由"唠哩嗹"三音反复交错吟唱而组成的无字（无实际意义——笔者注）曲。布袋戏演出前，要举行"献棚"的祭祀仪式，拜请戏神相公爷，齐唱《唠哩嗹》，此曲一百

献棚仪式《唠哩嗹》

木偶剧《娘嫺赏花》

木偶剧《五里长虹》中的嗦啰嗹

图3-4-1：献棚仪式

第三章 探究"嗦啰嗹"之意——兼及"啰哩嗹"

图3-4-2：献棚仪式

| 安海嗦啰嗹

图3-4-3：压脚鼓

零八音，表示三十六天罡、七十二地煞。这种祭祀仪式，在于祈求相公爷保佑演出成功、戏班安全、演出地合境平安，表达一种祈福禳灾的良好愿望。《唠哩嗹》由南鼓（压脚鼓）指挥伴奏，"鼓帮"（锣鼓经）节奏不断变化，层层相扣，打法独特，称之为"相公鼓"。"唠哩嗹"最早出现于宋南戏早期剧目《张协状元》戏文中，还有金董解元《西厢记诸宫调》亦唱"哩哩啰，哩哩来也"，可见这种形式历史悠久。

舞台正中摆放祭桌，桌上供奉戏神——相公爷神像，神龛前摆列着香炉、红烛、酒瓶、酒杯（三樽）、果盒、鲜花、花瓶、清香、纸开眼、金楮等祭品。祭祀开始，先是舞台右侧的压脚鼓起头遍鼓，钲锣敲打。在鼓声中，请神人引全体演员上，演员分两排肃立于神案左侧。请神人上台手捧纸开眼，先向相公爷鞠躬，再向外鞠躬。然后奉清香、敬美酒。斟酒三杯（先中杯，后左右杯），再用右手无名指蘸酒向上弹出，喊声："喝彩！"锣鼓声停止，请神人念暗咒："一炷好香焚金几，银烛耀红灿罗衣，好花插在银瓶上，美酒斟下金杯里。"念完蘸酒弹出，喊声："喝彩！"即开声念出请神词："恭请，拜请乐府玉音大王、九天风火院田都元帅府、大舍、二舍、引调判官、吹箫童子、来富舍人、武灿将军、三十六官将诸神到坛。再请本境土地公及诸位正神，各各都在上。"请神人再斟酒，念："酒当初献、再献、三献。"请神人烧"纸开眼"，向内画圈，念："一帖金纸烧起满棚红！"落五音"紧战"。请神人捧酒，向外弹酒，边弹酒边念："赤蔻升天（向上弹）、白雀下地（向下弹）、左青龙（向左弹）、右白虎（向右弹），好戏棚（在走马板上三点酒），好鼓、好吹、好棚内、好幼格、好粗格（念一物名酒即弹向该物）。"请神人喊："喝彩呀！"再斟酒，端起酒杯念："相公请饮酒，诸神请饮酒！"（洒酒）请神人用无名指蘸酒在左手心画个"十八"（这是个吉祥数字，表示"十八团圆"）。请神人合掌摩擦、拍掌三下，紧接钲锣，开"一、二"鼓关。众演员齐唱《嗦口旦》引子，锣鼓、唢呐伴奏随之。之后锣鼓点间奏，演员分为2组轮流到祭桌前跪拜。拜毕分立祭桌两侧。请神人捧酒让演员依序用无名指蘸酒，演员于同一时间将酒沾于舌头然后向天一弹，高喊："喝彩！"接唱《嗦口旦》，锣鼓、唢呐伴奏随之。唱毕，众人向神案叩首，动二遍鼓，即八帮马锣鼓：官鼓、大帮鼓、真煞、一条鞭、急鼓、空关、单开、双开。在动二遍鼓时，请神人主持撤筵。请神仪式告终。整个仪式历时7分半钟。

谱例6 《唠哩嗹》，木偶剧团拜神曲

唠 哩 嗹

<u>3 5</u> <u>2 ♯4</u> $\overset{\frown}{3}$ ……（钟锣邦）
唠

2 **♯4** $\overset{\frown}{3}$ ……（钟锣鼓）
唠

之后的节目《青衣行路》描述了少妇身背包袱、手持雨伞，形单影只，千里寻夫。曲中也出现"啰哩嗹"唱词。节目介绍如下："在【生地狱】《自君去》、【皂罗袍】《塞外雁声》二支七撩乐曲演唱中，以优美的伞科（舞）结合优美的身段造型表达了人物细腻复杂的内心感情，体现了跋山涉水的艰辛。是一折唱、做、舞并佳的布袋戏青衣折子戏。它与梨园戏《玉真行》有异曲同工之妙。"㉖

图3-4-4：《青衣行路》表演

其中，值得注意的是，"《塞外雁声》曲尾紧接'嗏尾'帮腔，这种唱腔形式在各种曲牌中均有不同处理（也有插在曲中的，叫'嗏中'），有时还配上锣鼓帮或小打击乐器。它的作用在于加强感情的渲染，使气氛更为浓烈"。

仅从这两个节目来看，在局内人眼中，同为木偶音乐，"啰哩嗹"在不同乐曲中有着不同的功用，前者用于祈福禳灾，后者用于渲染感情。

笔者认为不管"啰哩嗹"用于何处，都可以区分两种情况，其一，意义明确，如献棚仪式《唠哩嗹》，明显为驱邪祈福之用。梨园戏、莆仙戏中也有类似情况。"梨园戏为了加强气氛和衬托剧中各种不同的情绪，还有唱'唠哩嗹'的形式。唱'唠哩嗹'又称唱'懒旦'或'喊棚'，即是在演出前由生角捧出'田都元帅'（即相公爷），举行焚香、奠酒等仪式后，唱'唠哩嗹'。'唠哩嗹'有时插在唱腔中间，有时作为唱段的结尾（称'嗏尾'）。"[27]其中，"懒旦"或"喊棚"与木偶戏中的"献棚"仪式类似，也具有驱邪祈福之功用。

"据《莆剧谈屑》记载：'莆剧在未演出时，后台先打三锣鼓，过后有彩棚，念四句大白，念完唱"下词尾"。下词尾字用"哩啰嗹"三字颠倒唱出。这三句是咒文，为得怕舞台上秽渎了神明，唱完这咒文，便可保台上大安。'"[28]同样为驱邪祈福之用。

其二，意义不明，如上文的《青衣行路》，局内人认为其中的"嗏尾"帮腔，起渲染感情之用。在木偶戏音乐、梨园戏音乐、高甲戏音乐及南音中，都有许多带"嗏尾"或"嗏中"帮腔的例子，民歌中也常有"啰哩嗹"衬词，一般人都从感性角度，将之解释为渲染感情之用。然而，笔者认为这些"哗尾"或"哗中"，以及许多学者提及的作为"和声""高兴顺口唱"的"啰哩哗"，应该别有深意，只是因为年代久远，后人不辨其意。再者，这些帮腔插在乐曲中，其意义被歌词所掩盖，人们容易望文生义，而将之简单化为"渲染感情""和声"等。南曲《直入花园》可作为一例。

南音中的《直入花园》是一首简短易唱的曲子，常作为初学者的入门曲。自1990年泉州市推广南音进课堂始，该曲即被编入小学南音教材中，作为必唱曲目。

南音曲《直入花园》

谱例7 《直入花园》[29]

直入花园

1＝F 2/4

〔四空管 叠拍〕
〔翁姨叠〕

(3) | 3 5 | 3 5 0 2 2 | 3 2 1 2 | 3 3 3 2 1 1 |
　　　　直　　入　　花　园　　是　花　味　　香，　直　入

3 1 0 1 1 | 6 1 2 3 | 1 6 1 | 2 3 (3) | 3 3 0 2 2 |
酒　店　都　面(于)带　　　红。　　田　囡　飞　来　都

1 2 1 1 6 1 | 2 2 3 1 | 2 3 0 1 1 | 2 1 6 6 | 1 1 |
真(于)成　　阵，美　蝶　飞　来　都　真　　成　　双。

3 5 | 5 2 0 2 2 | 3 5 3 2 | 3 3 2 | 1 2 0 3 3 |
冥　阳　岭　上　是　好　峻　　崎，阮　今　过　只

1 3 0 1 1 | 2 3 2 1 | 1 6 1 | 3 3 3 3 | 2 3 0 2 2 |
冥　阳　都　心(于)欢　　喜。　掀　开　罗　裙　都

第三章 探究"嗦啰嗹"之意——兼及"啰哩嗹"

拭汗去，(不汝)走 得阮 头茹 都 鬟又

歌。急 急 走来(啰) 急(于)急 行走，到

市上共恁 说出分 明。六角亭上 六角

砖，六角 亭下 都 好 茶 汤；六角亭上六角

石,六 角 亭前 都 好(于)栳 叶。

素香 不如 是 茉莉 香,美蝶 成阵 都

采(于)花 丛， 嗹 啊柳来 啰！柳嗹 来

啰！脚 踏 草 一个 脚 踏 草,嗳 真个

好 勒 桃 嗳啊真个都是 好 勒 桃。

　　该曲由10个乐句组成，其后9句都由第1句发展而来，旋律框架大致相同，只是细节处理有些不同。其中第9句特别短小，只有4个小节，唱词为"嗹啊柳来啰，柳嗹来啰"。整首歌曲旋律欢快，歌词中尽是花园、酒店、美蝶、六角亭、茉莉之类的景物描述，

93

尤其儿童演唱起来充满了童趣，不知情者肯定会认为这是一首普通的借景抒情的儿歌，其中的"柳嗹啰"衬词也好像起渲染情绪之作用。然而，《直入花园》的背后却另有故事。

《直入花园》原为南音指套《弟子坛》中的一首，后来因为简单好唱也好听，受到众人欢迎，因而被抽出来，作为独立曲目演唱。《弟子坛》为道教请三姑时演唱的套曲，由4部分组成：一为"弟子坛"，念请神咒，请来各路神灵；二仍为"弟子坛"，为四空管紧三撩"短翁姨"曲牌[30]，唱此曲请来"田都元帅"，曲后接吹法螺；三为"请月姑"，四空管紧三撩"短翁姨"，请三姑来问卦；四即《直入花园》，四空管叠拍"翁姨叠"，描写三姑一路游玩过暝阳岭。

《弟子坛》请来的三姑身世坎坷。据说她生前为有钱人家的小妾，后被大妇陷害，淹死在厕中。后人为了纪念她，奉她为厕神，又称紫姑。民间对三姑的信仰很普遍，除了福建外，山东、广东、浙江、湖北、陕西等地也都有迎请"紫姑"的民间信仰活动，主要目的是占卜农事或吉凶。

由此看来，《直入花园》并不像其旋律听起来那么轻松自在，曲中的"嗹啊柳来啰，柳嗹来啰"也绝不仅仅是为渲染情绪，而应别有深意。既然该曲为道教法事活动所用，那么"嗹啊柳来啰，柳嗹来啰"应为道教驱邪祈福用语。

再如，"嗦啰嗹"活动中的"啰哩嗹"，属于意义明确者，虽然众人不知其来源，但用于"嗦啰嗹"仪式中，其驱邪祈福的性质不言自明。然而，借用《嗦啰嗹》曲调，配以其他歌词的曲子，则容易演变为意义不明者。如上文列举的《众人扛山山会动》，将《嗦啰嗹》曲中有实义的歌词改为歌颂"土改"，歌颂共产党，但将"啰哩嗹"当成衬词，原样照搬。不知其曲调来源者肯定不解其意，因为歌颂共产党明显与驱邪祈福没有什么联系，因而容易简单地认为"啰哩嗹"只是"和声"，用于"渲染感情"。

"啰哩嗹"在上述例子中的功用，虽简单地概括为"驱邪祈福"，但其包含的内容却甚为宽泛。其一是驱邪，所有邪秽都是所

第三章 探究"嗦啰嗹"之意——兼及"啰哩嗹"

驱对象；其二是祈福，所有福祉都是所祈对象，其中就包括求子。

所谓"无后为大"，在闽南，这一观念至今根深蒂固。闽南人重男轻女，男孩长大成家后是本家，女孩长大嫁出去后就成了外家人。如前文"无形的防护——信仰民俗"一节所说，闽南人重视对神灵、祖先的祭祀，重视各种人情世故，左邻右舍、亲朋好友有红白喜事，都要有所表示，生怕失礼，为人所耻笑。而承担祭祀和人情世故的，就是本家的男人。因而闽南人重男轻女，有着深刻的社会原因。男孩不光是传宗接代，还要把对祖宗的祭祀，以及各种社会关系一代代传下去。没有男孩，这一切没有人接替，于祖宗，是不孝，于亲朋好友，是失礼。

《安平志》之"人物志"中"孝友笃行"类记载了一个孝子不孝的故事：明嘉靖戊午，倭寇来犯，黄松青带着父亲和弟弟出逃，不料半路上遇见贼人。弟弟想要逃走，黄松青说："老父生我，如何可舍。"于是三个人相抱而死。按理说黄松青宁死也不舍老父，是个大孝子。于是事后，"乡之士君子有欲举孝于官"。然而，人们却认为，黄松青已经扶父尽孝了，应该让他的弟弟逃走以传后代。所以"虽然扶父不舍，外难不计，松青终不得为孝子哉"[31]。

因此祈福很重要的一个内容就是求子。孟凡玉所说"啰哩嗹"包含的生殖崇拜内涵实际上可以囊括于"驱邪祈福"功用之中。康保成指出："戏神偶像是戏曲演出中的婴儿道具，戏神信仰仪式中带有浓厚的求子色彩，并因此体现出'戏神'与'喜神'的统一。这种以求子为目的、以婴儿道具为偶像的信仰仪式，深深植根于世俗民众之中。"[32]

"嗦啰嗹"仪式同样具有求子的功用。据蔡湘江《〈嗦啰嗹〉舞探微》："跟在旗后的是一队男扮女装，踩着滑稽舞步的'花婆'，手提漆篮里放置着二寸至五六寸不等的小号泥塑'嗦啰嗹'头、一二寸长的泥塑男童'孩儿仔'以及香花等物；……之后主人家取出备好的红包酒米劳谢；'花婆'则从漆篮内取出香花、'嗦啰嗹仔'、'孩子仔'等回赠主人家。"[33]回赠"孩子仔"，其寓意不言自明。

95

[注释]

① 刘春曙:《福建民歌概述》,载《中国民间歌曲集成》全国编辑委员会、《中国民间歌曲集成·福建卷》编辑委员会编《中国民间歌曲集成·福建卷》(上),中国 ISBN 中心1996年版,第17页。

② 蔡湘江:《〈嗦啰嗹〉舞探微》,《闽台文化》2001年第5期,第51页。

③ 许书合:《安海端午"嗦啰嗹"采莲》,内部资料。

④ 蔡湘江:《〈嗦啰嗹〉舞探微》,《闽台文化》2001年第5期,第52页。

⑤ 孙星群:《佛经与传统音乐中的"啰哩嗹"》,《中国音乐》2008年第4期,第106页。

⑥ 蓝雪霏:《闽台闽南语民歌研究》,福建人民出版社2003年版,第22页。

⑦ 向轼:《竹枝歌与"啰儿调"之关系溯源》,《重庆文理学院学报》(社会科学版)2009年第3期,第5—8页。

⑧ 中国民间歌曲集成福建卷编辑委员会:《中国民间歌曲集成·福建卷》(上),人民音乐出版社1996年版,第577—578页。

⑨ 《中国民间歌曲集成》全国编辑委员会、《中国民间歌曲集成·福建卷》编辑委员会编:《中国民间歌曲集成·福建卷》(上),中国 ISBN 中心1996年版,第575—576页。

⑩ 《中国民间歌曲集成》全国编辑委员会、《中国民族民间舞蹈集成·福建卷》编辑委员会编:《中国民族民间舞蹈集成·福建卷》,中国 ISBN 中心1996年版,第759—760页。

⑪ 《中国民间歌曲集成》全国编辑委员会、《中国民族民间舞蹈集成·福建卷》编辑委员会编:《中国民族民间舞蹈集成·福建卷》,中国 ISBN 中心1996年版,第758页。

⑫ 详见第九章第一节"'嗦啰嗹'舞台化溯源"。

⑬ 详见第十一章第二节"社会发展中的文化变迁"。

⑭ 蔡湘江:《〈嗦啰嗹〉舞探微》,《闽台文化》2001年第5期,第52页。

⑮ 孙星群:《佛经与传统音乐中的"啰哩嗹"》,《中国音乐》2008年第4期,第102—110页。

⑯ 康保成:《梵曲"啰哩嗹"与中国戏曲的传播》,《中山大学学报》(社会科学版)2000年第2期,第60—67页。

⑰ 周广荣:《梵语〈悉昙章〉在中国的传播与影响》,宗教文化出版社2004年版,第392页。

⑱ 孟凡玉:《论傩歌"啰哩嗹"的生殖崇拜内涵》,《音乐研究》2007年第4期,第45—53页。

⑲ 康保成:《梵曲"啰哩嗹"与中国戏曲的传播》,《中山大学学报》(社会科学版)2000年第2期,第60—67、61页。

⑳ 孙星群:《佛经与传统音乐中的"啰哩嗹"》,《中国音乐》2008年第4期,第102—110页。

㉑ 孙星群:《佛经与传统音乐中的"啰哩嗹"》,《中国音乐》2008年第4期,第102—110页。

㉒ 康保成:《梵曲"啰哩嗹"与中国戏曲的传播》,《中山大学学报》(社会科学版)2000年第2期,第60—67页。

㉓ 孙星群:《佛经与传统音乐中的"啰哩嗹"》,《中国音乐》2008年第4期,第102—110页。

㉔ 孙星群:《佛经与传统音乐中的"啰哩嗹"》,《中国音乐》2008年第4期,第109、110页。

㉕ 孟凡玉:《论傩歌"啰哩嗹"的生殖崇拜内涵》,《音乐研究》2007年第4期,第45—53页。

㉖《古乐雅韵说傀儡》专场演出节目介绍。

㉗ 李文章:《梨园戏音乐曲牌概述》,载泉州地方戏曲研究社编《泉州传统戏曲丛书·梨园戏·音乐曲牌》第九卷,中国戏剧出版社2000年版,第2页。

㉘ 孙星群:《佛经与传统音乐中的"啰哩嗹"》,《中国音乐》2008年第4期,第102—110页。

㉙ 泉州市中小学音乐课乡土教材试用本《南音教材》,泉州市教育局、文化局编印,1990年4月首印,2004年4月重订,第1—2页,内部资料。

㉚ 南音中的四空管即以F为宫,紧三撩相当于4/4拍,叠拍相当于2/4拍。

㉛ 安海乡土史料编辑委员会校注:《安平志》(校注本),中国文联出版社2000年版,第220页。

㉜ 康保成:《傩戏艺术源流》,广东高等教育出版社1999年版,第237页。

㉝ 蔡湘江:《〈嗦啰嗹〉舞探微》,《闽台文化》2001年第5期,第51—52页。

第四章
为「采莲」正名
——采莲与龙舟竞渡

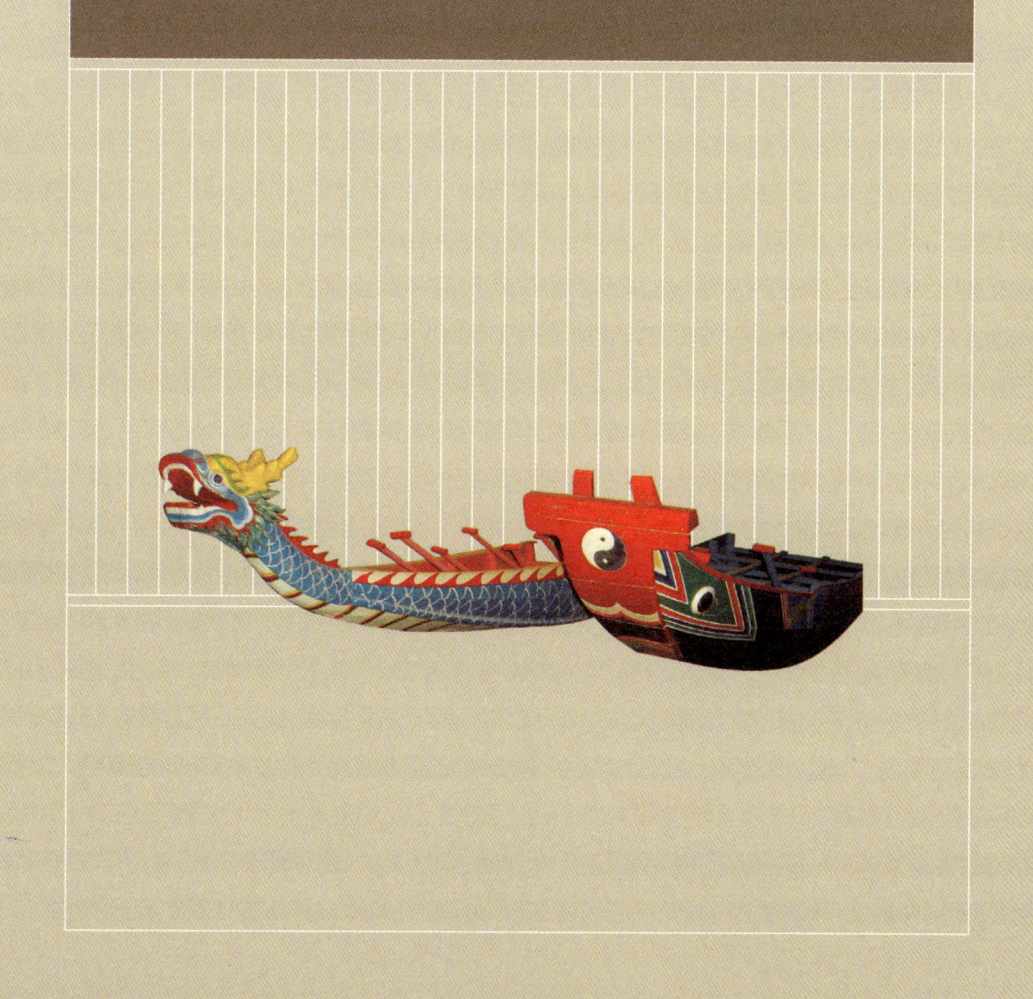

"嗦啰嗹"与"采莲",一为俗称,一为正名,二者指的是同一事物。但无论正名还是俗称,"采莲"与"嗦啰嗹"都如层层迷雾般令人费解:"嗦啰嗹"之名来自歌词,倒是来源清晰,但是其所指何意,如前文所述,众说纷纭;"采莲"二字自身意义明确,但是在安海举行的这个民俗活动,虽冠之以"采莲"之名,却找不到任何与"采莲"有关的动作或器物;二者与端午又有何种关系?

确实,"采莲"与整个仪式的关系很不明朗。在实际活动中,既未突出采莲行为或动作,也没有出现莲花实物或形象。因此许多人认为"采莲"是谐音或讹音。笔者翻查资料发现,在属于古楚、越之地的福建福州、长乐,江西鄱阳县,湖北荆州等地,都有与龙舟竞渡有关的名为"采莲"的民俗活动;许多《龙船歌》,又名《采莲曲》;《采莲曲》(嗦啰嗹曲)与另一泉州民歌《龙船歌》曲调相似,属同一歌曲的不同变体。可见泉州的"采莲"并非孤例,因此其正名应为"采莲"无疑。然而,"采莲"之名的由来仍是一个谜。

不过采莲与龙舟竞渡的密切关系给了笔者一丝曙光。要破解"采莲"之谜,应从龙舟竞渡入手。而"采莲"之谜的破解,将有助于人们更深入地理解"采莲"之实质,以及"采莲"蕴含着的深厚的历史文化底蕴。

第一节 "采莲"之称引发的质疑

"采莲"之名古已有之。

"新中国成立前,嗦啰嗹民俗一直称为采莲。考之于明清修撰的《安海志》是这样记载,修于清乾隆间的《泉州府志》亦然。我在1949年前于安海生活了20年,端午节的嗦啰嗹民俗,都叫采莲。"[①] 因此陈增荣认为"嗦啰嗹的正名叫采莲"。

申报国家级非物质文化遗产的文本中,关于"采莲"的历史渊源,作如下表述:"采莲是中原地区的古民俗,汉乐府就有描写江南少女荷塘采莲的《采莲曲》,而对音律颇有研究的梁武帝萧衍也写过类似的《采莲曲》。至唐末五代时期,河南光州固始人王审知率兵入闽,龙启元年(933)其子延钧在福州称帝时,封陈金凤为皇后。闽后能诗,在'端阳日'携宫眷泛舟西湖赏莲,还曾作《采莲曲》让宫廷乐师吹奏,宫女伴舞助兴。后来采莲舞曲流传于泉州民间,并逐渐演变为与龙图腾崇拜相联系,发展成一种端午节群众性祈求龙王赐福,扫除梅雨天气,驱除瘟疫的民间习俗。"

然而,这些说法似乎还不够具有说服力。世代相传的名称不一定就是准确的;上述历史渊源又说得过于笼统,采莲舞曲演变为民俗活动的线索不清。因此"采莲"之称引起许多人的质疑。

从活动本身来看,该活动与"采莲"之关系仅仅停留在称呼上,例如,活动称为"采莲",第一户接收采莲的人家称为"头莲",第二户称为"二莲",在旗手呼叫的吉祥语中有"采莲"字词。但从队伍人员构成、使用道具、服饰、动作等各个方面,都未能找到该活动与"采莲"的联系。

采莲队伍入户赠送的鲜花可以是莲花,但也不是非此不可。据陈咏民《安海"嗦罗连"》对尤金满的访谈:"'采莲'的前一天,要先抬出存放在境宫庙中的木刻龙王头,清洗干净,并插上'龙角'

（用真的鹿角代替），然后上香，并到西安村前的池塘中去采莲花。那时，安海西郊的几个池塘都种植大量莲花，每年农历五月开放。小时的金满就兴高采烈地参加采摘莲花，以便在次日'采莲'活动时赠送给各家各户一朵圣洁的莲花。这也许就是'嗦罗连'又称为'采莲'的缘故吧。但那时的'莲花'数量毕竟有限，有时不够分发，后来就渐渐演化为以白玉兰花取而代之。"②

不过也有人对这段访谈持保留意见，一当然是因为莲花数量有限；二是因为莲花体积较大，如果家家户户都要回赠莲花，那么多的莲花，得用多少筐装，又如何方便沿街游行的"嗦啰嗹"队伍携带呢？

在如今的"采莲"队伍中，有时会出现一些"采莲姑娘"，但这些"采莲姑娘"并不是"嗦啰嗹"队伍的必备成员，而是为配合"采莲"之名，壮大队伍声势的边缘角色。

从曲词方面看，虽然称为《采莲曲》，但从歌词内容上看，也未突出"采莲"内容。

总的来说，该活动虽然称为"采莲"，但是与"采莲"的动作乃至"莲花"之间实在看不出有什么必然联系。因此该活动与采莲究竟有何关系？为什么以"采莲"命名？这是一个人人感到疑惑的问题。人们只知祖先流传下来的该活动就叫"采莲"，至于为什么叫这个名字，却谁也说不清楚。

很多人都认为"采莲"只是谐音，原意另有他指。

《中国民间歌曲集成·福建卷》在《采莲歌》注中写道："采莲之'采'为方言，意即拂拭去尘（俗称大扫除为采尘），当地民间借'采莲'以寄托驱邪除恶，保庇平安的意愿。"③在实地采访以及许多资料中，持这种说法者不在少数。

热衷于"嗦啰嗹"活动的安海养正中学教师许书合认为，因为活动中旗手会在民房厅堂樑间挥旗拂扫，以去除尘埃和邪气，祛灾辟邪，因此，"采莲"实际上是"采樑"。

再如，刘春曙认为：采莲并非下湖采莲子。采莲二字来自泉州市方言的"筅尘"（音 cing tun），意在拂去尘埃。当地民间借"采莲"以寄托驱邪除恶，保庇平安。④

又如，安海人颜呈礼认为"采莲"的本字是"筅撵"或"筅捻"。他在《端午安海"采莲"习俗本字考》一文中指出：

经查《普通话闽南语方言词典》等相关资料，"筅"的意思是："刷扫。""撵"系"捻"的古代写法，意思是："驱逐、追赶（英语 drive）。如：捻出门（驱赶出家门）。"可见，"筅撵"词义与本活动的过程、目的、意义也是相吻合的。

《泉州府志》等"采莲"的记载，应该是用了借词，但这样久而久之可能会同化原汁原味方言说法，也轻易让人们与《采莲曲》、"江南采莲"等联系起来熟悉这一独特的民俗活动。"筅撵"或"筅捻"应该是"采莲"的本字，用来记录这一民俗活动则音准义合，有利此民间习俗的原生态保护。⑤

图4-1-1：挥旗拂扫

上述说法都有一定道理。"采樑""筅尘"或"筅撵"，与"采尘"同义。据《晋江民间风俗录》："'采尘'也叫掸尘、除尘、除残等等。采尘，即岁末大扫除，一般在腊月下旬进行。取长竿一支，末端扎春草一捆，新扫帚一把，金橘一束，举之掸拂，将屋内灰尘、蛛网等污垢之物采净，同时洗刷墙壁、床厨桌椅、被褥衣物，取意除旧布新，干干净净过新年。南宋吴自牧《梦粱录》云：'十二月尽……士庶家不论大小，俱洒扫门闾，去尘秽，净庭户……以祈新岁之安。'此俗起源甚早，代代相传，直至今日，遍及全国各地。采尘时间，据清代顾禄《清嘉录》载：'或有在（腊月）二十三日、二十四日及二十七日者.'此后,多在十二月中下旬任择一日,采尘的规模更广更全面。此俗迄今犹存。"⑥

如此看来,采莲与采尘还真有相似之处,采尘用长竿,末端扎春草,举之掸拂,与旗手挥舞着榕枝艾旗,入室拂扫之动作确实很像。也许二者之间真的有某种联系。

不过种种资料显示,"采莲"之称并非谐音或讹称,它与端午、龙舟竞渡联系密切,在有关龙舟竞渡的资料中频繁出现,而且以"采莲"为名的活动并非泉州独有。

第二节 "采莲"与"龙舟竞渡"

一、"采莲"主题与采莲船

"采莲"自古就是一个备受关注的主题。

自汉乐府民歌《江南》始,"采莲"成为历代文人墨客吟诵的对象,涌现出许多以"采莲"为题材的诗歌,其中尤以唐宋最甚;同时,"采莲"也被编入歌舞,在宫廷中流行起来,并逐渐传入民间。

在对采莲主题的追寻中,笔者发现,"采莲"总是与"舟"联系在一起。

莲花生在水中,采莲时需要乘舟,自古便有许多诗词描绘乘舟采莲之景致,如:

崔国辅《采莲曲》:玉溆花红发,金塘水碧流。相逢畏相失,并著采莲舟。

丁羲叟《渔家傲》:十里寒塘初过雨,采莲舟上谁家女?秋水接云迷远树。天光暮,船头忘了回来路。

白居易《池边》:醉遣收杯杓,闲听理管弦。池边更无事,看补采莲船。

由于采莲与舟的这种天然关系，在长盛不衰的采莲歌舞中，采莲船也屡见不鲜。

自南朝梁武帝萧衍"改西曲，制《江南上云乐》十四曲，《江南弄》七曲：一曰《江南弄》，二曰《龙笛曲》，三曰《采莲曲》，四曰《凤笛曲》，五曰《采菱曲》，六曰《游女曲》，七曰《朝云曲》"，《采莲曲》作为"一种宫廷娱乐的歌曲表演形式"逐渐发展起来。到了宋代，"采莲"已发展为"宫廷大型歌舞曲"。据《宋史》卷一百四十二载："宫廷队舞中有女弟子队一百五十三人……六曰采莲队，衣红罗生色绰子，系晕裙，戴云鬟髻，乘彩船，执莲花。"⑦

宫廷和上层社会采莲歌舞的盛行，进而回向影响到了民间。许多富贵人家甚至自备采莲船，以供娱乐。

"宋以后，'采莲'歌舞一方面继续在宫廷流行……另一方面，'采莲'歌曲流传民间，发生种种变异，甚至后代乞丐乞讨时所唱的《莲花落》，也与此有渊源关系。"据明代刘元卿《贤弈编》卷三载："吴中一老，故微而婆，初弄蛇为生。其长子行乞，次钓蛙，季讴《采莲歌》以乞食……季对曰：'哩哩莲花落'。"⑧

采莲歌舞的流传是个自下而上又自上而下，由宫廷再至民间的过程。皇帝乃至达官贵人对采莲歌曲的喜爱，影响到了广大民众。可以想象，采莲歌舞曾经盛行一时。正是人们对《采莲曲》的喜闻乐见，才使借演唱该曲行乞成为可能。

综上所述，其一，船是"采莲"活动以至"采莲"题材的歌舞中具有独特意义的重要道具，"采莲"所使用的船被称为"采莲船"；其二，采莲歌舞为人们喜闻乐见。因此以船为道具的采莲歌舞，人们并不陌生。

二、"采莲"与龙舟竞渡

"采莲"不但与舟关系密切，而且与龙舟竞渡息息相关。以明代泉州惠安人黄克晦的《咏采莲斗龙舟诗》来看,采莲与龙舟竞渡似乎就是一码事,同属于一个活动:乍采芙蓉制水衣,蒲觞复傍钓鱼矶。歌边百鹢浮空转,镜里双龙夹浪飞。倚棹中流风澹荡,四扰极浦雨霖微。为承清醴耽佳赏,自怪猖狂醉不归。[9]

(一)二者的桥梁——水与舟

1.共同的发源地——江南水乡

莲花生长于水中,舟行于水中。因此,莲花与舟原本就和谐共处。许多采莲主题的诗词、歌舞,都透露出"采莲"的发源地信息。

"江南可采莲,莲叶何田田。"——汉乐府《江南》。

这是最早的以"采莲"为题材的民歌。江南水乡有利的自然环境,使莲花成为当地独特的风景,也令采莲活动长盛不衰,备受关注。南朝梁武帝萧衍制《江南上云乐》十四曲,其第三曲即为《采莲曲》,可见采莲与江南之关系密切。

许多诗文将"采莲"与越女联系在一起,说明了其发源地。如唐李白《秋登巴陵望洞庭》:"郢人唱白雪,越女歌采莲";《越女词》:"耶溪采莲女,见客棹歌回"……

古越,即长江以南一带地区,今福建、浙江、江西等地。

竞渡同样也肇始于南方。因为地理环境的关系,南方水乡的人们过着"以船为本,以楫为马"的生活,"陆事寡而水事众"[10],舟成了他们重要的交通工具。在这种日复一日,舟来舟往的生活中,产生竞渡活动是很自然的事。

而且有许多学者认为竞渡起源于越王勾践训练舟师。采莲与竞渡,和"越"有着诸多联系。

2.共同的工具——舟

"采莲"需要舟。据崔国辅《采莲曲》:玉溆花红发,金塘水碧流。相逢畏相失,并著采莲舟;丁羲叟《渔家傲》:十里寒塘初过雨,采莲舟上谁家女?

采莲歌舞也需要舟。据《宋史》卷一百四十二载:"宫廷队舞中有女弟子队一百五十三人……六曰采莲队,衣红罗生色绰子,系晕裙,戴云鬟髻,乘彩船,执莲花。"⑪

甚至到后来,采莲船被人们作为游乐玩赏之用。据《红楼梦》第十七回,贾珍道:"采莲船共四只,座船一只,如今尚未造成。"《续资治通鉴》卷二百十八:"园中采莲舟楫,以沉檀为之。"⑫《孝感县志》:"更有游船,通谓之'采莲'。士女空城往观。"⑬

而且采莲舟也常被称为龙舟。唐代陈陶的《赋得古莲塘》明确地将采莲船与龙船联系在一起:阊间宫娃能采莲,明珠作佩龙为船。三千巧笑不复见,江头废苑花年年。

而竞渡必须用舟,竞渡之舟无论是否龙形,都被人们统称为龙舟,这点毋庸赘言。

(二)共同的活动时间——端午

采莲与龙舟竞渡,原本与端午并无必然联系,但是在漫漫历史长河中,却逐渐聚拢,形成合流。

龙舟竞渡历经几千年的发展,如今以端午节俗闻名于世。但是据学者研究,龙舟、竞渡原本并无关系,竞渡之舟称为龙舟是后来的事情:

现存的史籍中,最早出现的是"龙舟",接着便有了"竞渡"一词。到了唐代中叶,"龙舟竞渡"才出现在文字记录里。在隋代之前,文字记录中的"龙舟"约出现过16次,而且大部分都和帝王有关。⑭

据考证,"龙舟"一词,最早出现在战国中期之前的《穆天子传》中:"天子乘龙浮于大沼。"晋郭璞注:"沼池,龙下有舟字,舟皆以龙鸟为形制。""竞渡"一词稍后出现,与端午联系在一起。晋周处《风土记》记载:"端午烹鹜角黍……竞渡。"南朝梁宗懔《荆楚岁时记》也有"五月五日竞渡"的记载。而"唐代建中年间张建封的《竞渡歌》……是史籍中最早有关竞渡龙舟的记载"。⑮

不过竞渡活动的举行并不局限于端午，而且竞渡之事在见于记载前久已有之，"对出土文物的考证推断：早在春秋时期，古越族就已经有竞渡习俗了"[16]。

关于端午节的起源，民间有"纪念屈原说""效仿勾践操演水师说""纪念伍子胥或曹娥说""吴王夫差与西施戏水说"等。而学术界则"力图从端午节的发生时间和风俗习惯的分析中科学地探讨端午节的真实起源"，于是有了"公共卫生说""祭龙说""季节适应说""辟邪说"等。[17]

探讨端午节的起源实在是很困难的一件事情，因为这个节日糅合了太多的东西。上述说法都有道理，但也可能兼而有之。无论哪种说法，不可否认的是，端午节经历了一段很长时间的发展，才逐渐形成如今我们看到的样子。许多端午节俗是在流变过程中逐渐加入并最终定型的，龙舟竞渡即是其一。值得注意的是，这些端午节俗，基本以驱邪避瘟为主题。

"采莲"活动自春天莲花开始盛开，至秋天莲子成熟结束，延续相当长的时间。其中春天的采莲别有韵味。据南朝梁元帝《采莲赋》："于是妖童媛女，荡舟心许……尔其纤腰束素，迁延顾步。夏始春余，叶嫩花初，恐沾裳而浅笑，畏倾船而敛裾。"唐阎朝隐《采莲女》："采莲女，采莲舟，春日春江碧水流。"因为夏始春余期间的采莲，正好在端午前后，再加上其与竞渡的亲密关系，因此"采莲"有并入端午节俗的可能。

第三节　采莲曲与龙船歌

许多地方的龙船歌与采莲有或多或少的联系，如江西武宁县民歌《划龙船》又称《采莲船》，歌词也是七字句加衬词；再如江西新干县《采莲曲》歌词唱道："五月采莲是端阳，采莲在池塘……"[18]另外，还有湖南益阳县龙船歌《扯起风篷送姣莲》[19]，福州福清市采莲歌《良工巧创一彩舟》[20]，等等。

由此可见，采莲曲与龙船歌关系密切。

"我们姑且把榜歌、棹歌，与后来出现的《采莲》《采菱》等名目的歌舞统归为船歌一类。"[21]

于是，采莲与船歌的联系便清晰起来。

经过多首民歌的对照，基本可以肯定，《嗦啰嗹》（采莲歌）实际上就是一首龙船歌。

在陈增瑞辑录的《晋江民谣百首》中，收入了民歌《唆啰嗹》和《龙船歌》[22]。其《唆啰嗹》曲谱即前文所述广为流传的十二月令歌词版。《龙船歌》的曲调明显与《唆啰嗹》有血缘关系，应属同一歌曲的不同变体，歌词结构也相同：

谱例8 《晋江民谣百首》中的《龙船歌》

龙　船　歌

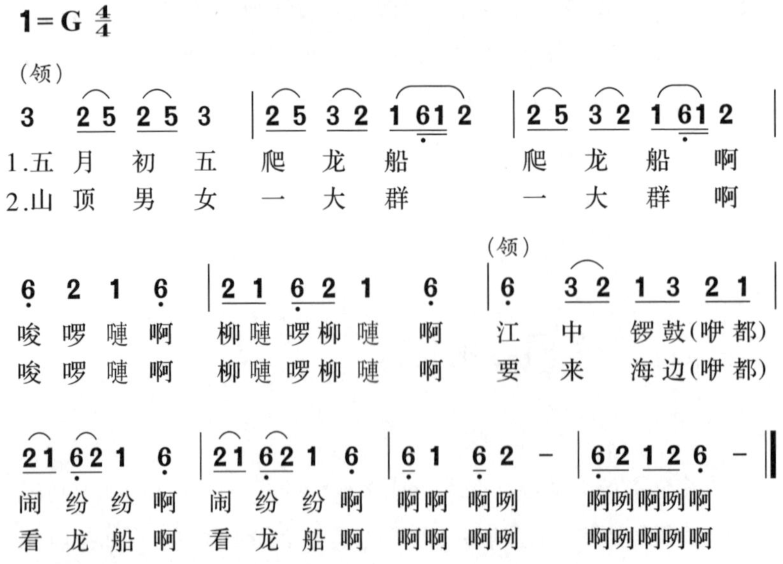

1 = G 4/4

（领）
3　25　25　3　│ 25　32　1 61 2　│ 25　32　1 61 2　│
1. 五　月　初　五　爬　龙　船　　　爬　龙　船　啊
2. 山　顶　男　女　一　大　群　　　一　大　群　啊

　　　　　　　　　　　　　　　　　　　　（领）
6　2　1　6　│ 21　6 21　6　│ 6　32　1 3 21　│
唆　啰　嗹　啊　柳　嗹　啰柳　嗹　啊　江　中　锣　鼓（咿都）
唆　啰　嗹　啊　柳　嗹　啰柳　嗹　啊　要　来　海　边（咿都）

21　6 21　6　│ 21　6 21　6　│ 61　62　-　│ 62 1 2 6　-　│
闹　纷　纷　啊　闹　纷　纷　啊　啊　啊　啊　咧　啊咧啊咧啊
看　龙　船　啊　看　龙　船　啊　啊　啊　啊　咧　啊咧啊咧啊

福建漳浦县有一首《四月初一开锣声》[23]，副题"龙船歌"，同样为七字句加衬词，同样是一领众和，而且在最后有专门的"罗连里"唱句，旋律走向与《嗦啰嗹》有些相似。歌词中有"龙神土地尽欢喜，邪魔鬼怪尽着惊"句，显示了龙船活动崇拜龙神土地，驱逐邪魔的主旨。

谱例9 《四月初一开锣声》（龙船歌）

四月初一开锣声

（龙船歌）

1=B 3/8

漳浦县

中速稍快

1.（领）四（哎）月初（哪）一（罗啊）开锣（哪）声（罗啊），
2.（领）锣（哎）鼓一（哪）瑱[1]（罗啊）闹匆（哪）匆（罗啊），

五月初五龙船行（啊），龙（哎）
谁人有歌谁人无（啊），橹（哎）

神土（哪）地（罗啊）尽欢（哪）喜（罗），邪魔
歌须（哪）着（罗啊）相共（哪）叫（罗），莫待

鬼怪尽着（哎）惊[2]（啊）。（齐）（罗哎）连哎
节过枉嗟（哎）咃（啊）。（齐）（罗哎）连哎

[1]瑱：音[tan]¹²，响。

[2]尽着惊：都害怕。

111

| 安海嗦啰嗹

```
 2̇  1͡   | 6̲ 6 | 2/4 X   X   | X   X   | X   0 ‖
 礼 罗,  礼 啊!    祭  罗[1]    祭   罗     祭)!
 礼 罗,  礼 啊!    祭  罗       祭   罗     祭)!
```

(庄参唱、杨万春、庄宝琭、邱道、庄杨明记)

"台湾的宜兰冬山河、台南运河、台北淡水河等地赛龙舟所唱的歌谣,依旧是从闽南祖籍地传进的《龙船歌》,更是与安海的《龙船歌》基本一样:五月初五爬龙船,爬龙船。啊嗦啰嗹啊,柳嗹啰柳嗹啊!江中锣鼓(伊都)闹纷纷啊,闹纷纷;啊咧啊咧,啊咧啊咧啊!"㉔

另据展华《五月节台湾扒龙船》㉕:台湾民间流传一首从闽南沿海祖居地传进的,别有一番南曲韵味的《唆罗连》龙船歌:"五月初五是扒龙船啊,扒龙船啊,唆罗连啊,罗啊哩罗连啊……"

上述两条资料更加明确了《嗦啰嗹》(采莲曲)与龙船歌的关系。

据《中国大百科全书·戏曲曲艺》卷:"龙舟歌的由来,一说是端午节举行龙舟赛,向龙王庙焚香,口唱消灾纳福、驱邪保境的歌词演变而来;一说是乞丐在胸前挂小锣小鼓、手拿木雕的龙舟,口唱吉祥祝福的歌词而流传下来。"不管由何而来,龙舟歌消灾纳福的原意与"嗦啰嗹"如出一辙,也印证了二者的密切联系。

---

[1]罗:音[lo]。

第四节 "采莲"向民俗活动的衍变

除了将龙船歌称为采莲曲外，许多与龙舟竞渡有关的民俗活动也以"采莲"之名冠之。

根据史料，我们可以很清晰地描绘出一条"采莲"发展的轨迹：先是现实生活中的"采莲"劳动，可以想象在劳动过程中会有相关民歌产生——以"采莲"为题材的文学作品层出不穷——同时"采莲"歌舞蓬勃发展——受此影响，催生了供娱乐的采莲船，甚至有乞丐唱《采莲歌》行乞，据说之后演化成为"莲花落"[26]——最后，衍生出与龙舟有关的节日风俗。

关于最后一点，有如下资料可资借鉴：

1. 福建省《乾隆宁德县志》（十卷·一九八三年宁德县志编纂办公室铅印本）五月"端午节"，俗传五日为"闽王忌辰"，皆以四日为节……造龙舟竞渡，歌"采莲"。[27]

2. 《中国民间歌曲集成·福建卷》中，有一首长乐县《采莲歌》，有注如下，采莲歌：端午节的一种习俗活动，是一种与龙舟竞渡有关的风俗歌。[28]

3. 台湾省《彰化县志》（十二卷·一九六八年《台湾方志汇编》本）：五月，近海处作龙舟竞渡之戏，兼夺锦标。先是初一日，以旗鼓迎龙头，沿门歌唱，曰"采莲"，所唱即"采莲曲"也。寺庙海船皆鸣锣击鼓，谓之"龙船鼓"。[29]

4. 江西波阳县《龙船歌·谢莲·红旗艳艳太平船》注：龙船划经村庄沿岸，有送礼打爆竹欢迎的，龙舟即唱此歌答谢，俗称"谢莲"。[30]虽非采莲，但与莲有关。

5. 据齐上志《福州的龙舟文化》：福州龙舟竞渡一般从五月初一开始，初五达到高潮。每年从4月下旬起，各地便以两人一组，便敲锣打鼓，边唱闽调（福州话）的"采莲鼓"歌谣，到各户或各商家店号募集龙舟竞渡的经费。"采莲鼓"歌词4句一段，每句7字，每段唱一个商品的赞词，词句押韵朗朗上口，颇得店主欢迎，大家都乐意出钱，多者可获坐"船头"的殊荣。采莲鼓的锣鼓声、歌唱声增添了街市的热闹气氛，也拉开了龙舟竞渡的序幕。㉛

6.《孝感县志》（二十四卷，清光绪八年刻本）记载的湖北荆州风俗："县河每年造龙舟，谓之'打龙船'。城六门各造一舟，即以门之方为色，如南门红、西门白之类，各有火船，谓之'母船'；更有游船，通谓之'采莲'。士女空城往观……"㉜

7.福建省漳州市《龙溪县志》，五月端午：水乡闹龙舟，妆采莲女，凌波鼓棹，歌俱相答。㉝

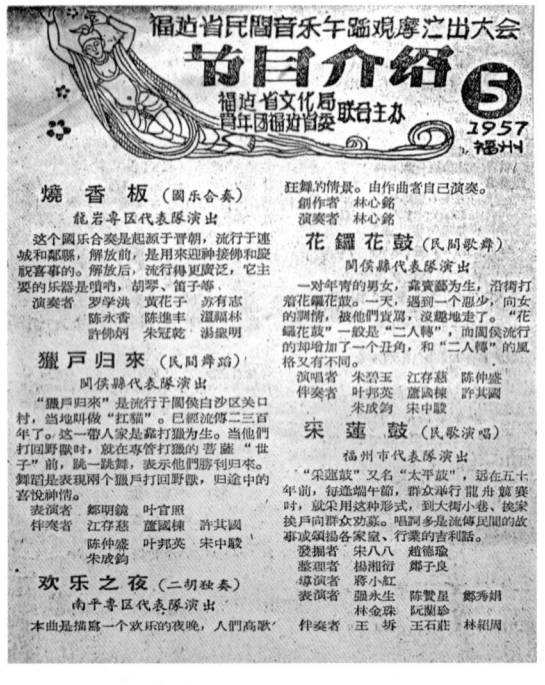

……

图4-4-1:《采莲鼓》节目单

上述材料都显示了"采莲"与"龙舟"及端午的关系。此时的"采莲"演化成了与龙舟竞渡有关的风俗歌（如前文第1、2、3、4、5条资料所述），"采莲女"成了龙舟竞渡中的表演者和歌唱者（如前文第7条资料所述）；"采莲"成了端午一种活动的称谓（如前文第3条资料所述）；成了"游船"的名称（如前文第6条资料所述）……而且这些资料讲述的地域主要集中在福建省及其周边，包括福建的宁德、长乐、福州、漳州等地，与福建一海相隔的台湾漳化，以及福建的近邻江西。可见在福建及其周边，以"采莲"为名的活动原本相当盛行，是一个普遍现象。

另有一条材料可与上述材料尤其是第5条相互印证。1957年，由福建省文化局、青年团福建省委联合举办的"福建省民间音乐舞蹈观摩演出大会"第5场演出节目介绍中,有一个福州市代表队演出的民歌演出《采莲鼓》,介绍如下:"'采莲鼓'又名'太平鼓',远在五十年前,每逢端午节,群众举行龙舟竞赛时,就采用这种形式,到大街小巷、挨家挨户向群众劝募。唱词多是流传民间的故事或颂扬各家室、行业的吉利话。"㉞

有人认为,福州采莲习俗与闽王王延钧有关。

据陈云程《闽中摭闻》卷一"福州府":

> 按闽王王延钧城西造水晶宫,与其后陈金凤采莲湖中,后制乐游曲,宫女倚声和之,曲云:龙舟摇曳东复东,采莲湖上红更红。波淡淡,水溶溶,奴隔荷花路不通。西湖南湖斗彩舟,青蒲紫蓼满中洲。波渺渺,水悠悠,长奉君王万岁游。㉟

在此记载外,又延伸出了一个情节:

> 王延钧听罢大笑,问陈金凤:"这是谁作的词曲?"陈金凤回道:"臣妾不才,为皇上献丑。"王延钧大为感慨,以为有太白之风。于是,王延钧令各乡每年端午节出龙舟时,都要唱这支曲子,称为"采莲"。因此,《乐游曲》又叫《采莲歌》。㊱

林秋明的《"万安娘娘"陈金凤》也有类似说法:

> 此后,王延钧令各乡于每年端午节出龙舟,民间唱这支曲子来凑钱,称为"采莲",因此《乐游曲》又叫《采莲歌》。《乐游曲》以宫廷游乐为内容,是福州第一首有记载的"龙舟诗"。㊲

许多与陈金凤有关的文章都有上述表述,如果此说属实,倒是为采莲民俗活动与端午及龙舟的关系提供了一个证据。但是经过苦苦寻查,却始终查不到此说的出处。

不过福州采莲确实存在，除了上引齐上志《福州的龙舟文化》外，一首福建方言的《十二月歌谣》印证了这一民俗：正月廾，瓜子壳门前；二月廾，插杨柳满厝前；三月廾，旨菜挡门前；四月廾，采莲鼓满街前；五月廾，龙船鼓满江前；六月廾，掏伞囝分稻廾；七月廾，烧纸衣分鸭廾；八月廾，起塔囝砌瓦廾；九月廾，放纸鹞满天廾；十月廾，迎城隍满街行；十一月廾，搓囝贴门前；十二月廾，刣猪囝分猪廾。[38]

《中国民间歌曲集成·福建卷》中记载有一首福州市的《采莲歌》[39]，也证明了这一点。

谱例10　福州市《采莲歌》

采 莲 歌

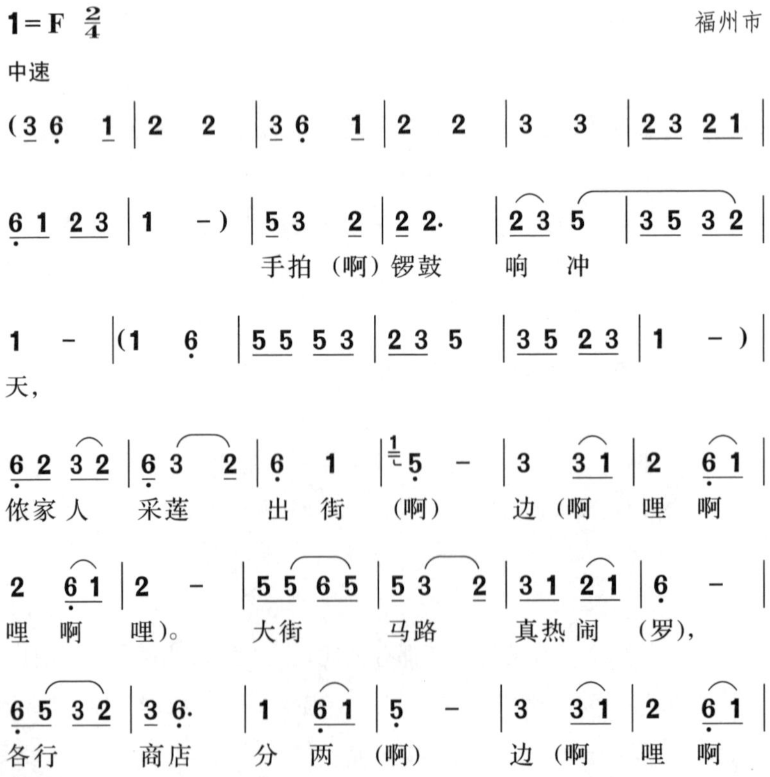

福州市

1 = F　2/4

中速

(3̣ 6̣ 1 2 2 | 3̣ 6̣ 1 2 2 | 3 3 | 2 3 2 1 |

6̣ 1 2 3 | 1 -) | 5 3 2 2 2· | 2 3 5 | 3 5 3 2 |
　　　　　　　　　　　　手拍（啊）锣鼓　响　冲

1 - | (1 6̣ | 5 5 5 3 | 2 3 5 | 3 5 2 3 | 1 -) |
天，

6̣ 2 3̣ 2 | 6̣ 3 2 | 6̣ 1 | 5̣ 5 - | 3 3 1 | 2 | 6̣ 1 |
侬家人　采莲　出　街　（啊）　边（啊哩啊

2 6̣ 1 2 - | 5 5 6 5 | 5 3 2 | 3 1 2 1 | 6̣ - |
哩啊哩）。大街　马路　真热　闹（罗），

6̣ 5 3 2 | 3 6̣· | 1 6̣ 1 | 5̣ - | 3 3 1 | 2 | 6̣ 1 |
各行　商店　分两（啊）　边（啊哩啊

第四章 为"采莲"正名——采莲与龙舟竞渡

```
2 6̇1 | 2 6̇1 | 2 6̇1 | 2 - | 2 0 ‖
哩 啊  哩 啊  哩 啊  哩)。
```

（佚名唱　沈民音记）

再据刘春曙《福建民歌概述》："流行于福州、闽侯、长乐、平潭、福清等沿海市县的采莲歌，是一种与龙舟竞渡有关的风俗歌。每年四月底开始，有龙船的村镇角落，便以唱采莲歌来募集经费。演唱者一般为四人，前面一人手举小旗，旗上写地名及供奉菩萨——三山公的名字，中间一人身背箩筐，筐中置鼓，击鼓者紧随其后，最后面一个人随着节奏敲平锣。他们挨家挨户唱采莲歌，主人随意募捐，所得款项用于划龙船活动。"[40]

福州与泉州，相距近200千米，二者的"采莲"活动，在许多方面高度相似：二者都通过活动获得经费；都与端午有关；都与龙有关；都是敲锣打鼓，大唱"采莲曲"，沿街游行；从活动本身都看不出与"莲"的联系；福州"采莲"以为龙舟竞渡募集经费为名，队伍由一人举旗，旗上写地名及供奉菩萨——三山公的名字，虽是募捐，但与泉州"采莲"一样带有禳灾祈福的寓意。

可惜的是，如今的福州赛龙舟依然红火，但是"采莲"等习俗却已不见。

值得一提的是，前文所述各个采莲与龙舟有关的例子，其所处地域，如湖北荆州，湖南益阳，福建宁德、长乐、福州、漳州，江西武宁、鄱阳、新干。除湖北和湖南为古楚地外，福建、江西则是古越地，正好是"采莲"与龙舟、竞渡的发源地。

在属于古楚越之地的湖南、湖北、福建、江西等地，许多龙船歌，也称采莲曲；许多与龙舟竞渡、端午有关的活动，尤其是募款活动，都称为采莲。一方面，可能因为募款与"采"有相通之意，因此，将"筹募"比为"采"，将"款物"比为"莲"，很文雅而形象地称各家各户收集钱款为"采莲"；另一方面，也因为募款时人们往往大敲大打，沿途高唱"采莲曲"。因此"采莲"之称实际上是名

117

副其实。而这个令今人不知其所以然的名称，正好见证了该活动的悠久历史，以及浓郁的地域特色。

另外，采莲与龙舟并不局限于端午节，在迎神赛会上的社火表演、庙会中也能见其踪迹。据山东省《临清县志》（十六卷·民国二十三年铅印本），社（伙）火：……如彩船，则结帛为之，驾者饰女装，戴彩笠，渔人引之，合唱"采莲曲"[41]；"每年正月和农历五月十三，关帝庙都要举行大型庙会，届时，湖北荆州人在这里玩龙灯、划采莲船……"[42]

可见，以龙舟为依托，"采莲"的外延在扩大。

因此可以理直气壮地说，"采莲"民俗原本流传于许多地方，并非安海独有，而且与龙舟竞渡和端午节有着密切的关系。"采莲"之称是该活动的真正名称，并非讹称。

第五节　龙王崇拜

采莲与龙舟竞渡还有一个最大的共同点，就是都崇拜龙王。本书第二章第一、二节引用的古今文献，只要提到"嗦啰嗹"队伍，就必然提及龙王。可见龙王崇拜始终是"嗦啰嗹"的核心。

许多地方在举行龙舟竞渡前，都要举行祭祀龙王的仪式，反映了其龙崇拜的本质。如荆楚之地"在竞赛前要举行庄严肃穆的祭祀仪式，称为'龙头祭'……然后奏乐，燃放鞭炮，抬龙头下水竞渡"[43]。

竞渡祭祀龙王，其一是祈福，祈求风调雨顺。古人认为龙能够兴风作浪，因此，干旱时向龙王求雨，遇水灾时也要祭祀龙王。对靠天吃饭的人们来说，农历四五月正是各种作物生长的关键时期，天气如何对当年的收成至关重要。据《淮阳乡村风土记》:（五月）二十日为龙公之日，谓是日应落雨，否则是年必主旱。[44]许多

118

地方五月还有"分龙节",这一天"不得倒马桶、晒衣裳,违者则有亢旱之患"[45]。而且"'分龙日',以得雨之方占丰收"[46]。可见人们很重视农历五月的雨。

其二是祈求比赛顺利平安。为保佑行船平安,古人往往在船上绘以一些辟邪图案。梁元帝萧绎《采莲赋》中有"鹢首徐回,兼传羽杯。棹将移而藻挂,船欲动而萍开"句,说明采莲船头绘有"鹢鸟"图案。"正因为古代船头上常画着鹢鸟的图像,故称船首为'鹢首','鹢首'一词也就成了船的代称。"龙舟也常绘以"鹢鸟"图案,据《淮南子·本经训》:"龙舟鹢首,浮吹以娱。"除了"鹢鸟"外,将舟刻为龙形,也有驱邪避害之意。据萧子显《南征曲》:棹歌来扬女,操舟惊越人,图蛟怯水伯,照鹢竦江神。[47]可见,在船头画上鹢鸟、蛟龙等图案,被人们认为能起到怯水伯、惧江神的作用,可保行船平安。

从晋江造船的一些风俗来看,在民众眼中,船几乎就是龙的化身,要对之顶礼膜拜,乞求保佑。首先,"造船是大事,渔民很讲究祭奠礼仪。要请星相师择吉日,并设香案,摆上果酒敬拜祖师爷鲁班,祈求造船顺利。同时还要祭拜天地和龙王,祭告毕才能起工"。渔民将船的主心骨称为龙骨,"渔民视龙骨为船的灵魂,特别重视"。"竖龙骨要择良辰吉日,船主要备三牲、酒礼祀神、燃放鞭炮,还要给造船师傅送红包,并宴请之,目的在于使师傅钉好龙骨,确保日后行驶安全。"在船头还要安上龙目。"龙目即船的眼睛,大小随船而定,用两块圆木制作,中间涂黑色,四周涂白色,似眼球……安龙目也是造船工序中之大事,需选择吉日,备办三牲、果盒,鸣炮祀神,还得烧一种墨印衣服靴帽的纸,叫'服',敬祀船神和阴公。当天还得宴请造船师傅","竖龙骨完成后,即造两边船体,在'合堵'时,偶尔会出现一种状如蜴而有五爪的'木龙',其色随船的颜色而变化,船家认为这是'船之魂',如果船上有'木龙'出现,就意味着船有发生事故的预兆。船主必须小心用'金纸'把它包好,焚香祈佑平安,之后,'木龙'即自行消失"。

图4-5-1：龙舟

新船造成日及除夕日还有为船贴春联的习俗，"龙目贴'龙目光彩'，龙目后、船前部两旁分别贴'龙头生金角，虎口发银牙'……水柜贴'龙水甘泉'"等。[48]

在民众看来，龙生活在水中，主宰着水中的一切。因此，龙王能兴风作浪，翻云覆雨，也能使风平浪静，保佑行船安全。关键就在于要让龙王高兴，所以造船、行船都要祭祀龙王。竞渡之舟同样要在水中行驶，而且由于争强好胜，竞渡之时经常会有船只求快速，不顾安危之举，以至于发生翻船溺水的惨剧。所以祭祀龙王更是不可缺少的。

其三是禳灾驱邪。前文所说在船上绘鹢鸟、蛟龙等图案，即有驱邪保平安的作用。据明代谢肇淛的《五杂俎》："（端午）竞渡楚蜀为甚。吾闽亦喜为之，云以驱疫；有司禁之不能也"；据明代杨嗣昌《武陵竞渡略》："俗传竞渡禳灾"……

有学者认为，竞渡的前身是一种"禳灾"仪式，即用船送走各种"不祥"。[49]因此，这种送"瘟"船并不一定是真的船。据广东佛山《开平县志》（十卷，清道光年间刻本）："以草为龙，以纸为舟，鸣鼓唱歌游衢巷，谓之'旱龙'"；《孝感县志》（二十四卷，清光绪八年刻本）："山村无水，以纸作龙船形，举之而游，沿门收香纸、酒食，说吉利语。如龙灯，名曰干龙船……罢即烧之。俗云打鼓送瘟船"……

有的地方竞渡和送瘟船同时出现。据鄂西土家族苗族自治州郧西县《郧西县志》（二十卷，清同治五年刻本）："旧于天河码头竞渡；于火星庙开坛作醮，扎舟送神，谓'瘟火会'。"[50]

泉州"采莲（嗦啰嗹）"也是龙王崇拜活动。其一，人们抬着龙王头，希望借助龙王神威祛除不祥，为百姓禳灾驱邪，这一点毫无疑问。"采莲"队伍各成员及接受"采莲"的人家对此了然于胸。因此，百姓乐意供养红包，感谢为自家禳灾驱邪的"采莲"队伍，有的甚至愿意出重金，争得"头莲""二莲"，据说能得到更多保佑。而"采莲"旗手也很卖力地冲入各家厅堂，挥舞顶上扎着具辟邪作用的榕枝的采莲旗，象征将污秽邪气一扫而光。在收到红包后，旗手还回赠户主象征纯洁的玉兰花和具辟邪作用的龙王旗。其二，闽南地区农历四五月正是梅雨季节。连续的阴雨天气，不但许多东西开始发霉，就连墙壁都湿漉漉的，还经常往下渗水。

图4-5-2：龙王保佑

于是人们一方面在端午节煎"饦",希冀"饦"能补天上破的那个大洞,堵住阴雨;另一方面祭拜龙王,希望借助龙的威力令天空放晴,结束潮湿发霉的梅雨季节。当地民众普遍认为龙王很灵验。据说端午节前阴雨绵绵,但是端午节当天却往往放晴。这正是龙王的示现和龙王崇拜的依凭。

泉州端午除了"采莲"活动外,同时也有"竞渡"和"送瘟船"仪式。据《中国地方志民俗资料汇编·华东卷》(下):泉州"端阳",龙舟竞渡……是月无定日,里社禳灾。先日延道设醮,至期以纸为大舟及五方瘟神,凡百器用皆备,陈鼓乐、仪仗、百戏,送水次焚之。近竟有以木舟具真器用以浮于海者。[51]

由上引各资料来看,泉州"采莲"与龙舟竞渡,以及"旱龙""送瘟船"等一样,都以禳灾驱邪为目的。另如前文所述社火、庙会中的彩船、采莲船等,也是以祈福禳灾为目的。从形式上,"采莲"与"旱龙""干龙船"更为接近,都是鸣鼓唱歌,沿门收钱物,说吉利语。而所有这些,都与龙舟竞渡有连带关系。

总之,采莲民俗活动与龙舟竞渡有着天然的密切关系,如共同的发源地、共同的工具,以及共同的活动时间等。以这种亲密关系为依托,龙舟活动中演唱的歌曲常被称为《采莲曲》,并发展出了许多与龙舟有关的节日"采莲"风俗。节日"采莲"风俗与龙舟竞渡一样,以龙为崇拜对象,其目的是禳灾驱邪。这些"采莲"风俗,有的最后脱离龙舟,而独立存在。如泉州"采莲(嗦啰嗹)",如果不将之与龙舟联系起来,很难解释其名称由来,因而几乎形成历史谜案。

从上文的叙述分析可以看出,龙舟竞渡及"采莲"民俗历史悠久,从舟到龙舟,从竞渡到龙舟竞渡再到端午龙舟竞渡;从"采莲"到"采莲"歌舞,再到与龙舟竞渡相关的《采莲曲》"采莲"民俗,其发展犹如一棵千年大树,根深叶茂,盘根错节。"采莲(嗦啰嗹)"只是这棵大树上的一枝小丫。而促成这棵千年大树蓬勃成长,生命不止的,是信仰民俗。对龙的崇拜,对龙舟竞渡及"采莲(嗦啰嗹)"禳灾驱邪功能的信仰,使得人们世代相传,乐此不疲。

[注释]

① 陈增荣:《安海端午采莲嗦啰嗹民俗》,载《晋江文史资料·晋江非物质文化遗产专辑》第二十八辑,中国文史出版社2006年版,第120页。

② 陈咏民:《安海"嗦罗连"》,《泉州晚报》(海外版)2006年5月25日。

③《中国民间歌曲集成》全国编辑委员会、《中国民间歌曲集成·福建卷》编辑委员会编:《中国民间歌曲集成·福建卷》(上),中国ISBN中心1996年版,第575—576页。

④ 刘春曙:《福建民歌概述》,载《中国民间歌曲集成》全国编辑委员会、《中国民间歌曲集成·福建卷》编辑委员会编《中国民间歌曲集成·福建卷》(上),中国ISBN中心1996年版,第17页。

⑤ 颜呈礼:《端午安海"采莲"习俗本字考》,内部资料。

⑥ 李灿煌等编著:《晋江民间风俗录》,载黄延艺主编《晋江文化丛书·第五辑》,厦门大学出版社2010年版,第57页。

⑦ 诸葛忆兵:《"采莲"杂考——兼谈"采莲"类题材唐宋诗词的阅读理解》,《文学遗产》2003年第5期,第64、66页。

⑧ 诸葛忆兵:《"采莲"杂考——兼谈"采莲"类题材唐宋诗词的阅读理解》,《文学遗产》2003年第5期,第68页。

⑨ (明)黄克晦:《咏采莲斗龙舟诗》,载安海乡土史料编辑委员会校注《安平志》(校注本),中国文联出版社2000年版,第349页。(据原注:"黄克晦,惠安人。诗书画,名震京畿,世称三绝。")

⑩ (东汉)袁康、吴平辑录,乐祖谋点校、陈桥驿作序:《越绝书》,上海古籍出版社1985年版。

⑪ 诸葛忆兵:《"采莲"杂考——兼谈"采莲"类题材唐宋诗词的阅读理解》,《文学遗产》2003年第5期,第66页。

⑫ 诸葛忆兵:《"采莲"杂考——兼谈"采莲"类题材唐宋诗词的阅读理解》,《文学遗产》2003年第5期,第67页。

⑬ 丁世良、赵放主编:《中国地方志民俗资料汇编·中南卷》(上),北京图书馆出版社1991年版,第332页。

⑭ 张伦笃:《帝王与龙舟》,《紫禁城》2002年第1期,第2—7页。

⑮ 万建中:《龙舟竞渡活动的历史渊源》,《体育文史》1995年第3期,第44—46页。

⑯ 胡娟:《龙舟竞渡流变历程中的现代发展》,博士学位论文,北京体育大学,2007年,第37页。

⑰ 高丙中：《端午节的源流与意义》，《民间文化论坛》2004年第5期，第23—28页。

⑱《中国民间歌曲集成》全国编辑委员会、《中国民间歌曲集成·江西卷》编辑委员会编：《中国民间歌曲集成·江西卷》（上），中国ISBN中心1996年版，第901页。

⑲《中国民间歌曲集成》全国编辑委员会、《中国民间歌曲集成·湖南卷》编辑委员会编：《中国民间歌曲集成·湖南卷》（下），中国ISBN中心1994年版，第964页。

⑳《中国民间歌曲集成》全国编辑委员会、《中国民间歌曲集成·福建卷》编辑委员会编：《中国民间歌曲集成·福建卷》（上），中国ISBN中心1996年版，第338页。

㉑ 康保成：《论宋元以前的船台演出》，《戏剧艺术》2005年第6期，第80页。

㉒ 陈增瑞：《晋江民谣百首》，菲律宾安海公会编印1995年版，第34、35页。

㉓《中国民间歌曲集成》全国编辑委员会、《中国民间歌曲集成·福建卷》编辑委员会编：《中国民间歌曲集成·福建卷》，中国ISBN中心1996年版，第601页。

㉔ 颜长江：《海峡两岸"嗦啰嗹"——安海与鹿港端午迎龙王习俗》，《晋江文史资料》第30辑，2009年，第152页，内部资料。

㉕ 展华：《五月节台湾扒龙船》，《中国水产》2009年第5期，第80页。

㉖ 诸葛忆兵：《"采莲"杂考——兼谈"采莲"类题材唐宋诗词的阅读理解》，《文学遗产》2003年第5期，第68页。

㉗ 丁世良、赵放主编：《中国地方志民俗资料汇编·华东卷》（下），书目文献出版社1995年版，第1273页。

㉘《中国民间歌曲集成》全国编辑委员会、《中国民间歌曲集成·福建卷》编辑委员会编：《中国民间歌曲集成·福建卷》，中国ISBN中心1996年版，第331页。

㉙ 丁世良、赵放主编：《中国地方志民俗资料汇编·华东卷》（下），书目文献出版社1995年版，第1654页。

㉚《中国民间歌曲集成》全国编辑委员会、《中国民间歌曲集成·江西卷》编辑委员会编：《中国民间歌曲集成·江西卷》，中国ISBN中心1996年版，第308—309页。

㉛ 齐上志：《福州的龙舟文化》，《福建乡土》2007年第3期，第20页。

㉜ 丁世良、赵放主编：《中国地方志民俗资料汇编·中南卷》（上），北京图书馆出版社1991年版，第332页。

㉝ 丁世良、赵放主编：《中国地方志民俗资料汇编·华东卷》（下），书目文献出版社1995年版，第1314页。

㉞ 本资料由黄冬艺、颜长江、黄胜利等人提供。

㉟ 陈云程：《闽中摭闻》，清乾隆年间刻本，第5—6页。

㊱ 陈名实：《陈金凤作词游西湖》，《福州史志》2006年第19期（http://www.fzdqw.com/ShowText.asp?ToBook=1531&index=21）。

㊲ 林秋明：《"万安娘娘"陈金凤》，福建省玉融经济发展促进会，2008年（http://www.fjyuron.com/news_view.asp?newsid=116）。

㊳中国方言:《十二月歌谣》,2006年(http://www.hhqq.net/showatc.asp?id=109)。

㊴《中国民间歌曲集成》全国编辑委员会、《中国民间歌曲集成·福建卷》编辑委员会编:《中国民间歌曲集成·福建卷》(上),中国ISBN中心1996年版,第325—326页。

㊵刘春曙:《福建民歌概述》,载《中国民间歌曲集成·福建卷》编辑委员会编《中国民间歌曲集成·福建卷》,中国ISBN中心1996年版,第17页。

㊶丁世良、赵放主编:《中国地方志民俗资料汇编·华东卷》(上),书目文献出版社1995年版,第342页。

㊷简尚高:《湖北荆州人的年俗》,《全国新书目·新书导读》2009年第2期,第18页。

㊸钟扬波:《荆楚端午节扬幡鼓桿赛龙舟》,《决策与信息》2005年第3期,第60页。

㊹丁世良、赵放主编:《中国地方志民俗资料汇编·中南卷》(上),北京图书出版社1991年版,第165页。

㊺《崇安县新志》三十一卷·民国三十一年(1942)铅印本,载《中国地方志民俗资料汇编·华东卷》(下),书目文献出版社1991年版,第1250页。

㊻《续修蒲城县志》四十二卷·清光绪十三年(1887)南浦书院刻本,载《中国地方志民俗资料汇编·华东卷》(下),书目文献出版社1991年版,第1256页。

㊼邓沛、王颖:《古代船头为何常饰以鹢鸟图案》,《文史杂志》1995年第3期,第33页。

㊽李灿煌等编著:《晋江民间风俗录》,载黄延艺主编《晋江文化丛书·第五辑》,厦门大学出版社2010年版,第69—74页。

㊾江绍原:《端午竞渡本意考》,载范利主编《二十世纪中国民俗学经典·社会民俗卷》,社会科学文献出版社2002年版,第8—34页。

㊿丁世良、赵放主编:《中国地方志民俗资料汇编·中南卷》(上),北京图书馆出版社1991年版,第457页。

㉝丁世良、赵放主编:《中国地方志民俗资料汇编·华东卷》(下),书目文献出版社1995年版,第1296页。

第五章 『嗦啰嗹』——端午驱疫傩

第一节 "嗦啰嗹"——驱疫傩

以傩仪（傩礼）为核心，以傩舞、傩戏、傩艺、傩俗为主要内容的傩文化，是中国最古老、生命力最顽强、历史积淀最深厚的口头与非物质文化遗产。它起源于远古狩猎时代对付野兽的驱逐法术和巫术，根植于自然崇拜、图腾崇拜、祖灵崇拜、神鬼崇拜和巫术崇拜的沃土，发端于上古的夏商，形成于周而规范于"礼"。[①]

据《周礼·夏官》："方相氏掌蒙熊皮，黄金四目，玄衣朱裳，执戈扬盾，帅百隶而时难，以索室驱疫。"这是最早有关傩仪的史料记载，方相氏因之以傩仪先驱和统帅为后人所熟知。其驱逐的对象据说是善惊小儿的神帝颛顼之子。据蔡邕《独断》卷上：

神帝颛顼有三子，生而亡去为鬼，其一者居江水，是为瘟鬼；其一者居若水，是为魍魉；其一者居人宫室枢隅处，善惊小儿，于是命方相氏黄金四目，蒙以熊皮，玄衣朱裳，执戈扬楯，常以岁竟十二月从百隶及童儿而时傩，以索宫中驱疫鬼也。[②]

东晋干宝《搜神记》也有此说。

至于傩产生的时间，虽无法确知，但其年代久远却是不争的事实。康保成指出："后世或记傩始于古帝颛顼时。《太平御览》卷五三〇引《庄子》、宋代高承《事物纪原》卷八引《轩辕本纪》、宋代罗沁《路史》等则说傩由黄帝时巫咸创制。"③

黄帝，生于公元前约2697年。颛顼为黄帝之孙，生于公元前约2514年。二者都距今4000多年。

总之，傩始于远古时期，以驱逐疫鬼为目的，由装扮奇特的方相氏率领众人，执戈扬盾，索室驱疫。

> 自周代以后，傩的规模越来越大。据《后汉书·礼仪志》：先腊一日，大傩，谓之逐疫。其仪：选中黄门子弟年十岁以上、十二以下，百二十人为侲子。皆赤帻皂制，执大鼗。方相氏黄金四目，蒙熊皮，玄衣朱裳，执戈扬盾。十二兽有衣毛角。中黄门行之，冗从仆射将之，以逐恶鬼于禁中。夜漏上水，朝臣会，侍中、尚书、御史、谒者、虎贲、羽林郎将执事，皆赤帻陛卫。乘舆御前殿。黄门令奏曰："侲子备，请逐疫。"于是中黄门倡，侲子和，曰："……凡使十二神追恶凶……"因作方相与十二兽儛，嚾呼，周徧前后省三过。持炬火，送疫出端门；门外驺骑传炬出宫，司马阙门门外五营骑士传火弃雒水中。百官官府各以木面兽能为傩人师讫，设桃梗、郁儡、苇茭毕，执事陛者罢。苇戟、桃杖以赐公、卿、将军、特侯、诸侯云。④

从上文来看，方相氏的装扮一如既往，但是方相氏率领的一百多侲子之衣着、道具以及傩仪过程在此得到了详细描述，而且规模扩大，增加了"追恶凶"的十二神兽。

之后，据《隋书·礼仪志》记载，侲子人数扩大为240人。而且有"问事十二人，赤帻褠衣，执皮鞭。工人二十二人。其一人方相氏，黄金四目，蒙熊皮，玄衣朱裳。其一人为唱师，着皮衣，执棒"⑤。

从这些记载来看，大傩的参与人员越来越多，队伍越来越庞杂，方相氏的地位相比之前显得不那么独特和重要了。于是有人认为，"方相氏"的地位不断降低：

> 在早期的傩仪中，方相氏是出现在每年最高规格的傩仪之上的。而到了后代，方相氏也出现于其他二时的傩仪中……汉制的傩仪则把方相氏放到了次要的地位……到了隋，方相氏的地位进一步降低，成为"工人二十二人"中的一人，属于乐官一类……方相氏在唐代宫廷傩仪中的作用仅仅是唱傩辞以及作傩舞，其它的仪式都被后来设立的职官所替代。⑥

不过方相氏地位的降低并不一定是件坏事。因为随着傩的世俗化，方相氏最迟于唐代就进入了民间，并在民间拓扑变形，遍地开花。

两宋以来，傩仪最明显的变化是方相氏被其他神祇所取代，最常见的就是钟馗、判官等。⑦甚至有时以竹制方相代之：宋代吕祖谦《东莱集》卷三载："古礼方相氏乃狂夫四人，世俗乃用竹结缚为之，不应古制。"⑧

由此看来，傩始终处于不断的变化之中：队伍构成不断变化、仪式过程不断变化，甚至连方相氏都在不断变化。但有两点始终不变：一、傩仪的目的是驱疫逐恶；二、傩仪需要一位主神，即使没有方相氏，也要由其他神灵代替，至少也要有竹制假方相。

自黄帝、颛顼帝时代至今，在几千年的历史长河中，傩不但没有消亡，反而犹如蒲公英的种子般随遇而安，遍布全国各地，不断繁衍、变化。

傩的种类如此之丰富，以至于不得不对之进行分类研究。王兆乾指出："近年来，我国学者就巫傩的历史渊源、参与对象和活动场所，将它分为宫廷傩、军傩、寺院傩和乡傩四种类型。"⑨而曲六乙则更为详细地将之分为宫廷傩、京都傩、官府傩、官家傩、民间傩、寺傩和军傩7类。无论分为几类，傩家族中最为丰富、最富生命力的无疑是乡傩（民间傩）。王兆乾将庞大的乡傩体系再细分为师道傩、宗族傩、社火和走乡串户的行傩；曲六乙将民间傩（乡傩）细分为游傩（亦称丐傩）、教傩、愿傩、社傩和族傩。二者的分类名称虽然不同，但内容却大致相同，其中师道傩对应教傩，宗族傩对应族傩，社火对应社傩，行傩对应游傩。但不管傩的品种有多少，始终不变的仍是"借助神力，驱逐邪恶"。

全国各地"借助神力，驱逐邪恶"的傩民俗活动非常多。

例如，"四川南川县……有以民户装扮佛徒入人家逐除的习俗。民国《南川县志》卷六载，每年正月初一至十五，驱疫用狮舞，'一人带和尚面壳前导，却行执帚，诱之入人家'。"[⑩]

如云南澄江县的"关索戏是一种极为稀见的傩戏品种。每逢正月初一到十六，演员戴面具，敲锣打鼓地走村串户，表示为各家驱鬼逐疫"[⑪]。

再如，"山西雁北地区的赛戏……先行官名为'鸡毛猴'，出场时手举三尺长的十字竹竿，上套一领小袄，袄领口绑着一把鸡毛掸子，这一道具俗称'鸡毛竿'。鸡毛猴走街串巷，为各家各户驱邪消灾，也为晚上将要演出'赛戏'的戏场净场"[⑫]。

又如，"江西金溪县……'壮士擎纸船，锣鼓引道士沿户入门洒净，祓除不祥。男妇惟虔，如古傩礼。'……清光绪《安定县志》（现属海南省）载：'正月……打小鼓，抬神像，道士持剑至各家逐疫。'又民国广东《阳江县志》'正、二月及十一、十二月，各乡多建平安醮……又拥神疾驱，壮者赤帻朱蓝其面，执戈跳舞，入室索厉鬼，而大殴之'。"[⑬]

上述各例的共同点就是走街串巷、沿门逐户，驱鬼逐疫、祛邪消灾。而且多数情况下要敲锣打鼓，手持扫帚、鸡毛竿、剑等道具。只是人物、装扮、所用道具各不相同。其内容、形式与"嗦啰嗹"何其相似。

对比前文所引《周礼·夏官》中对傩的记载，"执戈扬盾""索室驱疫",正是上述各例乃至"嗦啰嗹"的核心。可见,它们与周之傩一脉相承,都是一种"驱疫傩",即以驱逐疫病为目的的傩,而且是乡人傩。这种"'傩'的活动,带有全民性质,为集体(民族、部落、村寨)的'消灾纳吉'"[14]。

"嗦啰嗹"之类逐疫傩,并不以谋利为主要目的。"嗦啰嗹"队伍也不会主动到人家家中。活动前,许多人会事先与队伍联系,请他们一定前往;活动中,队伍沿街而行,遇有人家招呼,方才进入。而且许多人家会准备丰盛的祭品,隆重接待"嗦啰嗹"队伍。

偏僻地区的沿门逐疫,较多地保持了上古朴素、淳厚的风格,并不以谋利为主要目的。例如在贵州省安顺市平坝区每岁正月初九要沿门耍龙灯。耍灯之前,组织者先将一种"灯帖"散发给全村各家,接帖者到时便到其家耍灯,拒绝者否。这其实是一种自愿的原则。据民国《平坝县志》载,耍龙灯的目的"绝非谋利,半为游戏,半含有扫除种种否气之神妙的迷信意味。接龙之家亦不纯作游戏视,于龙至时,主人正式具衣冠燃香烛,向神龛跪拜,后始让龙入"。这正是"索室驱疫""朝服衩阶"的遗存。[15]

第二节 端午民俗——以难(傩)止恶气

"嗦啰嗹(采莲)"是特定的、于端午期间举行的驱疫傩。

据晋人董勋《问礼俗》:"五月俗称恶月。"再据梁宗懔《荆楚岁时记》:"五月,俗称恶月,多禁忌。"可见,五月自古就被人们视为恶月,于是生发出许多"止恶气"的"傩仪",如系五色丝、盖五色印等。据《后汉书·礼仪志》:"夏至阴气萌作,恐物不楙,其礼以朱索连荤菜,锤以桃印,长六寸,方三寸,以施门户,代以所尚为饰,汉并用之。故以五月五日朱索、五色印,为门户之饰,以难(傩)止恶气。"

前文提及的安海人在端午煎饦、饮雄黄酒、炒五时盐、晒五时水、大门口插松艾、室内烧苍术蝉蜕、小孩身佩"香袋"、登白塔"投饦"等活动,也都是为"止"端午的"恶气",达到"逐疫"目的的民俗活动。例如,插松艾是端午傩俗,也是镇宅傩俗之一,"各地端午、年节大门插艾叶、菖蒲、柳枝、柏枝等,也都是桃傩俗的演变形式","是由从傩礼最后大门立桃梗的习俗发展而来……这类镇宅傩俗很多,桃符、悬苇索、贴虎、挂照妖镜等都是"。⑯再如,前文说过,小孩戴的香袋,要缝以五彩丝线,中间装入雄黄、菖蒲、艾叶等中草药研成的香末。此俗与系五色丝、盖五色印同义。另,香袋以虎形为多,称为"虎仔香袋",与"由度朔傩俗桃梗与神虎演变而来一系列的'虎俗',包括虎帽、虎鞋、虎围兜、虎香包等"有关。⑰

五月的傩仪尚不只这些,龙舟竞渡也是一种驱疫傩仪。"艾人悬门禳毒;五月五日作五彩线及棕叶,原为五彩系臂辟鬼及兵祸;百索、辟邪五丝;画虎驱邪;龙舟竞渡'以逐疫'等,也是比较普遍的夏季傩俗。"《延平府志》:'俗云:竞渡以逐疫。'以赛龙舟来逐疫。"⑱

由此可见,"采莲"与龙舟竞渡的联系不只在于名称上,还在于更深的实质:二者都是远古人们在仲夏端午的恶劣气候中,出于止恶气、驱邪灾的主观目的,而逐渐发展出来的一种送灾仪式,也就是驱疫傩。

难怪有人认为:"端午习俗的一切活动都是为了躲避疾病灾难,具有傩文化禳灾逐疫的性质,这些节日民俗体现了端午节日的文化功能。"⑲

同时,这也为"嗦啰嗹""啰哩嗹"等字的反复诵唱找到了深厚的历史根源:傩仪中的驱邪咒语。

前文谈及,在傀儡戏演出前,有一个具有驱邪、净台作用的献棚仪式，颠来倒去地演唱"啰哩嗹"。而"傀儡戏，又称木偶戏、偶戏……一般认为它源于先秦之傩仪"[20]。

"啰哩嗹"频繁出现于戏曲之中，"戏曲一经成熟，'啰哩嗹'就是其组成部分"[21]。有人认为戏曲源于傩仪。"董康在《曲海总目提要·序》中说：'戏曲肇自古之乡傩'。"[22]

许多傩仪都反复诵唱"啰哩嗹"。如贵池傩仪式乐舞活动中所唱傩歌"啰哩嗹"[23]；如安徽傩戏《孟姜女寻夫》第二场陈放刁唱："筑起城墙，都放你回家，夫妻合唱啰哩嗹。"[24]

于是原本看似风马牛不相及的"采莲"与"嗦啰嗹"，在"傩仪"中得到了统一。

第三节　家婆、铺兵、旗手——丑之由来

"嗦啰嗹"采莲民俗活动中，核心角色家婆、铺兵、旗手，装扮和动作都滑稽可笑。旗手、铺兵故意在鼻梁上涂白颜色，鼻头则是鲜艳的大红色，眉毛画得粗粗的还往上翘，两撇夸张的八字胡须，有的还戴着墨镜，一副滑稽相。活动要求他们要喝酒，走醉步，因此，其基本动作跌跌撞撞、一进三退。家婆由于是男扮女装，不但脸上涂红抹绿，而且还忸怩作态，就更显可笑。由其装扮和动作来看，三者都是不折不扣的丑角。在活动中，他们既要完成沿门逐疫的任务，又要娱乐百姓。看似疯疯癫癫、嬉笑怒骂，实际上他们的行为有条不紊，而且分工明确。

这三个丑角的设置有什么特殊含义，如今的人们都解释不清，只知道自古以来就是这么传下来的。而在"傩"这一线索上，笔者似乎找到了这些角色之渊源。

据康保成《古剧脚色"丑"与傩神方相氏》："丑脚源于最早的

安海嗦啰嗹

图5-3-1：旗手丑（左）
图5-3-2：家婆丑（右上）
图5-3-3：搞怪表演（右下）

傩神方相氏。"㉕该文引经据典，指出"上古驱鬼逐疫的方相氏、魌头，后来又有诸多名称……但万变不离其宗，总是一副丑陋的相貌……到宋代，江淮一带增添了一副可笑的嘴脸……是方相氏、魌头的变种……都是'民间傩队中引人发笑的角色'……在丑陋之上增添了滑稽可笑的成分。"㉖

而且该文进一步指出："丑脚表演中的独特舞步商羊步，来自巫的商羊舞。民间傩仪中称'跳踉'，宋元和明初的戏剧中称'趋跄'，'跳梁小丑'一词即由此衍生。'跳踉'时常有跌扑的动作……"㉗

无论是商羊步、跳踉还是趋跄，都流传很广，而且历史悠久，许多学者认为它们源自"禹步"。"相传，大禹治水时，整天爬山涉水，脚上得了毛病，走起路来一瘸一瘸的。民间的巫师学他走路的步伐，用以求神娱神，称为'禹步'。后来，巫师、道士作

法使用这种步法，流行很广……道教的禹步，在傩仪中也相当普及……大体相当于现代的各种碎步。"㉘

据《汉书·艺文志》"杂家"《尸子》二十篇"："古者，龙门未辟，吕梁未凿，禹于是疏河决江，十年不窥其家。生偏枯之病，步不相过，人曰禹步。"㉙

巫师使用禹步，当是作法之用。"禹步在秦汉魏晋时期广为传传，是方士巫师作法时必不可少的，它的功用无外乎辟邪消灾。"㉚

上古时代部落首领往往身兼巫师的角色。禹作为部落联盟的领袖，被认为也承担着王巫合一的角色。㉛禹最为后人广为传颂的功绩就是治水。围绕大禹治水，产生了许多神话，其中最多的就是龙蛇神话。这些神话说的无外是大禹在治水过程中制龙、擒龙、杀龙等故事。说到龙蛇，人们很自然地联想到与之相关的河川洪水。于是按照民间想象，大禹是治水高手，也是制龙高手。大禹是巫，他的禹步能驱邪，也能制龙。后来巫师跳着商羊舞求雨，说到雨，也很容易联想到龙。因此禹步及其后的商羊舞等，都与水、龙有密切关系。

所以在"采莲"民俗活动中，跳着禹步，与活动祈求龙王保

图5-3-4：铺兵丑

图5-3-5：醉步

佑，禳灾驱邪的主旨暗合。

由此可见，采莲活动本身是一种"驱疫傩"，其主角也与傩关系密切。家婆、铺兵、旗手无论从其滑稽的装扮，还是其一进三退、跌跌撞撞的舞步来说，都与傩有很大的渊源关系，而且其丑角装扮、跌跌撞撞的舞步，本身就具有驱邪功能。

第四节　夜壶与打夜胡

据《晋江民间风俗录》："'夜壶'溺器。陶制或瓷制，状如伏虎，故汉代刘歆撰《西京杂记》称之为'虎子'。此物甚古，周代前即有。唐人讳虎，改'虎'为'马'，易名'马子'。又因其状似壶，且多用于夜间，晋江民间称之为'夜壶'，江南一些地方及台湾亦有此称。"[32]

在"嗦啰嗹"队伍中，那位打扮滑稽的铺兵必备道具之一就是

第五章 "嗦啰嗹"——端午驱疫傩

图5-4-1：夜壶

夜壶。而且这夜壶是装酒之用，为制造哄堂大笑的气氛，铺兵还往往当众喝下夜壶中的酒，或高举夜壶，将酒倒入旗手朝天张开的大嘴中。夜壶装酒本就滑稽可笑，如此饮酒就更有哗众取宠的功效。所以一直以来，夜壶就被简单地视为铺兵搞笑的工具，众人一笑了之，并不深究。

夜壶当道具很令人不解，装排溺物的容器拿来装酒，有悖常理，如果仅仅是为了达到娱乐效果，那么还有更多的其他道具可以使用，为什么偏偏用它呢？笔者翻查资料发现，"夜壶"一词并不简单。

据徐时仪《"马虎"探源》："'马虎'是个记音词，据文献记载，有'野狐、野雩、野胡、夜狐、夜壶、夜胡、麻胡、邪虎、妈虎'等不同的写法。"如此看来，夜壶与马虎等词一样，最初都是记音词，在现实生活中并没有确定的对应物。这些词"既可指狐、虎、狼等野兽，又可指鬼怪，还可指凶狠的人，然皆有令人害怕之意"[33]。如果夜壶一词有令人害怕之意，那么它用在禳灾驱邪的"嗦啰嗹"队伍中，确实很合适，能起到吓跑小妖小鬼的作用。

在另一篇文章中，徐时仪又说："上海话形容小孩调皮弄得满脸肮脏叫'夜壶脸','夜壶脸'也指纸制的面具。夜壶为记音词，意谓脸肮脏得像鬼脸一样难看。"㉞据清代顾张思《土风录》卷三："假面曰虎脸子，以其形可畏，号之曰虎。"㉟

如果夜壶有鬼脸之意，那么它用在以戴假面逐疫著名的傩队中，更是名正言顺。

徐时仪还说："此词似与民间逐除邪魔的驱傩打鬼活动有关。其语源可能源自记人们见到不可名状的怪物时发出的惊叫声，或者是记人们驱除怪物时发出的恐吓怪物之声。"㊱

总之，夜壶、野胡、夜胡、麻胡等词并不简单，而且与傩有一定关系。据查，古时有一种驱傩活动名曰"打野胡"（或打夜狐、打野呵等），与这些词的令人害怕或鬼脸之意应该有所关联。

关于"打野胡"，史料不少：

宋代吴自牧《梦粱录》卷六《十二月》："自入此月，街市有贫丐者三五人为一队，装神鬼、判官、钟馗、小妹等形，敲锣击鼓，沿门乞钱，欲呼为'打夜胡'，亦驱傩之意也。"

宋代孟元老《东京梦华录》卷之十《十二月》："自入此月，即有贫者三数人为一火，装妇人神鬼，敲锣击鼓，巡门乞钱，俗呼为'打夜胡'亦驱祟之道也。"

宋代赵彦卫《云麓漫钞》卷九："世俗，岁将除，乡人相率为傩，俚语谓之'打野胡'。"

宋代杨彦龄《杨公笔录》："唐敬宗善击球，夜艾，自捕狐狸为乐，谓之'打夜狐'，故俗因谓岁暮驱傩为'打夜狐'。"㊲

上述史料记载大同小异，无论"打夜胡""打野胡"，还是"打夜狐"，都是在一年将尽时进行的驱傩活动。傩队成员有的由贫丐者构成，有的由乡人构成。驱傩方式是装扮成妇人、神鬼等，敲锣打鼓，沿门乞钱。除了活动时间、活动目的不同外，在装扮角色、敲锣打鼓、逐门逐户等方面与"嗦啰嗹"何其相似！而且这种驱傩方式，至少于唐、宋民间就已经非常流行了，可见其历史之悠久。

进一步考查"打野胡"的由来，实际上是"乡人傩"的一种。

元代张铉《至大金陵新志》卷十四《摭遗》:"……《论语》云:'乡人傩,朝服立于阼阶。'注云:'傩,驱逐疫鬼也。'亦呼为野雩戏,今俗谓傩为野胡,并讹言耳。"

宋代梁克家《淳熙三山志》卷四十《土俗类二·岁除》载:"驱傩,乡人傩,古有之。今州人以为打夜狐。曾师建云:《南史》载曹景宗为人好乐,在扬州日,至腊月则使人邪呼逐除,遍往人家乞酒食以为戏。迄今闽俗乃曰打夜狐。盖唐敬宗夜捕狐狸为乐,谓之打夜狐。闽俗以作邪呼逐除之戏与夜捕狐之戏同,故云。"㊳

而且由上文可知,"打夜狐"于宋代时就已经是闽俗了。

再者,据学者研究,"打野胡"确实跟面具、鬼脸有很密切的关系。据陈多《新世纪傩戏学发展刍议》:"屡见于唐、宋人笔下的'打夜胡''打野泊''打野呵''打野胡''野云戏'等中的'夜胡''野泊'等等,总不外是'胡头'('狐头''野狐脸'——吴语对面具的俗称)等的谐音;所以它们只是源自南北朝、隋、唐时民间对以'胡头'等丰富了的'傩戏'、'面具戏'、带面具扮演的戏的别称、俚语而已。"㊴

值得注意的是,有一种以"打野呵"为生的艺人被称为"路歧人"。

宋代周密《武林旧事·瓦子勾栏》:"或有路歧,不入勾栏,只在耍闹宽阔之处作场者,谓之'打野呵',此又艺之次者。"㊵

宋章渊《稿简赘笔》:"今之艺人,于市肆作场,谓之'打野泊',皆谓不着所,今谓'打野呵'。"㊶

这些路歧人,在宽阔处、市肆作场,没有固定的演出场地,他们的表演也被称为"打野呵"。

康保成认为"'啰哩人'——吉普赛人,其实就是'路歧人'":"据杨志玖先生研究,Luri 的原始意义是吉普赛……因他们信仰穆斯林,故被称为'啰哩回回',明清时又被称为'啰哩户'或'罗贼'。"这些吉普赛人"与宋元时代以流动卖艺为生的路歧人非常相

安海嗦啰嗹

图5-4-2：夜壶

似"。他还说："随着佛教僧人沿门化缘和'啰哩人'亦即'路歧人'沿门逐疫、沿门乞讨、沿门卖艺的活动，'啰哩连'的歌声完全可以从中原传向四面八方。"㊷

如此一来，夜壶不但与傩联系在了一起，而且也与"啰哩连"有了关联。

闽南所用夜壶，顾名思义即夜里使用的壶，其形状和功用实在是名副其实。因此，完全可以说此夜壶非彼夜壶。但如上文所梳理，夜壶一词语源可能是恐吓之声，也有鬼脸之意，后被路歧人用于驱傩队伍中，唱着"啰哩连"沿门逐疫。由于夜壶、野胡之音近，驱傩队伍借用实体的夜壶来指代"打野胡"之义，也是有可能的。如此一来，"嗦啰嗹"队伍既多了一样装酒的道具，又增加了驱邪的力量，一举两得。

虽然尚无法确定使用"夜壶"为道具的真正原因，但是可以肯定的是，这个"夜壶"并不简单，其中必有深意，而且与"傩"有很大关系，有驱邪逐疫的作用。

第五节　榕枝幡旗——竹竿子

安海"嗦啰嗹"（采莲）活动中，各人物打趣逗乐，取悦百姓，真正体现其"驱疫"本色的是采莲旗手入户拂扫的环节。旗手挥舞着幡旗，高喊一些吉祥语，冲入人家屋内，在各个角落拂扫，为户主驱灾避邪。

在该活动中，幡旗是驱疫的主要道具。由竹竿套上写有吉祥语的旗帜，并在竿头装饰艾叶或榕枝。据考察，竹也与巫、傩有着密切关系，在活动中起着重要作用。

采莲与竹的联系早在宋代就很密切，宋代采莲舞队中有一个角色称为"竹竿子"。竹竿子，宋代宫廷乐队之引舞人，被形象地比喻为当时演艺节目中的主持人，因手持"竹竿拂子"而得名。"竹竿拂子"的形制为顶端剖开成细条，犹如一把倒置的竹扫把，与"嗦啰嗹"中顶端扎榕叶形似。

说到竹竿子，就不能不提到南宋史浩的《采莲舞》，它详细记载了歌舞曲词和表演程序：五人一字对厅立。竹竿子勾，念：……勾念

图5-5-1：榕枝幡旗

了，后行吹【双头莲令】，舞上，分作五方。竹竿子又勾，念：……勾念了，后行吹【采莲令】，舞转作一直了，众唱【采莲令】：……唱了，后行吹【采莲令】，舞分做五方。竹竿子勾，念……[43]

宋代宫廷采莲舞的盛行以及勾引舞队的竹竿子的设置，不由令人联想到如今的采莲活动及那些挥舞旗帜的旗手。难怪蔡湘江认为："泉州'采莲'不仅保留了我国古代舞蹈中设'引舞'以'勾起止进退'的重要规制，而且其领舞者标志性的舞具'采莲旗'，无论从形状、用材、功能，以及特定的舞蹈语序等方面，几乎全盘保留了古代引舞者特定舞具'纛''旌''竹竿子'等的基本精髓，其源头之久远以及至今仍存活于民间之强大的生命力，令人叹为观止。"[44]

这个"竹竿子"来历不凡，许多人认为竹竿子源自中国远古的竹崇拜。"远古初民每用竹子占卜，祭祀地也以竹竿四圈，是因为他们相信竹能通神，戏剧演艺发端于祭坛，节目主持人的前身实为祭祀主持人。"[45]

另外，竹与龙还有着密切的关系，自古流传着许多"灵竹化龙"的传说，如《墨子》载："以竹杖投葛坡，即化为龙"；《南康记》载："陈邻……夜常乘龙还家，龙至家则化青竹杖。""民间甚至将栽竹之时令称作'龙生日'。"[46]先民认为竹子有着非同寻常的神圣力量，因而广泛运用于巫、傩场合中。

有一种民歌称为"竹枝歌"。"竹枝歌在原始初期是作为一种娱神歌而存在。在竹枝歌起源和流行的地域，远古时期就存在对竹的崇拜……人们把祖先神称为竹王，并在祭祀神灵的仪式中呼唤着祖先。"向轼认为土家"啰儿调"是竹枝歌在传承过程中的嬗变和发展。"啰儿调"的和声原为"啰梭喂"。其中"啰"是对土家祖先神"傩公""傩母"的呼唤，"梭"是一个古代巫术咒语。[47]总之，在竹崇拜的土家族，流传着一种娱神（傩公傩母）歌，称为竹枝歌，歌中有"啰梭喂"的和声，是作为咒语存在的。

于是"嗦啰嗹"队伍中使用的竹竿子，也与傩联系在了一起。

由此可见，在"嗦啰嗹"队伍中，使用竹枝幡旗是因为：首先，先民认为竹子能通神，具有非同寻常的神圣力量；其次，竹与龙崇拜有密切关系，许多地方将竹视为龙的化身；最后，在采莲队伍中使用竹竿早在宋代宫廷舞队中已有先例。因此，竹竿幡旗的使用完全是基于"嗦啰嗹"龙崇拜、禳灾祈福的主旨，绝非随意为之。

第六节 与傩有关的其他事项

一、鼓

鼓，是傩仪最早使用的乐器。在傩的文献资料中随处可见有关鼓的记载。

据东汉卫宏《汉旧仪》：方相帅百隶及童、女，以桃弧棘矢，土鼓，鼓且射之；以赤丸五谷播洒之。[48]

东汉高诱在《吕氏春秋·季冬纪》"命有司大傩"句注："今人腊前一日击鼓驱疫，谓之：'逐除'。"[49]

《旧唐书》："鼓吹署令……大傩则帅鼓角，以助侲子唱之。"[50]

图5-6-1：鼓（左）
图5-6-2：锣（右）

安海嗦啰嗹

图5-6-3：敲锣打鼓

《荆楚岁时记》记"荆楚傩舞"，十二月腊八日，"村人并击细腰鼓，戴胡头及作金刚力士，以逐疫"[51]。

陆游《朝中措·冬冬傩鼓饯流年》诗：冬冬傩鼓饯流年，烛焰动金船。彩燕难雪前梦，酥花空点春妍。文园谢病，兰成久旅，回首凄然。明月梅山笛夜，和风禹庙莺天。

可见，鼓是傩仪中不可缺少的乐器，发展到后来，锣鼓搭配甚为常见。据周密《武林旧事·驱傩》："市井迎傩，以锣鼓遍至人家，乞求利市。"[52]

于是敲锣打鼓，热闹喧天成了傩的一个特点。在"嗦啰嗹"队伍中，鼓、锣同样不可或缺。其一是具有驱邪作用，其二起到热闹的效果。

二、侲子

侲子，也就是童子。

据《后汉书·礼仪志》：先腊一日，大傩，谓之逐疫。其仪：选中黄门子弟年十岁以上、十二以下，百二十人为侲子。

第五章 "嗦啰嗹"——端午驱疫傩

图5-6-4：童子队员

据《隋书·礼仪志》记载，侲子人数扩大为240人。到了唐代，侲子数量更多，据《大唐开元礼》记载傩礼侲子人数达千余名。

为什么驱傩要用这么多的侲子呢？因为童子本身就被认为具有驱邪作用。康保成甚至认为侲子、侲童就是重要的傩神，其宗旨在于祈求繁衍后代。[53]

传统的"嗦啰嗹"队伍也需要有童子，用来举龙王牌。其中当兴境"嗦啰嗹"队至今还保留着由童子来举龙王牌的传统。

三、舞狮队

"狮子，又称辟邪。……唐代以来，狮舞就是傩仪中的传统节目。"[54]

康保成认为逐疫用狮舞，与佛教有关，而且"最迟在明代，狮舞已用于沿门逐疫……难怪有人认为，因狮子形象与方相氏相近，故常用于民间驱傩了。其实结论或许是相反的，即由于佛教中狮子之威猛，故传入中国后被用于沿门逐疫，并被进一步'神化'，打扮成方相氏的形象……在不少地方，装扮狮子者多为少年……

147

图5-6-5：舞狮队表演

显然从汉代傩童而来"⑤。

在"嗦啰嗹"队伍中，狮舞并不是其必需的组成部分，但是为了增加热闹的气氛，常常请来一些民俗舞队参加活动，其中最常见的就是舞狮队。舞狮与"嗦啰嗹"的驱邪主旨不谋而合。

四、爆竹辟鬼

爆竹辟鬼的传统已是人所皆知，不必赘述。"嗦啰嗹"活动时，迎请队伍的人家都要大放鞭炮，自然也有此意。

有人认为，泉州踩街活动中经常出现的"火鼎公火鼎婆"也是一种驱疫傩。它"不作鬼神之状即不戴傩面具，亦不用舞蹈动作。显然，'火鼎公火鼎婆游街'是一种游戏……但它又是一种仪式，一种统境游行、驱逐疫鬼的仪式"⑥。

沿着这个思路走，笔者发现这种统境游行、驱逐疫鬼的"驱疫傩"在泉州安海非常盛行。在一些佛、道庆典中，往往会有抬着神灵绕境游行之环节。例如安海"西宫"供奉的主神东斗夫人妈每年

图5-6-6：满地爆竹

农历六月初一的生日，都要举行历时好几天的庆典活动。该活动以夫人妈绕境游行拉开序幕。由法师、乐队、众信徒组成的浩浩荡荡的队伍簇拥着夫人妈神像，大吹大打绕境游行，沿途鞭炮不断。在遇到一些灾难时，人们也会请出神像绕境游行，以祛除不祥。例如2003年人心惶惶的"非典"期间，安海人请出了各境境主公绕境游行，相信神的力量能打败可怕的病菌。此类例子数不胜数。

总而言之，当我们打开傩家族大门，才发现"嗦啰嗹（采莲）"是特定的于端午期间举行的驱疫傩，其角色的设置（家婆、旗手、铺兵、童子）、道具的使用（夜壶、幡旗、鼓、爆竹）等，都围绕逐疫主题而展开。原本看似毫不相干的这一切，通过"嗦啰嗹（采莲）"这一非物质文化遗产项目，向人们展示出了它们的悠久历史，以及紧密而深入的内在联系。

149

[注释]

① 曲六乙、钱茀：《东方傩文化概论》，山西教育出版社2006年版，第1页。
② 张琦：《方相氏源流考》，《天府新论》2008年第3期，第138—143页、封三。
③ 康保成：《傩戏艺术源流》，广东高等教育出版社2011年版，第12页。
④ （宋）范晔撰，（唐）李贤等注：《后汉书》，中华书局1999年版，第2121—2122页。
⑤ （唐）魏征等：《隋书》卷八，中华书局1973年版，转引自张琦《方相氏源流考》，《天府新论》2008年第3期，第140页。
⑥ 张琦：《方相氏源流考》，《天府新论》2008年第3期，第138—143页、封三。
⑦ 详见《大唐开元礼》卷九十《诸州县傩》之记载，载张琦《方相氏源流考》，《天府新论》2008年第3期，第141页。
⑧ 张琦：《方相氏源流考》，《天府新论》2008年第3期，第138—143页、封三。
⑨ 王兆乾、吕光群：《中国傩文化》，汕头大学出版社2007年版，第13页。
⑩ 康保成：《"沿门逐疫"初探》，《戏剧艺术》1990年第3期，第29页。
⑪ 康保成：《"花关索"是谁？》，《民间文化》1999年第1期，第32页。
⑫ 翁敏华：《"竹竿子"考》，《扬州大学学报》（人文社会科学版）1997年第5期，第62页。
⑬ 汪桂平：《平安清醮与傩仪——谈道教与民俗文化之关系》，《世界宗教研究》2004年第4期，第81、84页。
⑭ 卢军：《"傩戏"与巫文化》，《寻根》2004年第3期，第31—35页。
⑮ 康保成：《傩戏艺术源流》，广东高等教育出版社2011年版，第33页。
⑯ 潘月编著：《神秘舞蹈说傩俗》，河南大学出版社2005年版，第185、120页。
⑰ 潘月编著：《神秘舞蹈说傩俗》，河南大学出版社2005年版，第176页。
⑱ 曲六乙、钱茀：《东方傩文化概论》，山西教育出版社2006年版，第354、338页。

⑲ 张凤霞:《端午节中的傩文化》,《山西师大学报》(社会科学版)2009年第2期,第93页。

⑳ 叶明生:《福建傀儡戏史论》,中国戏剧出版社2004年版。

㉑ 康保成:《梵曲"啰哩嗹"与中国戏曲的传播》,《中山大学学报》(社会科学版)2000年第2期,第66页。

㉒ 曲六乙、钱茀:《东方傩文化概论》,山西教育出版社2006年版,第76页。

㉓ 孟凡玉:《论傩歌"啰哩嗹"的生殖崇拜内涵》,《音乐研究》2007年第4期,第45—53页。

㉔ 中国戏剧家协会:《孟姜女寻夫》,载《中国地方戏集成·安徽卷》,中华书局1979年版。

㉕ 康保成:《古剧脚色"丑"与傩神方相氏》,《戏剧艺术》1999年第4期,第98页。

㉖ 康保成:《古剧脚色"丑"与傩神方相氏》,《戏剧艺术》1999年第4期,第100页。

㉗ 康保成:《古剧脚色"丑"与傩神方相氏》,《戏剧艺术》1999年第4期,第105页。

㉘ 潘月编著:《神秘舞蹈说傩俗》,河南大学出版社2005年版,141页。

㉙ 王青:《禹步史料的历史民俗文献分析》,《西北民族研究》2011年第1期,第59—65页。

㉚ 王青:《禹步史料的历史民俗文献分析》,《西北民族研究》2011年第1期,第59—65页。

㉛ 王青:《禹步史料的历史民俗文献分析》,《西北民族研究》2011年第1期,第59—65页。

㉜ 李灿煌等编著:《晋江民间风俗录》,载黄延艺主编《晋江文化丛书》第五辑,厦门大学出版社2010年版,第219页。

㉝ 徐时仪:《"马虎"探源》,《语文研究》2005年第3期,第35—39页。

㉞ 徐时仪:《上海话"夜壶脸"探源》,《修辞学习》2004年第3期,第37—41页。

㉟ 马思周:《满汉合造"妈虎子"》,《吉林师范学院学报》1998年第4期,第18—21页。

㊱ 徐时仪:《上海话"夜壶脸"探源》,《修辞学习》2004年第3期,第37—41页。

㊲ 蔡敦勇:《路歧新考及其他》,《艺术百家》1998年第3期,第48—54页。

㊳ 徐时仪:《"马虎"探源》,《语文研究》2005年第3期,第35—39页。

㊴ 陈多:《新世纪傩戏学发展刍议》,《戏剧艺术》2003年第1期。

㊵ 蔡敦勇:《路歧新考及其他》,《艺术百家》1998年第3期,第48—54页。

㊶ 《钦定续文献通考》卷一百十八,转引自窦开虎《"路歧"论略》,《怀化学院学报》2007年第5期,第68—69页。

㊷ 康保成:《梵曲"啰哩嗹"与中国戏曲的传播》,《中山大学学报》(社会科

版）2000年第2期，第66页。

㊸翁敏华:《“竹竿子”考》,《扬州大学学报》(人文社会科学版）1997年第5期，第59—60页。

㊹蔡湘江:《泉州民间舞蹈》，福建人民出版社2006年版，第104页。

㊺王为民:《宋代的节目主持人》,《长寿》1995年第3期，第62页。

㊻翁敏华:《“竹竿子”考》,《扬州大学学报》(人文社会科学版）1997年第5期，第61页。

㊼向轼:《竹枝歌与“啰儿调”之关系溯源》,《重庆文理学院学报》(社会科学版）2009年第3期，第5—8页。

㊽潘月编著:《神秘舞蹈说傩俗》，河南大学出版社2005年版，第28页。

㊾潘月编著:《神秘舞蹈说傩俗》，河南大学出版社2005年版，第32页。

㊿潘月编著:《神秘舞蹈说傩俗》，河南大学出版社2005年版，第36页。

(51)潘月编著:《神秘舞蹈说傩俗》，河南大学出版社2005年版，第35页。

(52)潘月编著:《神秘舞蹈说傩俗》，河南大学出版社2005年版，第62页。

(53)康保成:《傩戏艺术源流》，广东高等教育出版社2011年版，第321、357页。

(54)潘月编著:《神秘舞蹈说傩俗》，河南大学出版社2005年版，第119页。

(55)康保成:《傩戏艺术源流》，广东高等教育出版社2011年版，第30—31页。

(56)汪毅夫:《傩：游戏与舞蹈——〈闽台历史社会与民俗文化〉之一节》,《东南学术》2000年第4期，第63页。

第六章 『嗦啰嗹』的当代传承

"嗦啰嗹"能够在安海传承至今，首先是因为有着稳定的民众基础。虽然由于文献缺失，其历史的传承脉络已经无法清楚地梳理出家婆张三、旗手李四，却让我们清晰地感觉到张三、李四的存在，感觉到其传承的脉动和无形的谱系。这就是民间民俗文化的生命形态和延续力量。当我们把目光转向当代，今天活跃在安海镇的几支"嗦啰嗹"传承队伍或许也可以看作历史的侧影，因为曾几何时历史也类似地被演绎过，同时他们也将成为明天的历史。

今天这些相对固定的传承队伍有固定的场地、相对固定的成员；又因为有着社会大众的支持，广泛的社会需求，他们欢迎队伍入户，乐意付出红包。因此从某种意义上讲，"嗦啰嗹"队伍成员及接受队伍入户采莲的各界人士都是传承人，都在"嗦啰嗹"的传承过程中起着重要的作用。其中有些做出相对突出贡献者被评为各级非遗传承人。例如，原安海文化站站长颜昌瑞，于2008年和2017年先后被评为泉州市级和福建省级"嗦啰嗹"项目代表性传承人；黄祖南、颜永汉、张卫红于2019年被评为第一批晋江市级安海"嗦啰嗹"项目代表性传承人。

第一节　霁云殿"嗦啰嗹"队

一、历史沿革

霁云殿，位于安海24境中的圣殿境，是一座具有悠久历史的道观，据传始建于五代，后几经损毁并重建，今存建筑重建于清，并经过多次修复。殿中主神北极玄天大帝"即玄武，本是一种龟蛇合体的灵物，被奉为代表北方的神，按五行的说法，北方属黑色，属水，玄天上帝就属于水神了，后来为避帝王的名讳又改称真武"[①]。

据《安平志》：霁云殿，旧称佑圣宫，在安平街东北三百步许，奉祀玄武上帝。当代天师真人额曰："江南第一灵坛。"考五代晋天福初，闽王子疾，召云水道人医之愈，画像以祀，宋真宗改玄为真，因名真武上帝。明永乐，海上一片浮槎随潮来往，里人取以雕帝像，而金其身。嘉靖乙未，遭倭乱庙毁。隆庆间，化蔡经地为坛樾，砌三层台，结真武殿匾曰："武当行宫。"殿下钟鼓楼台，山门匾曰："霁云别界。"旧有钟千几斤，蔡廉杠匾，乡

图6-1-1：霁云殿全景

绅黄菊山究还。万历三十一年募铜添铸。明乡绅柯实卿有重建霁云殿疏，黄南山有碑记，黄菊山有诗，苏琰有真武台新钟记。②

再据《晋江市志》，清道光《晋江县志》载："国朝顺治十八年（1661）迁界，庙毁，康熙二十三年（1684）甲子复界，二十六年仍旧地重建。"后又多次重修。殿坐北朝南，筑于高台之上，单进、五开间，建筑面积376平方米。现存建筑尚保留清代木构架、宋代石柱及石雕构件。殿内墙上嵌有乾隆十六年（1751）、嘉庆六年（1801）、同治十一年（1872）的重修碑记各1方，四周石柱上有重修记事铭文。③

据安海人许书合考证，霁云殿还分香到泉州义全宫、深沪崇真宫（霁云殿）、南安水头上帝宫、晋江罗山梧桉节上帝宫，以及中国台湾、金门、中国澳门、南洋群岛等地。④

元代时将晋江县划分为十七个都，安海属八都。由于霁云殿供奉的主神北极玄天大帝为镇守四方之神，被尊为八都都主，24境境主。因此，殿内供奉的龙王势力范围也大，其"嗦啰嗹"队为"通街采莲队"，每年端午采莲活动，抬着龙王巡境保平安，可以采遍安海街。

图6-1-2：霁云殿龙王

"文化大革命"期间"破四旧",寺庙道观及诸神像都成为重点被"破"的对象。群众怕龙王头被毁,便偷偷将它抬出藏起来,从此,霁云殿龙王头流落民间。"文化大革命"过后,龙王头重见天日。但由于霁云殿已被政府接管,成为安海养正中学离退休人员活动中心,龙王头无法回归霁云殿,只能一直借放在一位民众的老房子里。

多年来,圣殿境民众克服种种困难,一直将"嗦啰嗹"办得有声有色。由于霁云殿如今另作他用,因此每年的筹备工作、活动前后的祭拜仪式等都在居民家中进行;由于没有固定的组织领导,因此每年都要靠"卜杯"确定下一年的活动负责人,称为"卜杯值年"。"杯"就是"信杯",将竹头切下,一剖两半,这两半具有相同的形状:外面也就是阳面,是竹头的外皮,呈圆弧形;内面也就是阴面,是竹头的内部,为直形。卜杯就是向神灵祈求、许愿后,将一对信杯掷向地上。根据信杯着地情况,可以表达三个意思:其一,两个阴面着地,人们看到的是两个阳面,为否定之意;其二,两个阳面着地,人们看到的是两个阴面,为不置可否之意,说明还有什么地方神明不满意;其三,一个阴面着地,一个阳面着地,人们看到的同样是一阴一阳,为肯定之意。卜杯时,为了慎重起见,每向神灵询问一个问题都必须连续掷两次,只有两次都为一样的"杯"才是明确、肯定的神意。

"卜杯值年"的具体做法是,农历五月初三,负责人带领大家将龙王头从老房子里请出来,抬到民众小达家,因为他家地方大,善男信女来烧香祈福能站开身。初五一大早,负责人领着大家先到霁云殿"采莲",而后沿事先安排好的线路行动。活动结束后,大家聚在一起,轮流卜杯,决定下一年的负责人。

虽然经常更换负责人,但是每一任都有个共同的特点,就是高度负责,想方设法将活动搞好。早些时候,圣殿队负责人为王子聪,他的儿子王钦擅长吹嗳仔,被选入梨园戏团。王钦于是发挥优势,请来梨园戏团的几位同事,其中一位女演员担当演唱者,另几位演奏者为她伴奏,录制了女声独唱的十二月令《嗦啰嗹》录音带。从此以后,活动过程中,当大家都唱累了或停下休息的时候,《嗦啰嗹》的歌声仍能始终不断。

2003年是很有意思的一年。自那年起,霁云殿龙王有了一个相对稳定的家。

2003年端午活动结束,大家回到境里,忙完所有事情已是下午5点,此时开始卜杯值年。当时大家聚在龙王神像前,有意供奉龙王的善男信女轮流上前跪拜,先焚香,祷告,然后卜杯,结果都未得到龙王"应允"。大家犯难了,龙王什么意思?到底应该送往何处?此时,有人看到在一旁观看的黄素珠。她家有一栋四层小楼,完全有能力供奉龙王。于是大家都建议她试试运气。黄素珠原本对这一摊事情一无所知,只是喜欢热闹,觉得"嗦啰嗹"很有意思,所以很热心地参与活动,帮忙做一些简单的事情,在活动中扮花姑等。黄素珠出于好奇,也学着大家的样子上前跪拜、卜杯,没想到一卜就成。没有心理准备的她忐忑不安,一直不敢告诉家人。晚上8点,当她终于鼓足勇气,跟家人说起此事时,却得到他们的鼎力支持。第二天,黄素珠一家开始着手准备迎请龙王事宜:通知亲朋好友前来帮忙;准备烧香、祭祀用品;联系锣鼓吹乐队。初七下午,一大伙人在黄素珠家帮忙搓红丸⑤,准备各种用品。初八一大早,锣鼓吹乐队12人就位,热热闹闹地开始演奏。善男信女听见声音就都来了。8点15分,人到得差不多了,气氛也很热烈了,于是开始大放鞭炮,活动正式开始。大队人马浩浩荡荡地来到暂时供奉龙王的小达家,迎请龙王。燃过香,黄素珠向龙王说明了请神事宜,并通过卜杯得到龙王应允后,便由几人抬上龙王,整理队伍,向黄素珠家行进。请神队伍是有讲究的,具体如下:"霁云殿嗦啰嗹队"前导旗在前开路—负责人黄素珠手持三支香紧跟其后—黄素珠的长子双手捧龙王公的香炉—二儿子双手捧上帝公的香炉(奉祀龙王者同时也要奉祀境主公"北极玄天大帝",俗称上帝公)—众多前来帮忙的善男信女双手持香—12人的锣鼓吹乐队—龙王大轿。到了黄素珠家中,她将龙王安顿在自家楼房的四层。由于位于顶层，又勤加打扫，这个龙王"住所"安静清幽。

接下来的一年黄素珠都很忙。以前对"嗦啰嗹"活动并不熟悉，如今作为负责人，她怕自己做不好，于是到处向老人请教。临近端午，她动员大家来参与活动，确定队伍成员，组织大家排练，添置道具，联系有意采头莲、二莲的人家……忙得不亦乐乎。

2004年是黄素珠接下值年后组织的第一次端午活动，也是她最忙最累的一次。由于是生手，虽有许多人帮忙，但许多事情毕竟要靠自己去处理、去琢磨。她又怕自己弄不好，压力很大。不过功夫不负有心人，黄素珠组织的采莲队成功完成任务。活动结束，大家又开始卜杯值年。这一次，谁都卜不到杯。按照约定，没有人卜到杯的情况下，龙王将继续住在原来的地方，还由原来的负责人组织下一年活动。于是龙王继续安稳地住在了黄素珠家的四楼。此后几年，每次卜杯值年情况都一样，无论有多少人参加，都卜不到杯。至2011年止，龙王已在黄素珠家连续住了8年，而且还将继续住下去。按民众的说法，就是龙王喜欢住在那里，因为环境清幽，而且居高临下，黄素珠组织活动也组织得有声有色，一年比一年红火。

有了第一年的经验，黄素珠之后的几年不再忙乱，活动逐渐步入正轨，并愈趋成熟。队伍从最初的几十人发展到后来的一百多人，而且人员稳定，许多热心人士积极参与：邻居颜为民帮忙管账目、安排队伍人员；哥哥黄祖南扮演家婆，帮着排练、组织；丽珊、陈和平、陈清发负责管理内务；铺兵、旗手也基本有固定人选，人手实在不够时花钱雇些人帮忙。总之，活动越办越热闹。

"霁云殿嗦啰嗹队"近些年来名声大振，经常受邀参与各种活动，如2009年12月晋江慈善日，万人踩街活动在市区青阳街道举办，霁云殿队受邀参与踩街；香港安海同乡联谊会邀请他们于2012年7月1日，香港回归15周年纪念日，派32人赴香港踩街；安海镇两岸端午民俗旅游文化节年年都邀请他们参加……

还有许多媒体前来采访，如2011年前来采访的媒体就有晋江电视台侨乡频道、《晋江经济报》《东南早报》《泉州晚报》《泉州日报》《厦门日报》等。另外，厦门大学嘉庚学院新闻传播系4个大二学生慕名前来，在圣殿住了几天，跟踪拍摄他们的活动。

二、队伍简况

（一）队伍构成

"霁云殿嗦啰嗹"队有两个龙王头，相应地有两支"嗦啰嗹"队伍。两支队伍具体人员每年可能都有变动，但队伍构成不变。以2008年活动实况为例，据颜为民手写资料，两支队伍的成员大致分配如下：

第一分队

"全邑八都都主"前导旗1人：颜晓阳

铺兵1人：黄长城

家婆1人：黄祖南

旗手5人：庄国强、张卫宏、李鸿程、陈体龙、颜呈达

花姑4人：许令、吴丽妗、许珍、黄美娜

五彩旗10人：汤振忠、陈添进、黄小明、周户、张国强、颜呈乐、敦礼、颜程奋、吴成芳、林秋鸿

锣鼓两组：宏伟、施春生、陈再来

抬龙王4人：宏卫、秋碧、红旗、冬日

音控器：敦昌

后勤：素芬、琼云

第二分队

"全邑八都都主"前导旗1人：汉口

铺兵1人：卫鸿

家婆1人：沈宪

旗手5人：施二、振龙、昌志、聪程、呈川

花姑4人：圆雅、丽敏、姿英、阿练

五彩旗10人：启胜、阿钢、德全、猛强、福纳、才兴、伟欣、荣芳、程良、鹏英

锣鼓两组：宏明、志勇、施三

抬龙王4人：小聪、杨明、矮成、世义

音控器：小达

后勤：淑贤、丽荫

（二）主要成员简介

2008年笔者实地采访时，该队伍主要成员情况如下：

黄素珠，圣殿境居民，自2003年至今的"霁云殿嗦啰嗹"负责人，时年60来岁。原为安海竹器厂工人。由于母亲是"番仔"[6]，影响了她，所以她也生性耿直，"不谙世事"，也被认为是"番仔"。从竹器厂退休后，她先在厦门开了一个服装店，有空时就去学跳交谊舞。回安海时有一次去公园散步，看见很多人在跳舞，但多数都不得要领，于是主动上前指教。就这样，她在安海结识了许多爱跳舞的伙伴。后来，她在俱乐部包下了一块场地，用来开舞厅。然而，当时安海人尚没有花钱到舞厅跳舞的大气候。由于经营不善，年年赔本，舞厅三年后被迫关闭。舞厅虽已关闭，挣钱的路子走不通，但是热爱跳舞的心还没有死。于是黄素珠继续去公园跳舞，还在那搭了个舞台，一年之后成立了一个私下的小型舞蹈协会，并组织大家交会费，每月10元，用于组织活动、维护舞台。接下"嗦啰嗹"

图6-1-3：黄素珠

第六章 "嗦啰嗹"的当代传承

图6-1-4：前排黄素珠（左），颜为民（右）　　图6-1-5：黄祖南

队伍后，她将重心转移到活动上来，甚至会拉来平时结交的一些歌友、舞友，为活动助力。

颜为民，圣殿境居民，黄素珠的邻居，年近60岁。2005年参加"嗦啰嗹"队，帮忙管理账目，组织安排"嗦啰嗹"队伍及活动路程。黄素珠多数事情都找他商量，而且他也尽全力帮忙，为"霁云殿嗦啰嗹"的第二负责人。在境内开了一家香店，安海人家家信神，求神拜佛是家常便饭，因而对香的需求量很大。由于他擅长画画、书法，所以在自家旁边租了一家门面，许多孩子闻名而来，拜师学艺。

黄祖南，黄素珠的哥哥。居住于外境，原为安海通用厂工人。退休后，在老干部活动中心发挥余热。他擅打木兰拳，而且是木兰拳协会会长。20来岁时，他经常参与文工团演出，在其中扮演家婆，演家婆的历史已有50年。自妹妹接下龙王后，他不遗余力地给予支持，除参与管理、组织外，还负责对队员进行培训，编排队形，年年在队伍中扮演家婆。此外，镇里的一些文娱活动、演出也常见他的身影。舞台版的"嗦啰嗹"节目常邀请他扮演家婆，是安海知名的家婆扮演者。

颜纯治，理事，时年70多岁，圣殿境居民，是位虔诚的信徒。有一次做梦梦见观音想要重塑金身，于是便自己出钱为境里的观

163

安海嗦啰嗹

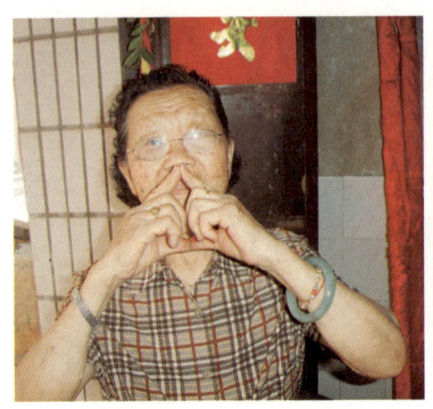

图6-1-6：颜纯治（左）
图6-1-7：张丽珊（右）

音塑金身。几十年来，一直热心采莲事宜，帮忙管账目，跟随队伍活动，指点迎龙王的人家如何烧香、祭拜。

张丽珊，圣殿境居民，黄素珠的邻居，时年50来岁。作为家庭妇女，有时在家做一些小手工贴补家用。因其丈夫在上海做生意，她经常往来于上海、安海之间。原来与黄素珠交情就很好。黄素珠接下龙王后的第三年，也就是2006年，她正好回到安海，于是主动积极地参与活动，主管内务，操心各项事情是否到位，分担黄素珠的工作。

此外，陈昌志，黄素珠之次子，时年40来岁，职业司机，自黄素珠接下"嗦啰嗹"队伍后就大力支持，不但自己在队伍中担任旗手，还叫来他的5个结拜兄弟一起参与活动；陈清发，总务，圣殿境居民，陈昌志的结拜兄弟之一，时年40来岁，自由职业者，经营一炸菜粿的小摊，2004年即参与活动，负责抬前导旗，2007年后更为热心参与，帮忙管理内务、组织队伍；陈和平，会计，时年40来岁，在出队时负责抬龙王；王小龙，圣殿境居民，时年30多岁，为职业司机，从很小的时候就开始当旗手，至今已有十几年经验，自2004年起仍在黄素珠的队伍中担任旗手；土龙，圣殿境居民，时年60来岁，自己开厂做生意，2004年加入队伍，也担任旗手……

第六章 "嗦啰嗹"的当代传承

图6-1-8：全体成员合影

（三）总结

上述人员简介只介绍了队伍中的一小部分人，但都是比较重要的和参与活动时间长的成员。由简介可以看出，在黄素珠的周围团结着一帮人，分工协作，各尽所能，大家齐心协力，才能将活动搞得如此红火：以黄素珠为中心，有颜为民、黄祖南、张丽珊等人负责管理、组织；有陈昌志、陈清发、陈和平等人负责具体活动，并在"嗦啰嗹"活动中扮演角色。

队伍成员多数为本境居民，他们自告奋勇，热心参与。尤其自2008年"申遗"成功，众人对"嗦啰嗹"的热情更加高涨。因此每年活动，雇来的人越来越少，几乎全是自己人，而且都是自愿参加，只有锣鼓队、板车是雇来的。也有少数外境居民，出于与本境人的交情而参与活动。成员多数为自由职业，做点小生意，自己开店办厂，或受人雇请当司机等，基本上没有吃"公家饭"的。人们认为只有自由职业者才有这个闲心、闲情参与这种民俗活动。队伍成员中最小的只有18岁，最大的有70多岁。2011年，黄素珠在境内发现了一个10岁的小男孩，并对他进行了重点培养。据说端午节前，黄素珠组织队伍成员排练，这个男孩在一旁观看，看着看着也学着旗手的样子舞了起来。大家一看，他的动作有模有样，挺有意思，便给了他一杆旗，让他学着舞，结果一点就通，

165

受到所有人的夸奖。于是男孩加入了队伍当中。由于是难得的新生力量，黄素珠将他安排在队伍的最前方，走在前导牌前，成了2011年"嗦啰嗹"队伍的新亮点。

三、前期准备

（一）初期准备

端午之前一个月左右，黄素珠等人就开始忙碌起来了。主要有三个方面的事情要准备。

其一，联系队伍成员，分工、排练。这是最重要的一件事。"霁云殿嗦啰嗹"队成员主要来自境内居民，纯属义务，不给报酬，完全是自愿参与。每个人都有自己的工作，每年都有可能出现有人来不了的情况，此时就需要事先敲定谁来谁不来，确定队伍阵容，好做到心中有数。好在采莲队伍对人数的要求并不苛刻，可多可少，甚至只要有一个家婆、一个铺兵、一个旗手，再加上锣鼓乐队，即可成队。因此，事先确定好参加人数，黄素珠、颜为民等人就根据情况分配两个队伍的人员组成，以及各自担任的角色。再适当地请些舞狮队、公背婆队、什音队等，壮大队伍声势。不过由于"申遗"的宣传，以及最后的成功，"霁云殿嗦啰嗹"队近些年来备受关注，境内居民也都乐于参与，每年有越来越多的人踊跃报名参加活动，队伍不断壮大，至2011年端午共有140多个成员，早已摆脱了人员不足的困扰。

确定队伍成员之后，就要找时间召集所有人来开会，分配每个人的任务、担任的角色，需要注意的事项等。之后还要组织大家排练。此时就是黄祖南最辛苦的时候了，他有经验、有想法，而且擅长组织文艺活动。一支六七十人的队伍在大街上如何行进才能保持队形不乱，在家婆、旗手入户采莲时队伍如何等待，等等，所有细节都需要一一交代，并一次次进行演练。

其二，联系头莲、二莲，确定两个队伍的行走路线。每个"嗦啰嗹"队伍都有自己的"关系户"。临近端午，黄素珠等主要负责人就一一给那些有能力采头莲、二莲的人家打电话。首先还是联系往年采头莲、二莲的人家，询问今年是否依旧，然后才去联系那些潜在的头莲、二莲对象。有时有意采头莲、二莲者会主动联系他们。因为名额毕竟都只有一个，一旦有人事先约好，再想采头莲或二莲就只能等下一年了。另外，还有一些人家住得较远，采莲队伍一般不从那经过，他们也想采莲，但不要求采头莲、二莲，也需要事先联系，采莲队伍会根据这些人家来安排路线。这种情况，给的红包不像头莲、二莲那么多，但是也不会太随意，一般会有几百元。

确定了头莲、二莲，以及其他事先打好招呼的人家，就基本可以确定两个队伍各自的行走路线了。负责人会将方位接近的人家编排在一起。端午一大早，两个队伍分头采莲，先采确定的人家，而后沿着大街采来，最后在某一地点两队会合，热热闹闹地共采安海街。此时，大街上的人们就有福了，100多人，浩浩荡荡的"嗦啰嗹"队伍，其制造的欢腾气氛才真正让人感受到节日的到来。

其三，添置道具，修补服装。端午之前，黄素珠等人要取出所有道具，逐一检查。旗帜、衣服等布质道具破了的要缝补或者重做，龙王车、鼓、锣如有破损也要有人负责去修补或重买。还要有人去买铺兵喝的酒、花婆用的玉兰花，以及活动结束给队员发的纪念品等。这些事情不仅头绪多，而且很烦琐，光靠几个负责人忙不过来。于是发动群众来帮忙，总有许多热心人主动分担。黄素珠让她的儿子也请来自己的同学、朋友帮忙。

（二）请出龙王

"霁云殿嗦啰嗹"于每年农历五月初三就将龙王头请出来，放置于相对宽敞的场所，供善男信女祭拜。以前队伍的组织者，由于自家没有足够大的场所供奉龙王，因此总是将龙王寄放在境内的一间旧房子中，房主名叫"温啊"，但他并不住在那里，所以该处所年久失修，举办活动不太方便。五月初三，组织者带人将龙

图6-1-9：燃香祷告（左）

图6-1-10：龙王起驾（右）

王请出，寄放在居民"小达"家，供大家祭拜。黄素珠接手组织后，将龙王头稳当地安置在了自家4楼。每次活动，则将龙王请到自家楼下，再也不用寄放在他人家中。

请龙王当天，一大早，黄素珠等人就开始忙碌起来。前来帮忙的人们兵分两路，一路人马打扫一楼，搬除所有不相干的物件，布置祭桌，准备迎接龙王。黄素珠和境内长期吃斋念佛的老人颜纯治则来到4楼，收拾龙王座驾前的祭桌。收拾妥当之后，颜纯治和黄素珠先后燃香祷告。6点整，龙王起驾，两个年轻力壮的小伙子分两趟将两尊龙王扛下楼，放置在布置好的祭桌上。之后绑上绣有龙头的桌裙，将龙王旗和观音神像放置在两个龙头中间，"武

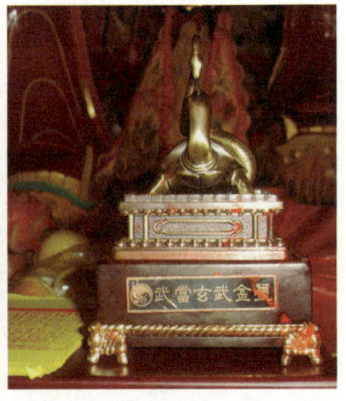

图6-1-11：布置祭桌（左）

图6-1-12：玄武金印（右）

当玄武金印"、香炉、酒杯、五果、糕饼等祭品一一摆上祭桌。前导旗和彩旗也竖立在祭桌两旁。最后,黄素珠、颜纯治等人虔诚祷告,请龙王仪式结束。

四、采莲实录

(一)采莲之前

2008年6月8日,农历五月初五端午当日,天刚蒙蒙亮,黄素珠等人就忙开了。5点左右,铺兵提着铜锣,在圣殿境内边跑边敲打铜锣,还一路喊着:"龙王要来了",叫醒大家。于是参与采莲的人就都起来了,陆续来到黄素珠家。录音机反复播放着"嗦啰嗹"曲,营造出浓厚的"采莲"氛围。

7点左右,队伍成员在4楼化过妆,换过衣服,纷纷来到楼下等待,拿五彩旗的拿五彩旗、抬前导的抬前导,各自装备妥当,几个旗手开始喝酒,积蓄醉意,甚至还当街演练起来。负责人颜为民用扩音器通知大家各项事宜。两个采莲队伍根据路线分为"可慕线"和"安海线"。"可慕"为安海的一个村,位于安海镇东北部。7点35分,可慕队因为路途远,先行出发。张丽珊在龙王座前燃上香,告知队伍即将出发,而后两个成员将龙王扛到龙王推车上,张丽珊将香插到龙王推车上。除了前导旗、铺兵、家婆、旗手、五彩旗手、花姑、锣鼓队和龙王车等由境内人员组成的队伍,还请来了公背婆队、骑驴探亲队、锣鼓吹乐队、舞狮队等,一行人浩浩荡荡沿着圣殿街一路走到不

图6-1-13:整队出发

远处的管口巷，两辆卡车在那里等他们。

不久，另一队人马也准备妥当。7点42分，他们将龙王车扛到专为之准备的一辆皮卡车上，有专人护送，其他人则乘着另一辆卡车，一起驱车前往目的地——头莲家中。由于载龙王的皮卡车连同司机是采头莲的人家提供的，因此，一路上非常顺利，很快到达目的地。

（二）分队采莲

头莲颜其威家自己开了个汽车配件厂，家境殷实，有一栋很大的带大庭院的房子。7点58分，采莲队伍来到他家门口，众人纷纷下车，整理队伍，"嗦啰嗹"歌声响起，锣鼓队和着节奏卖力敲打，锣鼓吹乐队则奏出了喜庆热闹的音乐。众人热闹欢腾地进入院中。主人已在院里摆好了椅子，供队伍休息。铺兵一马当先，对户主说了句"龙王入户，合家平安"，然后用醉步颠上台阶，来到入户的大门前，在门口一边敲着锣，一边招呼大家，颠来倒去，故作姿态，但是并不进屋，因为时候未到。紧随其后是旗手，冲入大院，来到门口，挥舞着手中的旗杆，用

图6-1-14：驱车前往

采莲实录1：分队采莲

图6-1-15：头莲人家　　图6-1-16：逗乐表演

图6-1-17：舞狮

扭捏滑稽的姿态做出各种动作。最后，大部队人马涌入，在院中一字排开。5个旗手和1个铺兵在院子中央一边哼唱"嗦啰嗹"曲，一边表演了起来。素珠、为民、纯治、祖南等人帮助主人摆放祭桌：在入户门口摆上一张桌子，将龙王抬至桌子上，上置祭拜用的果品，龙王车放置在台阶下。8点02分，布置妥当，祖南扮演的家婆站在大门口，挥动手中的蒲扇，向旗手招手，示意他们时机已到，可以入户采莲。在他的带领下，铺兵一边敲锣，一边口呼"钱银哗哗来，年年赚年年剩"，颠着醉步进入屋内。3个旗手将旗持平，旗头在前，直冲屋内，同时还念念有词："合家平安财银来""添丁进财，生意兴旺"。看他们进屋，主人家也跟着进去，引导他们采莲，生怕哪个房间没采到。家婆挥动手中蒲扇，跟在旗手左右，口中念念有词："龙王入家中，让你们财源兴旺。"旗手非常尽职，扫遍了每个房间、每个角落。与此同时，院子里，主人在龙王座前焚香许愿，将香插入香炉后，开始折金箔纸，几个花姑过来帮忙；舞狮队在院内卖力地表演，表演结束，锣鼓吹乐队立刻接上，不留一点儿空隙，二者衔接默契，院内始终锣鼓喧天。

8点06分，采完房间，家婆、旗手退出，回到大院中。家婆叫来主人，示意采莲完成，主人将折好的金箔纸投入金桶中焚烧，

安海嗦啰嗹

图6-1-18：焚香跪拜

在龙王车前焚香跪拜，叩谢龙王。主人起身，递给家婆一个红包，家婆回赠玉兰花，并祝语"让你发财啊！"纯治将龙王旗交给主人，主人将龙王旗插在家中，寓意龙王保佑。家婆将红包交与黄素珠保管，众人将龙王扛回龙王车上，五彩旗手、狮队和锣鼓吹乐队已整好队伍。8点08分，一行人敲敲打打，热热闹闹地离开了大院。队伍离开之时，主人家在门口大放鞭炮，表示欢送。

下一站，是头莲家的工厂。工厂很大，有着一个非常大的院子。8点15分，队伍到达时，祭桌已准备妥当，队员将龙王车从卡车上抬下来，推到祭桌后面，焚上香，插上龙王旗。做这些准备时，铺兵、家婆和旗手一点也不闲着，在院里嬉笑逗乐，做各种表演，锣鼓吹乐队继续卖力吹奏。8点16分，主人开始焚香祭拜时，说明时机已到，于是旗手在工厂门口先摆出各种蓄势待发的姿势，然后冲入工厂，到处拂扫，同样有一些主人家的人在厂子里指导旗手扫这扫那，生怕有遗漏。院内，舞狮队摆出阵势准备演出，锣鼓吹乐队则适时停止，舞狮队的锣鼓也分毫不差地及时接上，演出开始。8点19分，采莲结束，院内演出也随之结束，只剩龙王车下的录音带还在不断地重复着那首采莲歌谣。此时，4个花姑帮忙主人折金箔纸，众人休息之时，旗手、铺兵和家婆还在院内做各种随性表演。烧过金箔纸，主人叩谢龙王，之后众人起身。8点20分，主人在门口放鞭炮欢送，队伍则锣鼓喧天，热热闹闹地离去。

之后，队伍先后到了事先约好的"晋江兴达机电器材有限公司""恒源服装厂"等几家单位，从队伍到达到离开，每家工厂花费4—10分钟。

10点22分，预约的各家工厂全部采莲完毕，队伍来到镇政府

图6-1-19：鸣锣（左上）　图6-1-20：卖力表演（右上）　图6-1-21：民俗演出队（下）

图6-1-22：商户早已准备好祭桌　　　　图6-1-23：入户拂扫

附近的广源街，沿街采莲。几乎各个商户都早已备好祭桌。由于商铺密集，店面也都不大，旗手冲入一个店铺不到一分钟便可出来，再加上几个旗手分头行动，一条不长的街很快就采完了。但是由于许多商铺要求将龙王推至祭桌旁祭拜，因此，时间花得比较多。在这空隙，旗手便与街上行人逗乐。大街上围观者很多。其中一旗手前举大旗，趁观众不备，突然冲向他们，吓得众人四处逃散，引来一阵阵哄笑。

采莲实录2：广源街采莲

（三）两队会合

从广源街出来，队伍沿途采莲，从镇政府门口一路行进，来到东大街。11点33分，到达预定好的两支队伍的会合点：东大街安海公园对面的"新鸿盛指定专营店"。大家稍事休息，等候另一支队伍的到来。服务员抬出粽子等食品供队员充饥。另一队人马很快到来。主人忙着布置祭桌，这是最隆重的一场祭祀。主人准备了满满一大桌子的祭品，上面烛台、酒盏俱备，五果、三牲、酒、粽子等祭品样样都有，更重要的是，由于是两队会合处，祭桌后

采莲实录3：两队会合狂欢

第六章 "嗦啰嗹"的当代传承

面摆着两尊龙王。两尊龙王同时出现于一户人家的祭桌上甚为少见。11点39分，闲不住的铺兵与旗手在店门口的大街上表演起来，公背婆、骑驴探亲队加入了表演的队伍，与铺兵、旗手互相打逗，锣鼓吹乐队也开始吹奏。一时围观的群众将大街挤得水泄不通。11点41分，采莲开始。主人鸣放礼花，两个队伍的10个旗手鱼贯而入，把个不大的通讯器材店挤得满满当当。舞狮队接替铺兵旗手们，在大街上表演。旗手们很快从店内出来，和着狮队的锣鼓不停地扭动。黄素珠带领花姑们，也加入了表演。主人在祭桌前烧香祈福，将香插入香炉后，铺兵上前，请他品尝夜壶中的酒。主人欣然应允，尝了一口，还竖起两个大拇指：好酒。11点44分，焚金箔。11点45分，家婆加入逗乐队伍，与铺兵打闹。11点47分，众人再次入户采莲，并在店内打闹片刻。11点49分，采莲结束。11点50分，队员推走龙王车，整理队伍，100多人沿着东大街来到附近的东菜市，为菜市场的商户采莲。12点收队，众人回到圣殿，吃饭休息。

下午1点半左右，队伍再次出发。由于事先预约好的人家已在

图6-1-24：两尊龙王

175

安海嗦啰嗹

图6-1-25：狂欢（上）
图6-1-26：狂欢的浓度（中）
图6-1-27：招牌动作（下）

图6-1-28：主人焚香祷告

图6-1-29：狂欢

采莲实录4：
本境人家采莲

上午采莲完毕，下午队伍的目标是三里街、海八路等旧街道。队伍每行进一段，就会停下来表演一番。所到之处，有人招手，旗手便持旗入户拂扫，其他人员在外等候，边等边舞，之后有工作人员上前收取红包。

下午4点半，街上采莲结束，众人收队回境。舞狮、公背婆、锣鼓吹乐等队伍收拾道具，换下服装，先后离去。然而，活动还在继续。一整天的采莲，采的都是外境，此时，本境的采莲才刚开始。一支精简的队伍负责本境采莲。半个多小时后，众人收队，

采莲实录5：
采莲结束

图6-1-30：继续狂欢

图6-1-31：本境人家

采莲任务全部完成。

　　回到黄素珠家，众人将两尊龙王先后抬回到祭桌上。素珠燃香，叩谢龙王，并祈求龙王保佑弟子信女身体健康，出入平安。之后，还不断有民众前来烧香祭拜。许多人拿着小凳围坐在素珠家周围，忙了一整天，大家都累坏了，但是又舍不得离去，有点意犹未尽。

图6-1-32：烧香祭拜

　　之后，一行人聚在一起，打开专门存放红包的铁皮箱，一起清点采莲所得，并由专人记录并公布各项收入和支出。

(四)小结

总结起来,"霁云殿嗦啰嗹"队在活动之前需要做各种准备工作,包括联系队伍成员,联系头莲、二莲,确定采莲路线,添置道具等。端午节前几天要将龙王请出,供信众祭拜。端午当日,队伍准备妥当,先扫过龙王所在的黄素珠家及霁云殿,然后分队采事先约定好的头莲、二莲等。具体程序都是到了主人家后,队伍大吹大擂进入,工作人员帮助主人布置祭桌,其他人员卖力地表演,费时1—5分钟。祭桌布置好,将龙王放置在祭桌前后,或直接抬到祭桌上。等到主人燃香祭拜后,旗手入户采莲,此时,舞狮队开始表演,费时1—4分钟,视房子大小而定。旗手采莲归来,舞狮队也表演结束,锣鼓继续演奏,主人焚金箔叩谢龙王,给红包,家婆回赠玉兰花,众人收队离去,费时1—2分钟。主人家早就将祭桌准备好的,屋子小点的,花费时间就短。队伍到了才开始准备祭桌的,屋子大的相应花费时间多些。但不管怎样,整个采莲过程费时最长的也不过11分钟,快的4分钟即可采完。下午的街头采莲速度更快。队伍缓慢行走在大街上,有多人招呼时,旗手分头行动,同一时间可采多家。而且街头店面都不大,旗手还只采一楼,谢绝上楼,采莲花费时间都不长。

第二节 妈祖宫"嗦啰嗹"队

一、历史沿革

妈祖宫又称朝天宫,供奉海神妈祖,位于安海朝天境。当时宫庙四面环水,为旧时安平十二景之一"海吐珠宫"。船只出海前都要到妈祖宫祭拜,祈求航海平安。最早的妈祖宫建于南宋绍兴八年

（1138），由倡建安平桥的黄护在水南门内立庙。同样几经损毁重建。

  据《安平志》：天妃宫，旧在南门内。嘉靖辛卯，豪民请产县令钱楩给帖做民居，而天妃祀在民家。及筑城，乃祀于南门城楼。万历甲戌，乡人黄菊山作疏，建于朝天境。浮海洲岛以祀之，匾曰："神仙观。"前立华表，镌"山海壮观"四字，后镌"蓬瀛别界"。今宫移在原岛之东岸，而坊仍存旧地。清光绪年间，住寺僧三秀邀集募捐，移归原岛，三落一船亭，两廊祀二十四司。规模宏耸，廓然一大佛刹也。⑦

  据黄亦工《朝天宫重建碑记》："抗战期间，朝天宫庙堂一隅毁于日机轰炸。上世纪五十年代初，庙宇被辟为粮库，华表亦毁。""迨八十年代初，安海朝天境信众筑一简陋石屋，重祀妈祖。一九八六年，安海二十四境信众、台胞侨亲集资于安海码头重建朝天宫，一九九二年乃成。二〇〇七年，政府开发鸿塔小区，于区内划地六百零五平方米，补偿二百二十五万元，易地迁宫。海内外善男信女或捐资献策或躬亲劳作，鼎立重构庙宇。二〇〇八年一月二十一日岁次丁亥十二月十四日奠基，翌年四月十八日岁次己丑三月廿三日竣工。新宫斥资四百万元，占地四百三十平方米，含主殿、拜亭、钟鼓楼、东西厢房并地下室，建筑面积九百平方米，前临旷浒，后依华衢，珠宫新，大观再现，虽庙立闹市，而神驰波涛，此妈祖精神之千秋也。"⑧

  抗日战争期间，妈祖宫被炸毁后，人们将妈祖神像请出，供奉在一位名为"束治"的居民家中。这位束治是位神伎，人称"三女夫人"，家住朝天巷。高培珍、郑伶霞等几位信奉妈祖的老人常到她家去烧香，祭拜妈祖。据她们说每当有大节日，别的寺庙都会有众多善男信女去祭祀、烧香，而妈祖娘娘因为没有庙宇供奉，前来祭拜的人少。每当这种节日，束治就说看到妈祖娘娘趴在桌上哭诉自己没地方住。于是经束治及各位善男信女多方努力，终于于1985年在朝天境临海处的海马池旁盖起了一间20平方米的石屋。

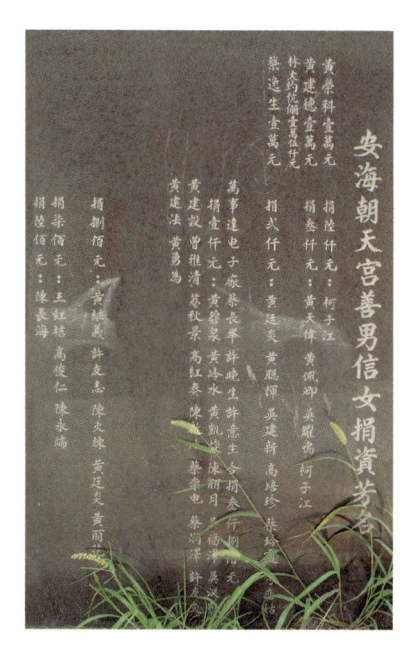

后来经济好转，众人开始商量重建妈祖宫事宜，并四处筹资。当时卖了妈祖宫后面的一块土地，得了6万元。"民国初，朝天宫播衍至台湾布袋镇，立庙'安海宫'。"⑨"安海宫"中供奉的妈祖是由安海朝天宫请去的，因此台湾信徒蔡长详在当地募集了一笔钱捐给朝天宫，作为翻建新宫的资金。本地信徒也捐了许多钱。1990年，建庙资金基本筹措到位，众人把神像从石屋中请出，供在五骸架里，拆了石屋重建新宫，1992年建成。新宫占地3000余平方米，主要靠填海造成。还设有老人会，

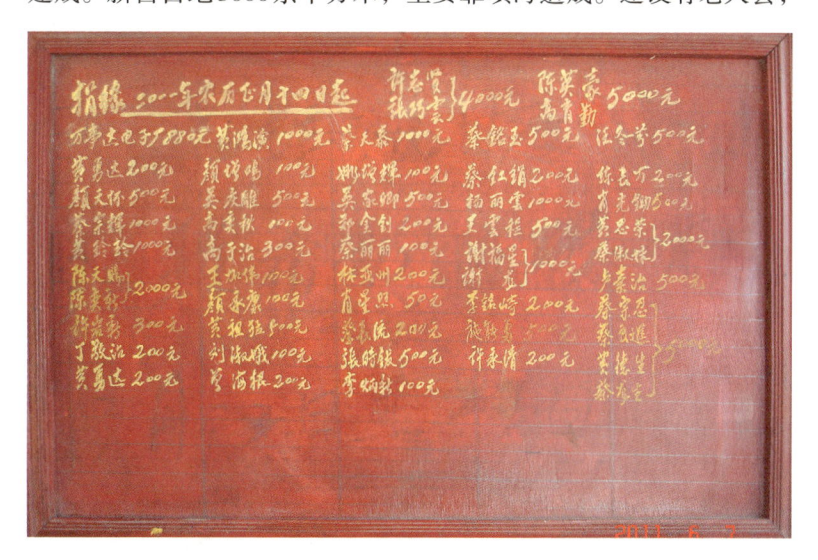

图6-2-1：捐资芳名碑

图6-2-2：捐资芳名录

以及供老人娱乐的门球场。

2007年，政府开发鸿塔小区，许多民居都要拆迁，妈祖宫也在拆迁之列。因为按照鸿塔小区的设计图纸，在妈祖宫的戏台那里要盖一栋高楼，这样一来高楼正好对着妈祖宫。俗话说"宫前祠堂后"，就是房子在宫庙前或者祠堂后面都是很不好的。没人敢买这样的房子，按老人的说法，住这样的房子会破财、伤身。于是政府在离妈祖宫几百米远的地方，重新规划了一块地，并补偿200多万元，用于重建新宫。2007年，拆迁事宜达成协议。信徒在另一处空地上搭建了一个临时建筑，将神像请出供奉于内，妈祖宫被拆除。

2008年1月1日，成立了一个以黄荣科、黄双路、蔡攸坦为首的十几人的基建小组，由来自各境的善男信女组成。新宫通过招标承包给一家建筑公司，总工程款300多万元。拆迁补偿的200多万元还远远不够，于是妈祖宫负责人黄荣科等人发动善男信女捐资，并通过认捐的方式，共筹集了100多万元：新世纪百货负责人出资20万元，认捐新宫前的拜亭，亭上镌刻捐资者姓名；负责鸿塔小区拆迁改建的4位领导个人出资10万元；大殿内有4根雕龙的柱子，每根3.5万元，4根普通的柱子，每根1.5万元，供人认捐，柱上镌刻捐资者姓名；钟鼓楼的钟和鼓都各2.5万元，钟、鼓上镌刻捐资者姓名……

就这样，众人同心同德，有钱的出钱，有力的出力，新妈祖宫终于初具规模。新的妈祖宫将开辟出两个场所，其一供"五祖拳协会"使用，另一作为新成立的南音活动中心。

2012年，新建成的朝天宫内外装修完毕，已具备使用条件。但是按照当地人的说法，每年的风水都是不一样的，2012年被认为是不利的年份，不宜迁宫。因此人们决定于2013年，以农历三月二十三的妈祖诞辰为契机，同时举行乔迁新宫的仪式。

2013年4月29日至5月4日，在负责人黄建德等人的主持下，朝天宫热热闹闹地举行了前后6天的仪式。先于4月29日（农历三

第六章 "嗦啰嗹"的当代传承

图6-2-3：往湄洲岛进香的妈祖座驾

湄洲岛乞火之跑佛

湄洲岛乞火之安海踩街

月二十）凌晨3点，从旧朝天宫出发，前往湄洲岛祭祀妈祖，并舀回香火，在安海街头举行了浩浩荡荡的踩街仪式，最后回到新建成的朝天宫时，已是下午4点。整个仪式没有停歇地持续了13个小时。而后从4月30日至5月4日连续5日举行佛教的拜忏仪式，每天下午和晚上演高甲戏酬神，这几日从早晨6点至晚上11点皆

图6-2-4：妈祖座驾在湄洲岛跑佛

安海嗦啰嗹

图6-2-5：湄洲岛水泄不通的香客

图6-2-6：朝天宫蒙山仪式

第六章 "嗦啰嗹"的当代传承

热闹非凡。尤其是5月2日（农历三月二十三）妈祖诞辰当日，腰鼓队一大早就敲敲打打，与拜忏仪式一起，制造出更加热闹的气氛。当天上午还请来当地有威望的大和尚，为新宫迎请的西方三圣神像举行了开光仪式。5月4日晚上举行了放焰口仪式，至此，为期6天的庆典仪式宣告结束。

妈祖的信仰属性一直以来都有争议。按说妈祖原本属于民间信仰，后来因为影响越来越大，被纳入官方祭祀体系，清乾隆五十三年（1788）六月十七日颁发了《着福建督抚嗣后于天后本籍春秋致祭并载入祀典上谕》。妈祖还被儒、释、道吸纳为本教神灵，许多儒、释、道的宫、殿都供奉妈祖。安海镇朝天宫追究其宗教属性，应偏向道教，理由有三：其一，从其名称朝天宫之"宫"字、匾额"神仙观"之"观"字，可以推测；其二，朝天宫所供贡品可以是荤的，平时宫内饮食也无限制；其三，民众普遍认同其为道教宫观。然而，1991年前后，为了让政府认可，为了能合法地举行信俗活动，朝天宫加入了佛教协会。因为在当时，尚没有道教协会。笔者在朝天宫见到了一张最新的"宗教活动场所登记证"，该证颁发于2011年，由"晋江市民族与宗教事务局颁发"，教别处填"佛教"，名称为了与佛教相称，改名为"晋江安海朝天寺"。加入佛协后，自然要归佛协管理。乔迁新宫后，根据佛协的建议，朝天宫迎请了佛教的西方三圣。为了表示对西方三圣的尊敬，自此之后，朝天宫里上供的贡品只能是素食，宫内饮食也必须戒荤。

朝天宫总共供奉了三尊妈祖。据负责人黄荣科说，原来在小石

图6-2-7：朝天宫拜千佛（上）
图6-2-8：朝天宫的香客（下）

185

| 安海嗦啰嗹

屋中，地方小，妈祖神像也小。1992年建了新宫，就请了一尊大妈祖神像。由于妈祖经常要巡街，宫里就买了一架凤轿。结果小的放进去太小，大的又放不进去。于是黄荣科自己出钱，又装了一尊中等大小的妈祖娘娘，正好能放到凤轿里。

妈祖宫内供奉海神妈祖，护佑范围遍及沿海境域以及来往船只。其"嗦啰嗹"队为"通海采莲队"。另外，清雍正七年（1729），安海称鸿江澳。妈祖宫内供奉的龙王是整个鸿江澳最大的，因此也可以采遍全街。霁云殿采莲队和妈祖宫采莲队是安海势力范围最大的两支队伍，二者不相上下。

妈祖宫采莲队成员主要来自附近的码头工人。1951年，安海成立搬运站，有了工人阶级。据说当时申请结婚都要接受调查，而码头工人结婚则免查。新中国成立后，采莲活动一度萧条，妈祖宫也不敢冒风头组织活动。码头工人所在的搬运公司离妈祖宫很近，由他们出面组织采莲活动，一般人都不说什么。所以"文化大革命"前的这段时间，一直是码头工人负责采莲。这支由码头工人组成的采莲队在安海享有盛名，因为码头工人都是卖劳力的，个个身强力壮，有爆发力。采莲队伍成员都必须有一定的身体素

图6-2-9：妈祖宫龙王

质，否则经不起折腾。尤其是旗手，手扛大旗走街串巷，每到一户人家都要马不停蹄地冲入各个房间，挥舞大旗用力拂扫，上下楼梯也不例外。据说码头工人采起莲来格外有劲，而且颠起醉步也特别有味道。

"文化大革命"期间"破四旧""立四新"，许多传统的东西遭到毁坏或封杀，寺庙被拆毁，神像被焚烧，采莲活动也被禁止，就连码头工人都停止了活动。妈祖宫负责人担心妈祖和龙王头被毁，便偷偷将神像藏在水心亭。但最终还是被发现，只好将神像请出来烧毁。

"文化大革命"结束后，大家又开始动了采莲的心思。可是没有龙王就无法活动，当时宫里没钱，塑不起神像。现在的负责人之一黄建德的父亲黄乐恒也是码头搬运公司的工人，他手艺很巧，会用纸糊各种东西，如驴子探亲、上元灯等，于是便请他糊龙王头。据黄建德回忆，父亲糊这个龙王头，花了好几个月的时间，先用竹子搭架，然后一层又一层地糊纸，糊得非常结实，并在纸上涂桐油，使之具有防水功能。1979年，妈祖宫采莲队仍由码头工人负责，用一个纸糊龙王又开始了采莲活动。1982年，码头人员有变化，于是转由妈祖宫负责组织活动。

1992年，经黄荣科等热心人倡议，妆了三尊木制龙王头。之后，采莲队伍壮大起来，一尊龙王头就是一队"嗦啰嗹"，每年端午节，三队齐发，好不热闹。采莲活动一般于下午三四点结束。之后，视现实情况，有时会用采莲得来的资金雇请戏班搭棚演戏，通常演高甲戏，节目自定。每次都能吸引来两三百名观众。

每有重大活动，本境的人都会自愿来帮忙。对这些热心人士，妈祖宫虽然不发礼品，但是会发一些补助，随社会生活水平水涨船高。刚开始时是50元，2008年笔者采访时还是最高每人150元的标准，到2011年时已是200元了。

二、队伍简况

妈祖宫采莲队配置，基本上是前导旗1人，铺兵1人，家婆1人，旗手三四人，锣鼓吹乐队10人。再雇用一些其他阵头，有时是舞狮队，有时是郑元和队、拍胸舞队等，每年视具体情况决定请什么队伍。

多年来，黄荣科一直负责妈祖宫采莲事宜。刚开始时，队伍成员主要来自码头工人，而且以前只采安海街，街很短，只要下午出发，用不了多长时间就可以收队。后来随着安海镇区向外扩张，采莲范围扩大，光靠下午采莲已经满足不了需求。于是许多队伍都从早上开始采莲，采一整天。这样一来，原来的采莲成员因年纪大采不动了，码头也承包出去了，后继无人，眼看着活动继续不下去了。黄荣科等人想方设法，四处物色人员，维持采莲活动。如今的采莲队伍，采取雇用人员的办法，从安海本地或邻近的南安市，雇些了解采莲活动的演戏艺人充当家婆、铺兵、旗手等，本宫内的人主要负责联络、管理和指导。

妈祖宫每年准备20面采莲旗，每面采莲旗第一户采的人家就是头莲。也就是说妈祖宫可以承接20户头莲人家。然后用采过头莲的旗采普通人家。

2011年，笔者实地采访时，妈祖宫主要成员情况如下：

黄荣科，83岁，码头搬运公司退休工人，妈祖宫负责人之一。1990年4月，黄武镇、黄清溪两位原来的负责人请他到妈祖宫帮忙，分管出纳。后来，黄武镇等人慢慢把事情都交给他。1996年黄武镇去世后，更是由他全权负责妈祖宫的各项事宜。黄荣科对妈祖宫做了很多贡献，1996年加入晋江市佛教协会。原来妈祖宫小，搞活动时，众多善男信女来吃斋饭，没有厨房、食堂，所以做饭都在空地上做，在空地上搭临时的灶台、桌椅等。后来，黄荣科及其妹婿等人要来附近海马池的一块地，用这块地在妈祖宫的东边盖了一座3层的食堂，又一鼓作气盖了西边的厢房。当时，

图6-2-10：黄荣科（右）　　　　　　　图6-2-11：黄建德（右）

宫里没有那么多的钱，黄荣科先从自家拿出十几万元作为建筑款，之后等宫里有了钱才还回来。除此之外，建梳妆楼时，他也出了1万元，另有7面五香旗、1面前导旗、1个舀火用的香亭（1万元）都是他家出资捐献的。自打来到妈祖宫，他每年都亲自带队采莲。

黄建德，54岁，供职于码头搬运公司，妈祖宫负责人之一。1998年参与妈祖宫事务，与黄荣科二人共同负责。2001年，因为有事暂时离开，2010年回来，开始负责采莲活动。

历年来妈祖宫重要人物还有：束治，神伎，人称"三女夫人"，是1985年带头发起重建妈祖宫者；高培珍，79岁，安海化工厂会计，1985年发起建庙人之一，后任妈祖宫会计；郑伶霞，83岁，家庭妇女，1985年发起建庙人之一，任妈祖宫总管（仓管）；黄武镇，束治的儿子，黄荣科之前的负责人，搬运公司工人，1996年去世；陈秀恋，法号"上碧"，住持，现年75岁，1991年，黄荣科去南安天竺寺将她请来主持宫里工作，至今已有20年整；王吴民，80岁，原安海港务站站长、干部，任妈祖宫文书；黄双路，60岁，八一厂工人，2007年筹建新宫时前来帮忙，后来成立一个基建小组，为负责人之一，在采莲活动中负责联络、组织，并亲自带队采莲，管理钱箱；黄天成，45岁，搬运公司出纳，2010年开始在妈祖宫分管出纳；黄建筑，55岁，做一些小生意，2010年开始分管采莲活动；李向瑜，新住持，现年35岁。

妈祖宫采莲队伍人员方面，常参加活动扮演旗手的有：黄伟杰，68岁；高明礼，70岁；白啊，45岁；后库陈永再，58岁；陈启墨，57岁。前述5人皆为搬运公司工人。另有黄建成，60来岁，粮站仓管员；黄少筑，55岁，自由职业；黄火补，54岁，自由职业；小颜，25岁，自由职业。扮演家婆的有搬运公司工人，时年80多岁的周文枞，以及西安境的翰啊。

由上述资料可见，妈祖宫采莲队伍主要由搬运公司员工和一些自由职业者构成。这些人中，以黄姓人为多，而且多居住于金厝，属朝天境境内。朝天境是清末安海二十四境之一，"又称昼锦坊、妈祖宫，于海墘一带"⑩。但是在妈祖宫的前导旗上，"泉郡八都安平朝天宫天上圣母"，将朝天境改成了"朝天宫"。据黄荣科介绍，是因为有一年农历三月二十三妈祖娘娘生辰要搞大型祭祀活动，于是到24境发动众人，调集人员来帮忙烧香、出碗。出碗就是将煮好的祭品放在碗中，端到庙中祭祀神灵。每家每户都出一碗祭品，甚为丰盛。其他境的人们来了后，一看妈祖宫中打着"朝天境"的旗帜，都说这是朝天境自己境内的事，跟别境没关系，都不来。后来，黄荣科将"境"字改为"宫"字，以示妈祖宫是安海镇的，并不局限于朝天境。

三、采莲实录

每年的农历五月初一，妈祖宫工作人员将龙王头抬出来，用水洗一洗，因为存放一年了，难免有些灰尘。之后，扛到龙王车上，摆放在宫前，供善男信女烧香祭拜。端午节临近，众人会自发带上果盒金箔等，前来祭祀龙王。据黄荣科解释，龙王平时生活在水底，端午节是龙王生日，时间到了龙王自己会前来。负责人也会燃香祭告龙王，请他初五跟队出去采莲。采莲活动结束，众人

第六章 "嗦啰嗹"的当代传承

图6-2-12：装扮一新的妈祖宫龙王

将龙王头收回仓库。笔者曾经询问，为什么不将龙王供起来，这样对龙王会不会有不敬之感。然而大家都认为龙王不会一直待在那里，采莲一结束，龙王就走了，云游四海去了，收到仓库里的只是躯壳而已。只有等到来年的端午，龙王即将到来时，才需要将龙王头抬出。

（一）分队采莲

2011年6月6日，农历五月初五端午节凌晨5点，妈祖宫已是人声鼎沸。各路人马都已到齐，而且基本上都化好妆，穿好服装，拿好道具，只待出发。5点23分，4个旗手手持采莲旗先将妈祖宫拂扫一遍。妈祖宫旁边的一户人家早早就将店门打开，摆好祭桌。5点26分，采过妈祖宫后，工作人员将龙王车推到那户人家的祭桌前，供他们烧香祭拜。5点28分，三个队伍整队完毕，陆续出发。

5点31分，最后一个队伍将龙王抬上货车，驱车离开，妈祖宫一下安静下来。10分钟后，最后一队人马到达头莲柯子江家附近。车停在路边，众人纷纷下车。黄双路在前面带路，持"泉郡八都安平朝天宫天上圣母"前导旗的旗手走在队伍的前列，之后依次是推龙王车2人、旗手4人、铺兵1人、家婆1人、花姑4人、锣鼓2队共4人、舞狮队舞狮者5人和敲锣鼓者3人共8人、管

图6-2-13：龙王上车

钱箱者1人、随队摄影1人，全队26人。铺兵开始敲打铜锣，舞狮队锣鼓也毫不示弱。队伍拐入一条小巷，3分钟后到达柯子江家。黄双路将龙王车推到主人家入户门前，旗手将前导旗插在龙王车旁，众人站在两侧等候。主人忙碌起来，搬出祭桌，摆上祭品。5点48分，布置妥当，主人点燃清香，开始祭拜。同时，一个旗手

图6-2-14：舞狮队专车

图6-2-15：列队行进

第六章 "嗦啰嗹"的当代传承

图6-2-16：旗手表演 　　图6-2-17：狂欢

图6-2-18：奉祀龙王 　　图6-2-19：舞狮

在龙王车前舞了起来，颠来倒去，进几步退几步，绕着圆圈走了一阵，终于铆足了劲，冲入屋内。旗手一离开，舞狮队人员立马站上前去，开始表演。这场表演前后持续2分钟。此时，家婆和黄双路一起帮助主人折金箔纸。旗手从屋内出来后，在院子里又开

始表演起来。5点54分，金箔纸折好，主人叩谢龙王。5点56分，主人大放鞭炮，门口已聚集了一些围观者。队伍敲锣打鼓离开大院，还有些行人跟着队伍一起走。

接下来是头莲家的工厂。从头莲家出来，大家回到车上，驱车前往，5分钟后到达。工作人员将龙王车推到大铁门外，并不进入。主人上来摆好祭桌，点上香，并燃放鞭炮。6点05分，采莲开始，旗手从铁门外一路冲进院子、工厂。4分钟后旗手出来，继续拂扫小路对面的仓库。旗手任务结束，舞狮队开始表演，历时2分钟。之后，主人开始焚金箔，采莲结束。

随后又采了两家工厂，此时，黄双路接到一个电话。他告诉笔者，是另一支采莲队负责人打来的，他们即将去"恒安公司"采莲。恒安公司是全国性的知名企业，以生产生活用纸如卫生纸、卫生巾、纸尿裤等起家，由于笔者之前提出过想看恒安公司采莲情况，因此，他们将开车过来接我。在一个路口，黄双路吩咐司机停车，笔者在那下车，等待另一队人马的接应。很快，另一队负责人春生开着福特车过来了。

图6-2-20：等待入户

第六章 "嗦啰嗹"的当代传承

图6-2-21：头莲——恒安集团公司

图6-2-22：企业与民俗

我们到达恒安公司时，是6点52分，众人还在大铁门外等待。队伍构成及排列如下：持"宫府妈祖母"前导旗者1人、铺兵1人、旗手4人、锣鼓2队共4人、家婆1人（女性扮演）、花婆4人、推龙王车2人、舞狮队舞狮者7人和敲锣鼓者2人共9人、带队者4人、管钱箱者1人、随队摄影1人，全队32人。

跟恒安公司约好了7点采莲，主人还没有到，春生开始打电话联系。7点整，春生通知大家列队，准备进入。恒安公司很大，一行人敲锣打鼓进入院内，吸引了众多员工驻足观看。队伍花了2分钟，从大铁门走到办公楼。办公楼高高在上，要上15级台阶才能到达大堂。两侧有供汽车上下的坡道。办公楼外醒目的"恒安集团公司"6个金色大字为费孝通先生题写。大堂门上电子字幕滚动着"祝贺恒安国际成为香港恒生指数成分股""祝各位端午节快乐！"等字样。工作人员沿坡道将龙王车推到大堂内正对着大门处，恒安公司的前台正用电话联系祭祀者。众人准备时，旗手在大门外先舞了一阵，但是并不进入。7点07分，祭品摆放妥当，主人开始燃香。这里并未布置祭桌，只是用一辆推货物的小车，装了好几箱祭品，摆放在龙王车后。随后，主人扛出了3箱已经折好的金箔

195

安海嗦啰嗹

图6-2-23：焚烧金箔

图6-2-24：游街

纸，摆放在祭品前面，手中还在不停地折着金箔纸。7点10分，舞狮队在大堂内舞了起来，并一直舞到了屋外，下了台阶，最后来到院子里，共表演了3分钟。大堂内，主人还在不断地折金箔纸。7点17分，工作人员将金桶搬至大堂外，开始帮助焚烧金箔纸，主人手中还在不停地折。金箔纸很多，烧了好一阵子。7点25分，旗手开始采莲，先在大堂外挥舞采莲旗，摆出一姿势，然后顺势冲入大堂四处拂扫。而后乘坐电梯，上楼拂扫。由于办公楼很大，很高，足足7分钟后，旗手才从楼上采莲归来。下来后，工作人员指挥旗手重新整队，在大堂外又舞动了一阵，再次冲入大堂，进入大堂两侧的后部拂扫。最后，铺兵急敲铜锣，引导众人退出。此时屋外的金箔纸也已焚烧完毕。7点32分，笔者采访中历时最长的采莲结束，众人敲锣打鼓，整队准备离去。已下了楼梯的舞狮队又被工作人员叫了回去，在大堂内舞了一场。

之后，队伍先后为安海镇后库冲件厂、晋江市鸿顺儿童用品有限公司、捷宏·盛宴售楼处、樱花卫厨专卖店、瓦尔塔蓄电池、斯润防水等商户，以及鸿塔酒家采莲。8点55分，上午事先约好的几户人家全部采莲完毕，队伍打道回府。

图6-2-25：工厂中的采莲（左上）　图6-2-26：商户迎龙王（左下）　图6-2-27：鸿塔酒家采莲（右）

197

（二）三队会合

8点58分，妈祖宫人声鼎沸。外出采莲的3个队伍结束任务，陆续回来。

另外几个参与大街采莲的队伍已整装完毕，等候多时。9点15分，重新整合后的队伍以焕然一新的姿态列队前进："泉郡八都安平朝天宫天上圣母"前导旗；家婆和铺兵各1人；4位旗手；4位花姑；由4位手持扫帚的老大妈组成的扫街队伍；晋江市安海镇桐林大开路，包括一位牵马男士，一位骑"晋江马"的女孩，两位举5色凉伞的姑娘，4位吹长喇叭的姑娘，以及两位敲打开路锣的姑娘；锣鼓吹乐队，7人组成；4人扛的"天上圣母（朝天宫）"牌匾；锣鼓队2组，共4人；龙王推车1人；安海南少林五祖拳协会队伍，由1面前导旗，7个10岁左右的儿童及20个成人组成，清一色的男性；管钱箱者2名，其他工作人员若干名。

队伍从鸿塔小区出发，向汽车站方向走去，沿途有人招手即停下采莲，旗手入户拂扫，花婆上前分花，工作人员随后收红包，其他人员原地表演。

10点10分，在安海汽车站，妈祖宫采莲队和三公境采莲队巧遇。而且在这里聚集了一堆手持专业相机的年轻人，这些人专为"嗦啰嗹"而来，但他们显然不知各个队伍的根据地及行走路线，

图6-2-28：三队会合游街之前导旗（左）

图6-2-29：三队会合之家婆铺兵旗手（右）

第六章 "嗦啰嗹"的当代传承

图6-2-30：大妈扫街队（上左）
图6-2-31：桐林大开路（上右）
图6-2-32：天上圣母牌匾（中左）
图6-2-33：锣鼓吹乐队（中右）
图6-2-34：锣鼓队2组（下左）
图6-2-35：南少林五祖拳（下右）

199

安海嗦啰嗹

图6-2-36：抢拍（左上）
图6-2-37：五祖拳队（右上）
图6-2-38：五祖拳队当街表演（下）

只知车站是队伍必经之地。于是在烈日曝晒下，在车站附近苦苦等候。妈祖宫采莲队停止了前进的步伐，为了众多的观众，开始卖力地表演。花婆和铺兵摆出各种姿势供来人照相；旗手当街挥舞采莲旗，并半跪着当众喝了铺兵肩后的酒。见围观者多，工作人员拦住了来往车辆，开辟出一片空地，安海南少林五祖拳协会会员在空地上舞了起来，引来阵阵的喝彩。

200

之后，队伍沿着东大街一路采来，周围跟了一大群围观、摄影者。有人招呼就入户采莲，围观者多、有空地时就停下来表演一阵。由于群众热情高涨，队员们也很兴奋，更为卖力地表演。11点30分，原本受邀在"安平桥主题文化展览"活动中表演，但由于队员表演了一上午，个个疲惫不堪，因此，众人回"妈祖宫"休息。午饭后继续上街采莲，下午4点左右结束。

第三节　当兴境队与三公境队

一、当兴境"嗦啰嗹"队

（一）历史沿革

当兴境"又称源泉境、上帝宫，自杨厝坊上至新拱北境南端，即下坂坑一带"[⑪]。挡境境主是上帝公，也供奉五爷公。

与前两个队伍相比，当兴境"嗦啰嗹"队属于本境采莲队，权力范围只限于本境界内，不得越境采莲。

据当兴境扮演家婆的陈再来介绍，1958年晋江采莲活动就停止了。一直到"文化大革命"结束后，活动才陆续恢复。上帝宫于1976年开始出阵采莲，是安海最早恢复采莲的队伍之一。从那之后一直坚持采莲。其中有一年曾经停办，结果当年境内连着3个人去世，有老的有年轻的，大家都说是因为没采莲，境里不干净。所以第二年恢复，再没停过。

自1976年恢复采莲以来，有两个人在当兴境采莲队的正常运转中起着至关重要的作用。

其一是尤金满。据"安海建镇880周年著述展"介绍：

安海嗦啰嗹

图6-3-1：当兴境

图6-3-2：尤金满

　　尤金满，1924年生，安海人。中国舞蹈家协会理事，原厦门市歌舞团编导，安海音乐舞蹈家协会永远名誉会长。长期从事闽南民间舞蹈的教学、创作，以及教材和学术资料编写。先后收集、整理、创作、演出了《戏灯》《彩旦科步》《拍胸舞》《摇钱树》《摸鱼》《冬生娘》《轿歌》及大型舞剧《白鹭》等多个优秀作品，1956年对《嗦啰嗹》进行改造并搬上舞台，作品被选送北京参加全国民间舞蹈汇演，使晋江安海成为泉州唯一保存"嗦啰嗹"舞"采莲"习俗的乡镇。1990年又将舞蹈"拍胸舞""抬四轿"改编组合成《轿歌舞》，作为北京舞蹈学院厦门班的民间舞蹈教材。该舞蹈2006年参加了第八届全国"桃李杯"舞蹈比赛，获文化艺术院校奖；2007年参加了文化部、教育部、团中央联合举办的首届全国艺术教育成果展演，获艺术教育成果奖。

　　尤金满自小学习各种民间舞蹈，在拍胸舞、彩球舞、打城戏、车鼓阵等方面颇有影响。曾在厦门艺术学校、厦门高甲剧团任教，在安海先后成立了尤金满艺术培训班、尤金满艺术文化中心等，在当兴境成立了一个车鼓弄阵和一个子弟班，演打城戏。他改编《嗦啰嗹舞》进京会演的事迹至今仍为人传颂。[12]

尤金满还是端午"嗦啰嗹"民俗活动的身体力行者。他居住于当兴境，对当兴境采莲队有着重要影响。20世纪50年代初期境里还有采莲活动，就由尤金满负责。反右运动至"文化大革命"的十几年间，由于社会变迁，尤金满成立的子弟班解散，采莲活动也中断。"文化大革命"之后，尤金满大力倡导并言传身教，置办道具，组织人员加以训练，他自己或扮演铺兵，或扮演家婆、旗手，领着当兴境采莲队沿街采莲，将采莲队推入良性运转的轨道。如今当兴境采莲队仍活跃在端午节境里的街头上，成为安海还维持活动的少数几个采莲队之一，跟他的身体力行是分不开的。

其二是陈再来，当兴境居民，如今已80来岁。自11岁起就跟着尤金满学习舞蹈。1956年尤金满编排《嗦啰嗹舞》时，他是扮演艄公的演员之一。作为演出队成员，他跟着尤金满等人在晋江青阳、泉州市区等地长时间排练，最后赴福州演出，得到众人称赞。然而，由于要节省开支，最终赴京演出人员只留下尤金满等4人，再请来其他节目的演出人员加入《嗦啰嗹舞》重新排练。陈再来于是失去了进京会演的机会。由于自小喜欢音乐，而且勤奋好学，再加上家住在西隅小学附近，小学校长很欣赏他，正好学校缺音乐老师，于是请他给学校学生上音乐课。在小学教了一段时间的音乐课后，文工团招学员，再来前去赴考。结果专业过了，文化课没过。从此心灰意冷，改行做生意去了。刚开始时去乡下卖点东西，夏天卖冰棍、冬天卖糖葫芦。当时大家都很穷，境里人都没钱，自己做点小生意还算有点收入。如今年纪大了，就在本地卖点菜。1976年境里恢复采莲时，再来刚开始帮着记账。之后不久，尤金满赴厦门任教，于是把采莲事宜交给再来负责，还教他各项事情应该怎么处理。从此，再来把这摊活接了下来，一接就是几十年。当时，尤金满还排了个车鼓弄队，他离开安海时也由再来接手。车鼓弄也是传统的民间舞蹈，道具有钟、锣、钹、木鱼、小盏、四宝、酒盏、筷子和盘等，互相敲击发声，队伍4个人、8个人都行。1949年后就很少见，这个车鼓弄队由来自不同境的人组成，是尤金满一手创办起来的。镇里人家有喜事时，经常雇车鼓弄队去演出。队伍成员都是十八九岁的孩子。后来由于人事问题，内部有意见，再来担心出事，担不起这个责任，就把车鼓弄队解散了。

由于再来在文艺方面的特长，安海镇里有踩街活动时经常邀请他参加。刚开始时帮忙记账，后来负责主持队伍。2000年，联合国教科文组织派人到泉州考察，安海镇组织了一支采莲队伍到泉州表演，参加踩街活动。颜昌瑞让再来扮演家婆，说他扮演一定很好。那是他第一次扮演家婆。之后各省专家来考察、孔庙落成典礼时他都参与表演，也是扮演家婆。至于当兴境采莲队的家婆，原来一直是一位叫马水源的人扮演。2003年，马水源身体不好，众人让再来顶替，从此，采莲队伍中年年都有他的身影。他有个小孙女，从能跑能跳时就加入采莲队伍，跟自己搭档。

当兴境"嗦啰嗹"队只有一队人马，队伍构成为1个家婆、1个铺兵、4个旗手、4个举龙王牌的小孩、4个分花人、4个记账人、2个抬大鼓者，以及什音、五音等乐队。多数都是本境人，只有乐队是雇来的。雇用五音是因为五音用来开路，比较热闹。境里从不雇舞狮队、公背婆队等。因为原来的采莲队是没有这些东西的，当兴境坚持原汁原味。以前队伍成员都是本境人，后来人都老了，散了，天气也热，年轻人受不了苦，人员不够时开始雇人。

陈再来除扮演家婆外，还负

图6-3-3：陈再来和他的孙女

责买玉兰花、联系什音队、头莲等，境里具体负责人是退休老人林英烈，再来总去跟他商量采莲细节，并由他负责联系人员、记账，保管采莲所得资金；在挡境附近的土地庙旁居住并开小卖部的曾丽花帮忙打下手，如洗龙王头、准备和收拾道具、服装等。

旗手每年都有变动，但都是有过采莲经验的。其他人根据现时情况而定。主要有如下几人：陈福平，扛龙王旗；陈承德，抬龙王；柯朝希、蔡其童帮忙记账；杨显长，旗手，文化馆有活动经常邀他参加；阿小（陈再来的儿子），旗手。

采莲活动前并不用集中训练，因为参与者都知道基本路数。采莲队端午中午12点开始活动，先采本境挡境和附近的土地庙，然后便整队出发采头莲。之后，沿路采来。端午前后大部分境内的人都会带果盒来烧香，祈求龙王保佑，采莲活动结束后也搭台演戏。

采莲红包随意，没有一定的标准，不强求。头莲、二莲500元、800元、1000元都可以。境里民风朴实，给的红包少则10元、20元，多则50元、100元。活动结束，收来的钱扣除买酒、饮料、花，发放的劳务费等，剩下的上缴境里做日常开支。以前采莲都属于义务劳动，后来参加的人越来越少，只好用经济刺激，标准不固定，视实际情况调整。旗手、家婆、铺兵等主要角色由原来的每人70元，逐渐涨到80元、100元、150元，到2011年的200元。如今就是举龙王牌的孩子也每人80元。2011年采莲总收入为6656元，扣除队伍各人员的劳务费、买花、买酒的费用等，还剩1500元，全部上缴境里。这些钱虽不多，但用于支付挡境小庙一年的电费绰绰有余。采莲时收的红包都当场打开当场记账，结束后写在一张红纸上公布，包括人名、金额等，这样账目很清楚。据说曾有一年账目没公布，遭到众人指责，所以后来就都张榜公布。

（二）采莲实录

2011年农历五月初四（6月5日）下午3点，在土地宫庙里，曾丽花等人将龙王抬出来，搁在两条长板凳上。丽花打了一盆水，为龙王拭去灰尘。之后，她取出一条红绸带，缠在龙王的两个角上，并扎成了蝴蝶结。接着，取出清兵笠、夜壶排列在祭桌上，将龙王牌、采莲旗立在庙两侧的墙上，盛玉兰花的红塑料篮放在庙前的石条凳上。道具都取出摆放整齐后，又要逐一擦拭，察看有无损坏需要修补或添置的。

端午上午，工作人员将龙王抬至头莲家中，供主人烧香祭拜。同时带去的还有播放《嗦啰嗹》曲的放录机。头莲是土地庙附近的一户人家，在上海做生意。主人将龙王供在祭桌上，燃香祭拜，放录机不断循环地播放着《嗦啰嗹》曲，而且音量放得很大，左邻右舍都能听得清清楚楚。于是不管邻居还是过路人都知道，该户人家今年采头莲。

下午1点，参与采莲的人陆续聚到土地庙里。当天气温很高，烈日暴晒，1点正是太阳当中的时间，土地庙周围又没有

图6-3-4：供奉龙王的土地庙

图6-3-5：曾丽花为龙王扎花

图6-3-6：龙王牌

第六章 "嗦啰嗹"的当代传承

图6-3-7：游街（左上） 图6-3-8：举龙王牌的小孩（右上） 图6-3-9：乐队（中）
图6-3-10：锣鼓队（左下） 图6-3-11：龙王（右下）

安海嗦啰嗹

图6-3-12：家婆铺兵表演之一　　　　　　　　图6-3-13：家婆铺兵表演之二

遮阴处，于是一干人等都挤在小庙里。负责人清点了一下人数，发现还有人没到，赶紧打电话催。人到齐后，开始换服装、化妆。当兴境采莲队队伍构成比较简单，服装方面也简单，除了家婆、铺兵、旗手需要换装打扮外，其他人员全部着便装。因此队伍很快准备完毕，整队出发。

图6-3-14：扫门楣

到了头莲家中，锣鼓队和什音队围绕在院子两旁演奏，家婆、旗手、铺兵和着节奏在院子中央表演。什音队在整个采莲过程中，不演奏别的乐曲，始终和着放录机中的《嗦啰嗹》曲演奏，并在此基础上做加花变奏。《嗦啰嗹》曲因此更为壮大，更为丰富，采莲的主旨也更为凸显。

二莲是住在子江中学附近的一户人家，离挡境稍远。二莲之后，队伍往回挡境的方向缓慢行走，边走边采。只要有人招呼，

第六章 "嗦啰嗹"的当代传承

图6-3-15：小巷狂欢

图6-3-16：狂欢

　　旗手就入户采莲，提花篮的人员跟上，接受户主的红包，并回赠玉兰花。其他人员找个阴凉的地方休息等待。乐队不间断地和着放录机演奏《嗦啰嗹》曲，家婆和铺兵二人搭档表演：家婆挥动手中的蒲扇和丝巾，进两步退两步，轻快地走着碎步，铺兵则颠着醉步环绕其周围。一片区域采完后，众人重新整队，敲着锣打着鼓，继续前行。走到下一个住户密集的地方，铺兵绕着周围民居紧敲铜锣，提醒大家队伍到来。众人再一次稍作停留，乐队演奏，家婆铺兵表演，旗手分头入户采莲。随行的除了提花篮者外，还有几个老人，他们都充当联络者的角色，沿途可能会有好几户人家同时招呼旗手，但是旗手忙不过来时，他们会记住是哪户人家需要采莲，并指引旗手进入。附近人家都采完后，旗手会回到大队伍中，看到人员到齐，队伍又大吹大擂地往前走。

由于境不大，整个采莲过程大概2—3小时就可完成。

二、三公境"嗦啰嗹"队

三公境，"今打铁巷茂源埕上至霁云殿南端"[13]。三公境之名源自境内奉祀的明代抗倭殉难之三兄弟："嘉靖戊午岁，倭寇焚掠安平，有兄弟三人（姓字不详），种菜为业，气力雄壮，义愤杀贼，俱被害焉。后英魂常出显，乡人知之，乃筑高楼于原土堡之燕门楼前崇祀之。其楼即在海仔墘伍家祠前。顺治丙申迁毁。康熙丁卯移建打铁巷顶，名曰三公境。"[14]

2011年6月6日，农历五月初五端午节，上午7点，晋江东石

图6-3-17：三公境

第六章 "嗦啰嗹"的当代传承

图6-3-18：大八音乐队

图6-3-19：抬龙王

井林村大八音队已在三公境挡境旁的小巷中热热闹闹地吹奏。队伍共10人，其中2人推装有两个小鼓的车，1人敲鼓，2个小钹，2个锣，3支唢呐。7点30分，他们边演奏边行进，来到挡境庙旁。

7点40分，4位工作人员将龙王从祭桌上抬出，队伍出发。走在最前面的是三公境采莲旗，之后是3位旗手、大八音乐队、1位旗手、1位铺兵、彩球舞队、公背婆队、4位花婆以及4人抬的龙王。

头莲是离挡境约50米远的东海大酒家。1分钟的时间队伍就到达东海酒家停车场。工作人员将龙王放置在

211

安海嗦啰嗹

图6-3-20：公背婆表演　　　　　　　　图6-3-21：舞球表演

酒家大门口一张红布包裹的小桌上。在停车场的空地上，公背婆队伍表演了起来。彩球舞队伍组成如下：1人吹唢呐、1人敲小钹、1人敲双锣、1女拿麦克风演唱一些《灯红歌》之类的民间小调及《三千两金》等南曲、1个舞球老汉手持一杆彩球、4个跳舞的村姑，共9人，以及1辆放置扩音器的小推车。唢呐、锣鼓等为演唱者伴奏，舞球老汉随着节奏舞动手中的彩球，村姑轮流上前表演，做出踢球状，公背婆也环绕周围扭来扭去。热闹的气氛吸引来一群围观者。

8点整，工作人员将另一尊龙王头抬出，铺兵带着大八音乐队走在前面，敲锣打鼓来到二莲东海大酒店旁的南山珠宝店。祭桌已准备好，工作人员将龙王放置祭桌上，店主人很虔诚地烧香跪拜。

8点03分，东海大酒店院子里，祭桌已准备妥当。主人烧香跪拜，之后大放鞭炮，并开始焚烧金箔。8点05分，采莲开始，4位旗手冲入大堂，口呼"龙王来啦，生意兴旺，发大财啦"，然后径

第六章 "嗦啰嗹"的当代传承

图6-3-22：龙王

图6-3-23：铺兵带队

图6-3-24：焚香祭拜

直冲向楼梯，上楼拂扫。院子里，工作人员还在帮忙折金箔纸，并放入金桶焚烧。8点08分，采莲结束，旗手、铺兵们回到院子里，和着锣鼓的节奏表演起来。彩球舞队的录音机还在不停地播放着歌曲。主人燃香叩谢龙王。8点10分，一辆载龙王的小卡车开入院中，该车前、左、右三面插着锦旗，布满鲜花。人们将龙王抬至车上，来到南山珠宝店。

在珠宝店门口，队伍表演了一阵，引来众多围观者。8点13分，旗手进入南山珠宝店采莲，口呼"生意兴旺大发财啊""钱银哗哗来呀"等吉祥祝语。8点15分，采莲结束。之后，队伍沿着海八路大街边敲锣打鼓边行进。只要有人招呼，或者大放鞭炮，旗手就口呼"龙王到啦，让您全家大发财""龙王入厝，让您添丁又进财"等语句冲入屋内拂扫，花婆随后上前收红

213

图6-3-25：龙王车　　　　　　　　　图6-3-26：游街

包，其他人员继续缓慢前行。大八音、彩球舞队各吹各的，各敲各的，再加上录音机播放的"采莲曲"，热闹非凡。行进途中，有人招呼旗手上楼，旗手表示为难："没办法，十几层的楼，实在没办法。"除了头莲、二莲外，旗手基本只在一楼拂扫。扫完大街，队伍拐入后库小巷中。在这里，人们见采莲队伍到来，纷纷准备好鞭炮，一见旗手从邻居家出来，赶紧大放鞭炮，招呼旗手入屋，鞭炮声此起彼伏。

从后库出来，队伍沿着鸿江路往汽车站方向前行。汽车站附

图6-3-27：积蓄醉意　　　　　　　　图6-3-28：旗手表演

第六章 "嗦啰嗹"的当代传承

图6-3-29：入户采莲（上左）
图6-3-30：花姑（上右）
图6-3-31：演戏酬神（下）

近聚集了一大批已经等候多时的摄影爱好者,一看队伍到来,纷纷上前抢镜头。在此,他们还遭遇了"妈祖宫嗦啰嗹"队。因为妈祖宫队的龙王更大,因此妈祖宫队在街头表演时,三公境队绕到车站后头的居民区采莲去了。从居民区出来,沿着东大街往回走,不曾想妈祖宫队也走的是同一路线,而且走在他们前面。因此这一路下来,招呼他们采莲的人家就明显少多了。许多人都愿意接受不同队伍的二次采莲,例如,上午一个采莲队来过,下午再来一个,基本不会影响主人的采莲心情。但是两个队伍离得太近,前一个刚走,后一个接踵而至,过于频繁,有人就懈怠了,有些人甚至会误以为是同一支队伍。

11点多,采莲结束,收队回境。晚上,三公境演戏酬神。

第四节 社会支持

"嗦啰嗹"虽然每年只活动一次,但是队伍的运转同样需要资金:服装、道具需要添置或更换;铺兵需要喝酒才能进入状态;入户采莲需要大量玉兰花;队伍成员劳累了一天需要发点礼品或辛苦费……这些资金就来自采莲人家回赠的红包。关于红包,也是有些讲究的。采莲队伍入户拂扫,总是要一家一家来,因而就有了先后之分。按老人们的说法,第一家接受采莲的人家会得到更多的福气,称为"头莲",之后就是"二莲""三莲"。因此头三莲都是事先就联系好的,他们回赠的红包也最多,如今多在千元以上。三莲之后,便沿路采来,随叫随到,红包也随意,10元、20元、百元均可。

人们相信采"头莲"的人家能得到更多的龙王保佑,因此采头三莲者都是事业有成的经商者。这些成功的商人无一不乐善好施,

第六章 "嗦啰嗹"的当代传承

图6-4-1：恒安集团公司（左）　　图6-4-2：工厂采莲1（右上）　　图6-4-3：工厂采莲2（右下）

热心公益事业。笔者曾在另一文章中提及，当地拒绝商业化的南音社团，也正是因为有热心企业家的资助，才能维持运转。[15]经商者采头三莲，首先是对"嗦啰嗹"的支持；其次是给自己带来好兆头，至少也是一些好的心理暗示；最后，还能获得好名声。安海小镇很小，哪个人都是熟面孔。人们也往往很好奇今年是谁采了头莲。"嗦啰嗹"活动结束后，头莲便成了人们热议的话题。

有意采头莲者往往早早地就与采莲队伍联系，确定采莲事宜，以免被他人抢先，毕竟名额有限。一般来说各个"嗦啰嗹"队伍都会拥有一些特别支持自己的商户，每年的头几莲也往往不会有太大变化。例如，霁云殿"嗦啰嗹"队伍每年固定的头莲人家是开汽车配件厂的颜其威家。颜其威的夫人王淑贤是负责人黄素珠的表妹，有了这层关系，他们对活动更为支持。自黄素珠接手队伍起，

217

图6-4-4：商户采莲

就一直是他家采头莲；妈祖宫"嗦啰嗹"队伍每年固定的头莲人家有恒安集团公司、企业家柯子江家及工厂等；再如三公境"嗦啰嗹"队伍的头莲人家是附近的东海大酒家和南山珠宝店……

除了这些大商户外，小商小贩和普通人家也是"嗦啰嗹"的重要社会支持。

安海街头大量小商小贩的力量不容小觑，积少成多，数量也相当可观。"嗦啰嗹"队伍采过头三莲后，沿路采来，行走路线首先是繁华的大街，街两旁密密麻麻地布满各式店铺。一条街采下来，就是上百户。而且这些店铺对"嗦啰嗹"来者不拒，多多益善。由于霁云殿"嗦啰嗹"队和妈祖宫"嗦啰嗹"队都可以通街采莲，再加上自己本境"嗦啰嗹"队，有的街道一天内会迎来三支队伍。小商小贩们认为，多采多福气，每支队伍给个几十元钱，还是能承受的，更何况还能得到龙王的保佑。

普通人家也对"嗦啰嗹"情有独钟。原来好几个境都有自己的"嗦啰嗹"队伍，每个境范围都不大，时间很充裕，可以一家家入

图6-4-5：采莲人家

户采莲。如今还在坚持采莲的只有4境，因而多数境只能等待能通街采莲的霁云殿"嗦啰嗹"队和妈祖宫"嗦啰嗹"队。但是由于精力有限，这两个队伍往往只能选择商铺密集的街道，效率高，顺带着采附近的人家。如今的高层住宅虽然人口密集，但是其建筑形式不适合采莲。只有那些独门独户的人家有条件接受采莲，但因居住得相对分散，"嗦啰嗹"队伍经常不从其门前经过。于是许多人就会携老带幼到大街上，等待队伍的到来，图个热闹。离家近的还会招呼队伍拐入自家采莲。

此外，很多民间团体都身体力行地支持"嗦啰嗹"活动。例如霁云殿"嗦啰嗹"活动时，"厦门爱乐协会"会员自发前来帮忙，个个大展身手，又奏又唱，把活动搞得更加热闹；妈祖宫"嗦啰嗹"活动时，"安海南少林五祖拳协会"会员参与了踩街活动，并卖力表演……

另有一个民间团体，"安平桥（五里桥）历史文化研究会"，会员都是对历史文化有深厚感情的当地人，如高俊仁、颜呈礼、吴再造、黄良森、龚海乐、许显荣、李再溪等人，他们不遗余力地倡导传统文化，支持各项民俗。他们创编具有浓郁地方特色的刊物《五里桥》，并自己出钱出力，开展活动，为传统文化和民俗创造更为集中、有力的展示平台。例如，他们以安平桥为据点，组织各民间团体在中秋节举行"博饼""烧塔仔"活动，在端午节举行包粽子、"嗦啰嗹"活动等。这些活动参与人数众多，许多民众闻讯前来观看，经常把安平桥及周边挤得水泄不通，足见影响之大。

笔者有幸参与了2011年"安平桥（五里桥）历史文化研究会"举办的端午系列活动。2011年端午节，以泉州市文物保护管理所为主办单位，安平桥（五里桥）历史文化研究会为承办单位，组织了"安平桥（五里桥）端午节暨全国第六个文化遗产日诗书画摄影大型展览"活动。活动以保护文化遗产为中心，列出了6条宣传口号：1. 文化遗产无价，保护行动在我；2. 保护文化遗产，传承中华文明；3. 珍重文化遗产，共筑美好家园；4. 手牵手保护文化遗产，心连心构建和谐社会；5. 相约文化遗产日，品读天下第一桥；6. 品天下第一长桥，爱历史文化遗产。

除了在6月6—11日举办"安平桥主题书画、摄影、诗词楹联展览"外，端午节当日还举办了一系列活动，主办方特意邀请了两个"嗦啰嗹"队伍参与。当日活动具体安排如下：

8：00—12：00包粽子展示活动

9：00—12：00水头新友民乐队、桐林舞蹈队表演

10：00来宾报到

11：00集体合影

11：30国家级非物质文化遗产"嗦啰嗹"安海妈祖宫"采莲"队表演

12：00展览活动开幕仪式

12：30午餐

14：30国家级非物质文化遗产"嗦啰嗹"安海圣殿"采莲"示范队表演

第六章 "嗦啰嗹"的当代传承

图6-4-6：人群络绎不绝　　　　　　图6-4-7：等待

　　端午节的安平桥充满了勃勃生机。展览活动在安平桥中段的"中亭"举行。除了参与活动的人以外，还有大量的民众涌向这里。有徒步前来的，有骑摩托车前来的。安平桥上行人如织，安平桥两侧道路上则停满了摩托车。除了有"嗦啰嗹"表演外，在桥旁的冬泳训练基地还有"掠鸭"活动。众人不惧烈日，只为一睹这两项名声在外的活动。

　　11：30，妈祖宫"采莲"队由于队员体力不支，并未前来。13：00刚过，妈祖宫"采莲"队经过中午的休息，重新恢复了活力，与圣殿"采莲"示范队结合成一个100多人的大队伍，浩浩荡荡从白塔沿着安平桥一路走向中亭。队伍行进缓慢，因为围观者很多，每走一段路，队伍就停下表演一番。好不容易走到中亭，已是13：50。这里人群密密麻麻，除了参加摄影展览的人员以及普通游客外，还有许多摄影爱好者、媒体，手持专业摄录设备，专程在此等候。听说采莲队伍要来，众人围在五里桥两侧，许多工作人员在现场维持秩序，让出道路供队伍通行。

　　走在队伍最前头的是一位10岁的小铺兵。这位小铺兵由于第一次参与采莲活动，看起来有点紧张，动作有点拘谨。黄素珠不

安海嗦啰嗹

图6-4-8：夹道欢迎　　　　　　　图6-4-9：入庙采莲

停地鼓励他，喊着一、二、三、四，让他调整步伐。他无疑是当年采莲活动的一个亮点，其天真质朴的表演吸引了许多镜头。黄素珠和颜为民举着写有"国家非物质文化遗产保护名录项目'嗦啰嗹'安海霁云殿采莲示范队"的红色牌匾紧跟其后。随后是家婆、铺兵、前导旗、旗手、五彩旗手，以及锣鼓吹队。众人走到中亭庙门口，锣鼓吹乐队大吹大擂，铺兵和旗手颠着醉步，由于地方狭小，但人员众多，因此旗手分批进入庙里采莲。第一批3位旗手舞够了，在铺兵的带领下，冲入庙内拂扫，马上有后一批旗手

图6-4-10：欢腾的场面　　　　　图6-4-11：冲啊

第六章 "嗦啰嗹"的当代传承

图6-4-12：颠醉步

顶上，在庙前舞动。等第一批旗手出来，第二批冲入庙内，又有第三批、第四批顶上，连10岁的小旗手也入庙拂扫。家婆则做出手势，指挥旗手冲入庙内。

然而，旗手们仍然意犹未尽，观众的热情感染了他们。从庙里出来后，许多旗手再次聚集在庙前，准备二次进庙。一位老年旗手引导着10岁的小旗手在庙前表演了一番，铺兵紧敲铜锣，随同他们再次冲入庙内，其他旗手也跟着进入。采莲队伍卖力表演，锣鼓喧天，掀起了一阵真正的高潮，总共花了将近4分钟时间。

之后，队伍撤出，下台阶，来到大院子里，家婆边走边对众人大声喊着"发啊，发啊"。工作人员将两辆龙王车推到庙门前，供庙里的信众烧香祭拜。五彩旗手和花姑站在台阶两侧，沿着台阶向下一字排开，如同两堵围墙，为采莲队伍营造了一个外人不得进入的活动空间。锣鼓吹乐队站在台阶后面阴凉处表演。院子里，维持秩序的警务人员指挥众人往两边站立，腾出了足够大的空间。但是由于众人争先恐后凑到前面观看，空间不断地缩小，他们不得不一再提醒大家不要前进，以免妨碍采莲队伍的表演。趁着大家休息整队时，旗手小龙抓紧时间教10岁的小旗手练习步伐，家婆也在一旁挥动蒲扇示意行进方向：先屈双膝，往前颠两步，再往后退两步；往前颠2步，往后退4步；往前颠4步，往后退2步；往前颠4步，往后退4步。几分钟后，铺兵、家婆、旗手在空埕上又表演起来了。这次由于地方大，活动得开，所有人一起表演，热闹欢腾的气氛更是几近白热化。十几位旗手前颠几步，后退几步，如此往复几回，最后做金鸡独立、蓄势待发状，单腿往后跳了几步，稍一停顿，就势一窝蜂地冲上楼梯，进入庙中拂扫。家婆和铺兵也随着大队人马一起摇摇摆摆地颠入庙里。

很快，大队人马又回到了空埕上，开始再一次装疯卖傻似的逗乐表演，又一次掀起狂欢高潮。铺兵逮着人就让喝夜壶里的酒。其中一位旗手挥舞着大旗与铺兵对舞了一阵，从铺兵的扁担下钻过，就势半跪着，头朝天张开大嘴，铺兵抬高扁担一头的夜壶，对着旗手的大嘴灌酒。这一招牌

图6-4-13：威风凛凛的龙王

动作又引来了众多摄影爱好者和媒体追拍。一旗手将手搭在家婆肩上，两人扭着屁股绕圈，之后家婆忽然一转身，用手中蒲扇打向旗手的头，旗手做头晕状，家婆乘势走开。如此表演了几分钟，队伍散去，由于天气炎热，众人各找阴凉地休息去了。等工作人员烧过金箔，队伍整队离开。

"霁云殿嗦啰嗹"队从到来至离开，总共花了19分钟时间。这对采莲来说，已经是持续很长时间了。然而众多观众仍然意犹未

图6-4-14：狂欢

第六章 "嗦啰嗹"的当代传承

图6-4-15：招牌动作

图6-4-16：踉跄

图6-4-17：打道回府

图6-4-18：摆开阵势

尽，尾随队伍走了一段，目送队伍远去，然后才渐渐散去。

总而言之，"嗦啰嗹"之所以能一年一年地传承下去，社会大众的支持是一个非常重要的因素。试想这种挨家挨户沿门逐疫的形式，假如社会大众不接受、不支持，因而也不欢迎队伍入户，那么"嗦啰嗹"便无从进行。

225

[注释]

① 粘良图:《晋江海港琐记》,载黄延艺主编《晋江文化丛书·第五辑》,厦门大学出版社2010年版,第278页。

② 安海乡土史料编辑委员会校注:《安平志》(校注本),中国文联出版社2000年版,第288页。

③ "福建省情资料库——地方志之窗"(http://www.fjsq.gov.cn/showtext.asp?ToBook=3215&index=2027)。

④ 许书合:《安海霁云殿与〈嗦啰连〉》(http://xushuhe2008.blog.163.com/blog/static/1583239212010388452178/)。

⑤ 安海传统习俗,但凡有喜事都要搓红丸,分发给亲朋、邻居,并作为喜事当天的早餐,寓意团圆、美满。

⑥ "番仔",闽南人对外国人的称呼,尤指南洋——东南亚地区。闽南与东南亚各国人们频繁来往,互通婚姻。许多闽南人侨居东南亚,也有许多东南亚人住居闽南。"番"字在闽南用途广泛,由于"番仔"不太熟悉闽南风土人情、生活起居,因此"番"常被用来形容不懂世事的人,如"你怎么这么'番'啊""真'番'啊"。

⑦ 安海乡土史料编辑委员会校注:《安平志》(校注本),中国文联出版社2000年版,第289页。

⑧ 黄亦工:《朝天宫重建碑记》,载许谋清、刘志峰主编《千年安平》,中国文联出版社2007年版,第290页。

⑨ 黄亦工:《朝天宫重建碑记》,载许谋清、刘志峰主编《千年安平》,中国文联出版社2007年版,第290页。

⑩ 安海乡土史料编辑委员会校注:《安平志》(校注本),中国文联出版社2000年版,第57页。

⑪ 安海乡土史料编辑委员会校注:《安平志》(校注本),中国文联出版社2000年版,第57页。

⑫ 关于尤金满将"嗦啰连"搬上舞台的事迹,将在第九章"'嗦啰连'的舞台化"中详细介绍。

⑬ 安海乡土史料编辑委员会校注:《安平志》(校注本),中国文联出版社2000年版,第57页。

⑭ 安海乡土史料编辑委员会校注:《安平志》(校注本)"人物传""义烈""三兄弟",中国文联出版社2000年版,第230页。

⑮ 陈燕婷:《南音北祭——泉州弦管郎君祭的调查与研究》,文化艺术出版社2008年版,第84—86页。

第七章
「嗦啰嗹」项目省级代表性传承人——颜昌瑞

说起"嗦啰嗹",就不能不提到安海的老文化站长颜昌瑞,他是唯一的一位省级"嗦啰嗹"项目代表性传承人。自小喜爱传统民俗、民间文艺的颜昌瑞在安海小镇当了四十几年的文化站长。在他的努力下,安海群众文化开展得有声有色,而他也因此屡获嘉奖。

图7-1-1:颜昌瑞

第一节　丰富多彩的人生经历

1935年,颜昌瑞出生于福建省晋江县安海镇型厝村。1951年11月,年仅16岁的颜昌瑞参加了工作,在石狮总工会当干部。1953年6月,调到晋江县总工会宣传部任宣传干事。1955年5月,调至安海总工会任安海镇职工俱乐部专职主任。1958年7月,任安海公社文教科副科长兼安海文化站站长。1962年起,卸任文教科副科长,专心文化站工作直至退休。

颜昌瑞认为,安海之所以有这么多民俗文艺,主要得益于安海著名的龙山寺。①龙山寺香火旺盛，信徒遍及各个地方，包括中国香港、中国台湾甚至东南亚各国。每年佛祖圣诞时，都有很多来自海内外各地的人组团到龙山寺进香。进香的团队为了显示对佛祖的敬意，往往会带上他们喜欢的文艺队伍，为佛祖表演节目。安海人很聪明，看到什么好东西，就能学下来，把别人的东西变成自己的东西。龙山寺佛祖每隔12年要去一次南海"割香"，割香的前3天和后3天都热闹非凡。前3天要抬着佛祖到安海24个境巡视一遍。每个境都会做好准备迎接佛祖，在巡视当天请来文艺阵头，热热闹闹迎接佛祖。安海人才济济，每个境的节目都丰富多彩，有很多本地的东西，也有些是学习的外来节目，对这些外来节目的学习，有变化也有发展。

  颜昌瑞跟龙山寺有着特别的缘分，因而从小在民俗活动中泡大，与民俗文艺结下了不解之缘。其一，龙山寺位于安海型厝村内，村民跟龙山寺里的人关系都很好。而颜昌瑞是型厝人，且家就住在龙山寺附近，离龙山寺不足100米。龙山寺的锣鼓声一响，他就能听见，知道有"闹热"可看，跑几步就过去了，近水楼台先得月。其二，7—10岁的4年间，他就读的小学就办在龙山寺里头，称为龙山小学。可惜后来龙山小学停办了。其三，颜昌瑞家共有兄弟姐妹7个，人多房间少，夏天大家挤在一起睡觉太热，于是他跟哥哥兄弟二人，每年6—8月最热的那3个月就到龙山寺睡觉。龙山寺的地板都是大块石头铺成的，特别冰凉。他跟哥哥带上一件破草席，在龙山寺殿外或者五骸架下一铺，就可以美美地睡觉了。其四，他还经常去帮和尚敲钟擂鼓。至今颜昌瑞都清楚地记得，敲打的节奏是快18下慢18下，反复3次，共108下。其五，每年过年前，家家户户都要大扫除，其中有一个环节就是采樑，即拿一把扫帚绑在长长的竹竿上，在天花板樑木之间拂扫，拭去灰尘。龙山寺同样有这个环节，每年颜昌瑞都去帮忙。再有，佛祖要出巡时，佛祖的大轿前要有两个比较漂亮的孩子去拿鸡毛掸子左右挥舞，颜昌瑞经常就是其中之一……

因此，颜昌瑞任安海文化站站长，正好发挥所长，传承民俗。他大力开展群众文娱活动，包括捉鸭、攻炮城、游灯、博状元饼、"嗦啰嗹"等。新中国成立初期，民间文艺没人敢组织，也没有资金来源。文化站是个政府部门，如果不是身为文化站长的他出面组织活动，许多项目都将失传，民众的文娱生活也不可能如此多彩。

由于经费短缺，安海文化站只有一个编制，只配备了颜昌瑞这一位干部，工作量之大可想而知。据颜昌瑞回忆，他任站长期间非常辛苦，要组织开展各种活动，管理、建设工人俱乐部、文化宫等，还要经常下乡指导工作。令颜昌瑞印象最深的是，每年除夕晚上，大家都团聚在家，其乐融融地看春节联欢晚会时，他则在文化站紧张地忙碌，部署大年初一的种种文化活动，往往要忙到半夜12点以后才能回家。回家路上，由于当地群众有除夕夜跳"火群"的习俗，浓重的烟火导致空气中雾气很重。颜昌瑞看不清路，不敢骑车，只能推着自行车缓缓行走，又冷又饿，浑身直打哆嗦。回到家里，爱人煮碗线面给他吃，吃完赶紧睡觉，第二天一大早还要赶到文化宫开门迎接广大群众。文化宫每年春节都会准备好多好玩的项目，供群众娱乐。当时没有什么别的娱乐项目，尤其早些年电视还比较稀缺的时候，文化宫活动对群众来说非常重要，几乎整个安海镇的人都会往文化宫涌去，节假日的文化宫往往是人山人海。每次有活动，作为文化站长，颜昌瑞都要早出晚归，第一个到达文化宫，最后一个离开。

颜昌瑞在安海整整当了几十年的文化站长。21岁时就被评为"福建省文化先进工作者"，以他的能力，没有升迁，没有调动，简直不可思议。究其原因，是他自己不愿意离开这个岗位。出于对传统民俗文化的热爱，有两次升官机会都被颜昌瑞拒绝了。第一次是要调他到公安局，局长请他去谈话，被他当场拒绝，因为他认为到了公安局，等于由文转武，拿笔的变成拿枪的，不适合自己。第二次要调他到县委党史办公室，颜昌瑞同样没兴趣。原因很复杂：他对传统文化有着太深的感情，正当他青春年少、意气风发的时候又是传统文化备受打击、摧残的年代，他身居文化站站长一职，如果不加以扶持、想办法恢复，这些文化将在自己这一代人身上断送。原因也很简单，他对传统文化有着强烈的责任感。颜昌瑞认为安海是文化古镇，有着深厚的文化底蕴，只有土生土长的安海人才能领会、理解它们的价值。因此许多工作需要对安海文化有信心的安海人来做，而且需要坚持不懈，很扎实地长时间做下去，至少要三五年才能出成绩。于是一个热爱传统文化的有志青年，在一个风雨飘摇的年代，身居相关职位，不计个人得失，顶着巨大压力，不离不弃，为许多濒临消亡的民俗递出了一根救命稻草。

颜昌瑞本应于1995年退休，但因为工作出色，领导希望他继续发挥余热，于是又工作了7年。2002年7月，颜昌瑞申请辞去工作，至此他已整整工作了50年。颜昌瑞对待工作尽心尽力，几十年来，不要说请假了，连周末、节假日都要加班加点地工作。颜昌瑞自己说，短时间拼命工作不难，但是50年如一日，可不是那么容易的。颜昌瑞有时也动摇过，每年除夕家家户户聚会团圆的时候，还在忙里忙外的颜昌瑞心里也颇感失落，当他饿着肚子推着自行车往家里走的时候，经常边走边对自己说："我每天晚上都这么晚回来，这么辛苦。现在大家都在过年团圆，我却还这么累，不知道有谁能知道我这么辛苦。"晋江电视台曾为颜昌瑞拍过纪录片，名为《一生绿叶情》，在《感动晋江》栏目播出。片子的最后，讲到每年除夕夜的辛苦，颜昌瑞说着说着，眼泪不自觉地就掉下来了。他说："其实没有人知道我要这样做，也没有人叫我这样做，是我自己很积极地去做。而且重要的是，我的家里人很支持我。"后来他被评为全国先进文化站长时，他一下释然了，他说："这下我知道了，党知道我这么辛苦，党知道我的所有付出。"

由于其突出的工作业绩，1956年，颜昌瑞被评为"福建省文化先进工作者"；1958年，获评"福建省农村文化活动积极分子"；

第七章 "嗦啰嗹"项目省级代表性传承人——颜昌瑞

图7-1-2：省文化先进工作者奖章

图7-1-3：全国先进文化站长奖状、奖章

图7-1-4：红旗奖章

图7-1-5：泉州市"先进文化站长"奖状

图7-1-6：满柜的荣誉

1959年，晋江地委、晋江专署授予他"文化工作标兵"的红旗奖章；1979年，晋江县授予其"先进工作者"奖章；1990年，颜昌瑞因"在群众文化工作中成绩显著"，被文化部评为"全国先进文化站长"；1998年，因"在农村文化建设中，成绩显著"，被泉州市政府评为"先进文化站长"；2008年，被评为市级"嗦啰嗹"项目代表性传承人；2017年，获评省级"嗦啰嗹"项目代表性传承人。从中央到地方，各级电视

233

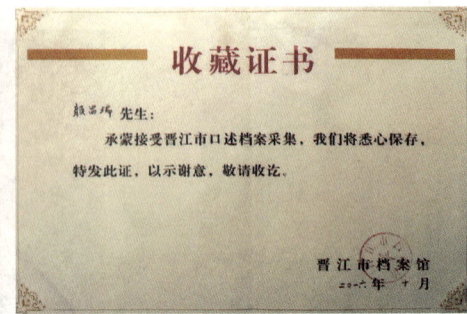

图7-1-7：荣誉证书

台都来采访过。例如，2002年，中央电视台主持人耿晓红及导演程岩曾到颜昌瑞家中登门采访。

第二节 "嗦啰嗹"民俗传承

一、非常时期出面组织"嗦啰嗹"活动

1956年，颜昌瑞在安海总工会工作。由于自小就非常喜欢"嗦啰嗹"，每年端午节都会跟在队伍后面看热闹，对之有深厚感情。但自1949年以后，各地都不见了"嗦啰嗹"，就连安海也如此。为了不使"嗦啰嗹"民俗就此消亡，他以工会干部身份出面，大胆组织民间老艺人恢复这项活动。当时，他管理的安海镇职工俱乐部下属还有许多机构，其一就是码头工人俱乐部。码头工人俱乐部中有许多人原来就是妈祖宫采莲队伍成员。在抗日战争期间，妈祖宫虽然被日本飞机炸毁，但是龙王及彩旗等采莲道具都被码头工人保留了下来。于是颜昌瑞将码头的这个采莲队伍拉了出来。

在活动前，颜昌瑞组织表演者排练，家婆、铺兵逗乐的方式、动作，旗手挥舞的一招一式，他都亲自过目；叫来什音乐队排练，亲自指挥他们演奏"嗦啰嗹"曲。经他精心筹备，1956年端午节期间成功举行了采莲活动。同年，他被评为"福建省文化先进工作者"。

然而好景不长。1957年反右派运动期间，有人针对颜昌瑞张贴大字报，上书"颜昌瑞采莲究竟采什么""封建迷信的复辟人"之类的话，矛头直指前一年的"嗦啰嗹"活动。当时一句话就可以将人打成右派，还好颜昌瑞有前一年的"省文化先进工作者"称号护身，如果第二年就将他打成右派过于自相矛盾。因此，虽有大字报批判，他倒也平安无事。当时的颜昌瑞年纪轻，有干劲，但没想到刚上任不久就遭此挫折。于是活动停办。颜昌瑞一直安慰自己出身贫农，也很年轻，完全是凭着一股革命热情在做事，至于做得对不对就由党来指导。而且自认为出发点很正，不是为了升官，是为了弘扬历史文化，保护传统，自己没有错。

1958年，颜昌瑞调任安海公社文教科副科长兼任安海文化站站长。此时，他想明白了，如果"嗦啰嗹"一直停办下去，反而是自己认错了，所以一定要把活动恢复起来。但这次他提醒自己，一定要将各项事情考虑周全。正在琢磨如何恢复活动时，他接到赴省开会任务。当时的会议主题就是贯彻农村文化工作的方针，其中一个方针就是旧瓶装新酒。颜昌瑞眼前一亮，抓住了旧瓶装新酒的思路："嗦啰嗹"是旧瓶，装上新的内容，就可以名正言顺地活动了。他想到一个好主意，就是根据当时的政治运动，为"嗦啰嗹"曲调填上相应的歌词，甚至连入屋拂扫的吉祥语句也带上了政治色彩。据说当时接受采莲的人家听见填写的新词，个个发笑，但是心照不宣。没想到这么一来，领导很高兴，接受了这种旧瓶装新酒的形式，颜昌瑞安心了，参加活动的人放心了，群众也认可了。接下来的几年间，"嗦啰嗹"唱词随着政治内容而改变，有新歌词护身，活动继续举办。

岂料"文化大革命"期间，活动又被迫中断，颜昌瑞是"红派"

的领导，跟"老区派"矛盾很大，闹得很厉害，有人贴大字报说要抓他，于是他就跑到附近躲了起来。不久，晋江来人通知派他去驻福州搞外事活动。在福州工作半年，做出了一定的成绩，组织又派他去北京。1976年10月"文化大革命"结束，当时颜昌瑞也回到了安海。重新呼吸到自由空气的他迫不及待地召来民间老艺人，并于当月下旬，在体育场召开了安海镇文艺大会师。"嗦啰嗹"和其他安海文艺一起大放异彩。之后，他又召集那些老艺人开会，动员大家恢复"嗦啰嗹"活动。结果，经过"文化大革命"十年停顿，早已没有了当年的气氛，众人都有点生疏，进入不了身心放松的那种状态。大家都说要喝酒，不喝酒不行。于是颜昌瑞办了两桌酒席，请大家喝酒。酒喝够了，借着酒劲，众人才慢慢地进入状态。此后，"嗦啰嗹"曲在安海，年年端午响彻大街小巷。

二、支持"嗦啰嗹"舞台化

"嗦啰嗹"搬上舞台，也得到颜昌瑞的大力支持。当时，正是在他的主持下，成立了一个创作组，由尤金满负责，在一批新文艺工作者的共同努力下，将"嗦啰嗹"成功地搬上了舞台。

颜昌瑞提倡"嗦啰嗹"搬上舞台主要有两个原因。其一，舞台题材来自生活，"嗦啰嗹"题材非常新颖独特，而且别的地方没有，将它搬上舞台具有很大优势。颜昌瑞回忆，当时安海虽然排练了很多文艺节目，但是都不新鲜，往往是同一题材，安海排了别的地方也排了，形式、题材相同，没有优势，评选时都选不上。例如彩球舞，尤金满排练了彩球舞，其他地方也都排了彩球舞，众多舞队竞争，安海并没有特别突出之处，争不过别人。但是"嗦啰嗹"就不同了。别的地方没有，没人可跟它争，更何况该题材本身就很吸引人。其二，虽然"嗦啰嗹"是民俗活动，但有很多舞蹈成分，有许多舞蹈动作可以提炼，例如家婆和铺兵逗趣的动作、姿态，旗手挥、转旗、颠醉步的动作等。他坚信戏剧应该来自生活，来自民间。

每当接到政府下发的会演任务,他就组织一些对文艺比较熟悉的人来开会,如小学教师、民间艺人等。成立工作组,给每个人分工,擅长舞蹈的编舞蹈,擅长写作的写剧本等。众人一起想题材,一起创作。正是在一次会议上,尤金满提起要将"嗦啰嗹"搬上舞台,得到颜昌瑞大力支持,便成立了以尤金满为首,林华居、郑普雪、俞贵祥等人参与的"嗦啰嗹"创作小组,成功地排演了舞台版的"嗦啰嗹"。1987年编《中国民族民间舞蹈集成·福建卷》时,撰稿组到安海采风,当时尤金满已经去厦门工作了,颜昌瑞调来曾参与排练的其他人,又一次排演了舞蹈《嗦啰嗹》。可惜的是,当时的集成只记录文字资料,而没有录像资料。

1957年进京会演以及1987年编"舞蹈集成"时,颜昌瑞上报的名字都是"唆啰嗹"。但是后来泉州市各报纸都写成"嗦啰嗹",颜昌瑞认为安海属泉州市管辖,既然上面的人用这个字,自己也就不再坚持。

2002年元宵节,泉州市举办了盛大的"海上丝绸之路文化节",以展现古风、古俗、古灯、古戏、古乐、古舞为主题,包括大型文庙祭孔文艺表演和民俗踩街等活动。主办方邀请"嗦啰嗹"队伍参与表演。于是颜昌瑞等人把舞台表演和民俗表演合二而一,分成"整装待发""亮相展招""打趣逗笑""'采莲'特技""载歌载舞"五个场次进行表演[②],提炼出一套民俗踩街的表演程式。

三、成立采莲示范队

2000年,颜昌瑞组织成立了一支文化站直属的"采莲示范队",由来自各境的老艺人组成。其初衷是使传统民俗世代相传,不脱俗、不走样,保留原来滋味,还要不断创新。[③]

示范队成立之初,没有自己的专属龙王,每次活动都向妈祖宫借。借了几次以后,有人议论说,龙王是神,不能总这么借来借去的。于是颜昌瑞自己请人刻了一尊底座很大、很沉的木制龙王，有活动时终于不用再借龙王了。可是由于没有为龙王举行开光点眼仪式，众人都说这尊龙王没有"神"。上街采莲时，很多人都不回赠红包。有的人不好意思不给红包，但是给得很少，甚至在红包里塞进20张1分钱的纸币，看起来很多的样子，实际上总共只有2角钱。于是颜昌瑞就挑了个吉日，请来锣鼓吹乐队，大吹大擂地把龙王送到龙山寺，举行开光点眼仪式。此后，这尊龙王才算得到了众人的认可。龙王平时就放在文化站，每个月的初一、十五由一位名叫鸿珊的信女负责烧香祭祀。

颜昌瑞很注重队伍服装的统一，示范队活动时不允许穿便服，全都穿传统式服装，就连推龙王车的人也不例外。但是统一中又有变化，不同角色穿的衣服颜色和款式有所区别。

据颜昌瑞回忆，以前的"嗦啰嗹"歌词很简单，就一句"五月初五是龙王生啊咧，嗦啰嗹啊伊嘟啊啊咧，咧啊去咧，家家户户拜龙王啊，啊啊啊咧，咧啊去咧"，所以所有人都会跟着唱。五月令、十二月令歌词都是后来编写的，这么长这么复杂的歌词让群众都跟着唱，谁也唱不全。于是他动起了将"嗦啰嗹"曲制作成录音带的心思。他请来一些有名的民间艺人，如木偶剧团副团长李胜奕等人，有乐器演奏者也有演唱者，由他自己指挥，先在文化宫排练，排练好以后，到养正中学音乐教师汪寄声家录音，做成磁带。从此，每次活动时，扩音器反复不断地播放"嗦啰嗹"曲，热闹的气氛更加浓厚。

2001年，安海侨联成立50周年，举行隆重的庆祝活动，许多华侨专程赶回来参加

图7-2-1：前排颜昌瑞（左二），文体服务中心主任洪德财（左三）指导排练（颜昌瑞提供）

第七章 "嗦啰嗹"项目省级代表性传承人——颜昌瑞

图7-2-2：与采莲示范队合影（颜昌瑞提供）

庆典。侨联请示范队前往表演，以慰华侨。颜昌瑞又开始动起了心思。他弄了个手推车，在车上罩一块蓝色绸布，绸布随风飘动，犹如水波荡漾。龙王头放置于绸布上，就好像在水里一样。

在队伍的表演方面，他也统一排练。他说，以前的采莲队伍在街上行走时，整个队伍犹如一条船，船上的众人会像摇船一样，跟着音乐节奏做出如摇船的姿势，摇啊摇啊，徐徐前进。他要求队伍的成员也做出摇船的感觉。除此之外，由于民俗的活动都没有什么太多规范可言，"嗦啰嗹"表演随意性也很大。在这方面，他没做太多干涉，但是要求所有队员都要跟着节奏来。

端午节前3天，颜昌瑞要召集队伍中的成员前来彩排，旗手入户拂扫时说些什么都要先说给他听一听，家婆、铺兵如何逗笑他也要亲自指导，因为他认为打趣、逗乐的内容虽以令人发笑为目的，但是不能太低俗。

如今，示范队最早的一批成员因为上了年纪，陆续退出采莲队，后来就以霁云殿人员为主。

示范队成立至今，参与了许多重要活动。例如，2000年，泉州市举办世界民俗文化摄影研讨会，联合国教科文组织官员、专

239

家前来考察，市里通知安海准备"嗦啰嗹"表演。于是颜昌瑞从龙山寺请出了爪哇钟，请了8个人负责抬龙王，请人来扛大旗，还安排了2个铺兵，4个家婆。为了增加观赏性，他特意去歌舞团请来几位舞蹈演员，设计了几个造型动作。陈再来还给提了一个建议，做一支彩旗，上书队伍名称。颜昌瑞采纳了他的意见，做了一支绣有"鸿江澳采莲队"的彩旗。原本联合国教科文组织的官员、专家打算到安海来考察，但是由于时间紧，只有2天时间，要考察的项目又很多，抽不出时间来安海，于是领导临时决定让"嗦啰嗹"队伍到市里去。2001年各省专家来泉州市考察，以及2002年孔庙落成演出，都到安海请"嗦啰嗹"队伍参与表演和踩街。孔庙落成演出时，"嗦啰嗹"队伍再次扩大，设置了4个家婆、4个铺兵。演出开始时先由家婆、铺兵和旗手出来舞一阵，然后引出其他人员。

就这样，颜昌瑞组建的"采莲示范队"在实践中不断摸索，不断壮大。

四、成立采莲协会

"文化大革命"结束后，几个境陆续恢复了采莲活动。颜昌瑞于2001年倡导成立一个"采莲协会"，每年端午节前组织举行"嗦啰嗹"活动的各境负责人开会，交流经验，布置采莲任务，同时做了一些硬性规定。

其一，不得使用塑料夜壶。夜壶是以前如厕不方便时的产物。如今，家家户户都有了新式厕所，夜壶慢慢地退出了历史舞台，最多也只能买到塑料制品的夜壶。但塑料夜壶与以前的瓷制夜壶相比，过于寒碜。于是由文化站出面统一订做了一批瓷制夜壶，分发到各境。

其二，不得使用土制、纸制龙王头。由于"文化大革命"的破坏，多数龙王头被毁。恢复活动后，苦于没有龙王头，无法出阵，于是各境八仙过海，各显神通。有的请人用纸糊，有的取来海土捏。虽然做出的龙王头效果也不错,但是由于人们普遍认为龙王具有神性,应该很威严,纸糊的和土做的都显得不够厚重。于是协会规定,采莲一律使用木制龙王头。

其三,不得雇用西乐队。为了增加队伍的气势,使百姓更为喜闻乐见,许多采莲队伍都会雇用其他"阵头"参与表演。常见的阵头名目繁多,有"公背婆"、"骑驴探亲"、"舞狮"、锣鼓吹乐队等,这些都是民间文艺,与"嗦啰嗹"相得益彰。20世纪80年代以后,掀起了一股西乐热,于是有的采莲队伍赶时髦,雇来西乐队扩充阵头。然而,这些西式乐队在采莲队伍中显得格格不入。于是协会规定,采莲活动一律禁用西乐队。

其四,统一发放"嗦啰嗹"磁带。以前的"嗦啰嗹"活动都是一人唱,众人和,不光家婆、铺兵、旗手等角色唱,扛龙王的工作人员也一起唱,甚至围观者也都跟着唱。虽然要唱上一整天,但是因为主唱只唱前半句,后半句众人合唱时,主唱就可以休息,而且主唱还可以由众角色分工,轮流担当,所以即使唱上一天也不累。后来,经历"文化大革命"十年,许多群众都不会唱"嗦啰嗹"曲了,这种一人唱众人和的方式由于参与者不多,显得特别冷场。于是协会给各境发放了"嗦啰嗹"磁带,活动时,磁带中的"嗦啰嗹"曲随着扩音喇叭传到四面八方,安海小镇处处弥漫着采莲歌声,活动氛围更显浓烈。

第三节　弘扬民俗文化、开展群众活动的领头人

颜昌瑞在"嗦啰嗹"上花了这么多心思,做了这么多工作,而且敢于顶着当时一个接一个猛烈的政治运动,出面组织活动,这种勇气,这种感情难能可贵。然而"嗦啰嗹"只是他几十年来做的

众多工作的一部分,只是他一心要弘扬的传统文化的一部分。颜昌瑞倾注了大量感情、做了大量工作的,不只是"嗦啰嗹",还有安海的众多民俗文化、群众文娱活动。主要有如下几个方面。

一、大力开展各项节庆民俗活动

端午节期间,除了"嗦啰嗹"外,备受群众喜爱的还有"掠鸭"活动。[4]颜昌瑞谈及,组织掠鸭活动非常辛苦。每逢端午节前3天,就要找来土工师傅,买来石灰,一起到安平桥一路查看。每块石头都要一一摇晃,只要能晃动的就说明有松动,需要在底下抹石灰加固,否则活动当天人山人海,容易出安全事故。还有,水里面水浮莲很多,参与掠鸭活动的人要是不小心被缠住,很难脱身。所以颜昌瑞还要在活动前雇几个人,用竹子探到水里查找水浮莲、野草等。然后跟安平桥管理处联系,请他们打开闸门,把水草赶出闸门外。

中秋佳节备受安海人喜爱的活动有博状元饼、烧塔仔等。博状元饼如今也是一项国家级非物质文化遗产,每年中秋前后,闽南各地博饼声此起彼伏。据颜昌瑞介绍,1960—1962年是困难时期,粮食紧张,连饭都吃不上,更别说博状元饼了。为了不让这项民俗消失,他想办法第一年申请了20斤粮票,第二年申请了40斤粮票,将这些粮票换成制饼的原料,让人做成状元饼出售。于是即使是在最困难的那两年,中秋博状元饼的风俗在安海都没有中断。对于目前社会上将这项活动简称为"博饼",颜昌瑞表示不妥,认为该活动与传统的科举制度有关,要称"博状元饼"才会有历史的积

图7-3-1:博状元饼

图7-3-2：创作春联（颜昌瑞提供）

淀感。中秋节除了博状元饼外，还有烧塔仔活动，也是颜昌瑞热心组织的活动之一。

春节期间的活动更是丰富多彩。"攻炮城"是大众比较喜爱的一项群众性娱乐活动。据传源自郑成功时代。当时，郑成功在闽南操练水师，为提高作战能力，部将洪旭发明了这一游戏，以娱乐的方式训练士兵抛掷、瞄准的技巧。攻炮城前，先要制作专用城堡。用竹、线、钉子做成城堡框架，再用纸糊上，成为一个四方形的城堡，每一面都做一个城门，炮城里面放5个炮芯。这些炮芯都是特制的，只要群众扔的炮点着了其中一个芯，就会引燃其他，一时间噼里啪啦，整个炮城都烧毁了。这就算成功攻下一个炮城。活动开始，大胆的参与者先将手中单个的鞭炮点燃，然后掷向目标，能引燃炮城上的焰火者为胜。每次活动，群情激昂，热闹非凡。

颜昌瑞任文化站站长时，一般在正月初一到初三每晚的7点到10点举行该项活动。后来，因为禁止放鞭炮，此项活动很长时间不让举办。幸运的是，近些年来，晋江市端午旅游文化节恢复了攻炮城活动，并将之列为每年旅游节常规的系列活动之一，受到了群众的欢迎。

此外,颜昌瑞还号召大家在春节期间,根据安海的特点,包括安海人文景观、名胜古迹等来编创春联,并结集出版了两本《古镇春联》。元宵节当天,颜昌瑞还会组织群众游灯。很多人都是自制花灯,形态各异。颜昌瑞认为这才真正叫作群众活动。现在往往是挂上一些很好看的灯,让群众去赏灯,群众参与度很少。

总之,节假日期间,文化宫往往人山人海,非常热闹。颜昌瑞看到这么多人感到很欢喜,觉得自己的辛苦付出是值得的。

二、重视群众文艺创作、演出

颜昌瑞自1955年任安海工会俱乐部主任。既然是俱乐部,就要搞活动。因此,在他的组织下,1956年正月初一到初三,在安海举办了安海、东石、内坑、永和4个镇的支点职工文艺会演。正是在这次会演中,颜昌瑞认识了前来参加会演的叶女士,后来成为他的夫人。郑淑贞编排的民间舞蹈《扇蝶舞》,也是从这个支点职工会演中脱颖而出,并经县、市、省层层筛选,最终进京参加"全国职工文艺会演",获优秀奖。

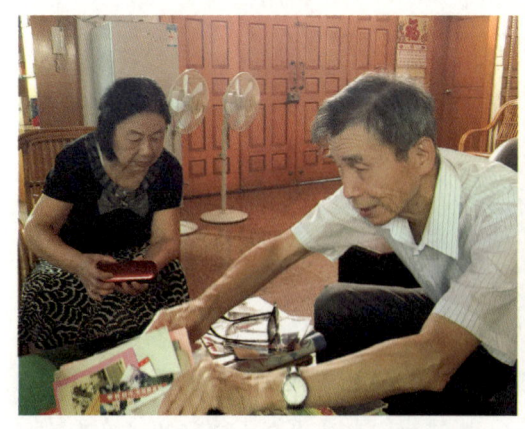

图7-3-3:颜昌瑞与夫人整理资料

图7-3-4:郑淑贞表演《扇蝶舞》(摄自"古韵安海老照片展")

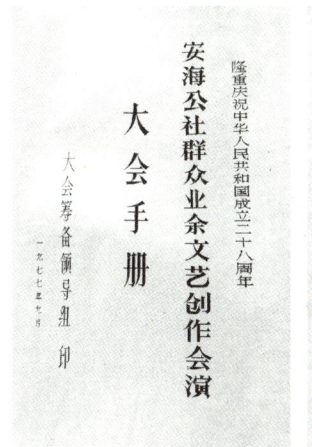

第七章 "嗦啰嗹"项目省级代表性传承人——颜昌瑞

图7-3-5：1977年安海公社群众业余文艺创作会演大会手册

图7-3-6："会演及工作安排"

图7-3-7：《安海公社基层部分业余文艺队向全省群众文化工作经验交流会议汇报演出节目单》

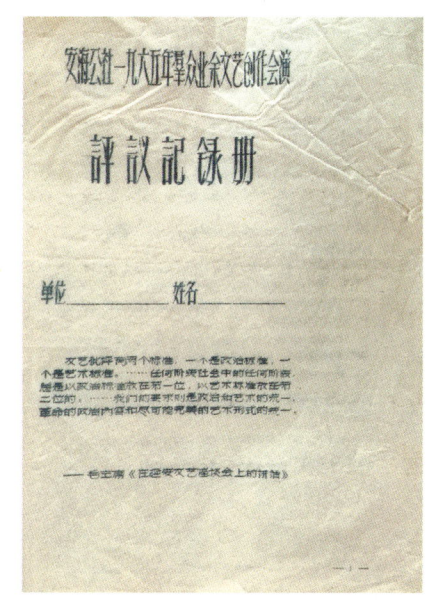

图7-3-8：安海公社1965年群众业余文艺创作会演评议记录册

  1977年9月，在安海公社的支持下，颜昌瑞发动各单位，在各文艺骨干如尤金满等人的协助下，组织了"隆重庆祝中华人民共和国成立二十八周年安海公社群众业余文艺创作会演"，包括24个市镇单位代表队和12个农村代表队，共41个单位参与，其中有几个单位组成了联合代表队。演职员共1500多位。88个综合性节目，包括器乐、声乐、舞蹈、相声、三句半、魔术表演、锣鼓词、哑剧、诗表演、对口快板、小戏、快板剧等多种形式，很多节目都是自编自创。那些日子里，整个安海都欢腾起来了，如同文艺地震。1978年5月，颜昌瑞等人又乘势组织了纯粹音乐舞蹈节目的会演，名为"隆重纪念毛主席《在延安文艺座谈会上的讲

245

图7-3-9：1972年"乌兰牧骑十载重聚"（颜昌瑞提供）

话》发表三十六周年 安海公社群众业余音乐舞蹈创作会演"，共39个文艺代表队，1200多人参与，连演了4天。

由前述活动，安海镇的文艺之繁荣可见一斑。在颜昌瑞等人的积极带领下，安海繁荣的群众文化活动引起了省里的重视。1979年，由省文化厅主持召开的"福建省沿海片群众文化工作经验交流会"专程到安海开了一个现场会，吸取成功经验。应上级的要求，颜昌瑞撰写了一份《开展群众文化工作的经验介绍》；布置了一场体现新中国成立后到1979年之间安海群众文化工作成绩的展览；在晋江市养正中学体育场搞了一场游园会；并排演了一场文艺晚会，共有12个节目，在安海俱乐部演出。这12个节目的演出单位来自各工厂、学校，以及文艺队、南音社。据颜昌瑞精心保存的这份节目单记载，当时也表演了由安海皮革厂演出的《嗦啰嗹》节目。颜昌瑞介绍，因为安海皮革厂的吴建义就是1957年赴北京演出的演员之一，所以在他们厂里排这个节目理所当然。

颜昌瑞组织的这些活动是真正的群众文化活动，从当时会演的节目单来看，参与者一半以上都是工人、农民等。如今，地方文艺晚会多数由学校师生节目构成，简单、好组织。实际上群众

第七章 "嗦啰嗹"项目省级代表性传承人——颜昌瑞

图7-3-10：2013年"乌兰牧骑51周年重聚合影"（颜昌瑞提供）

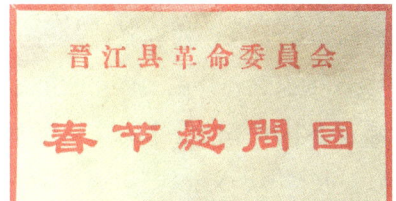

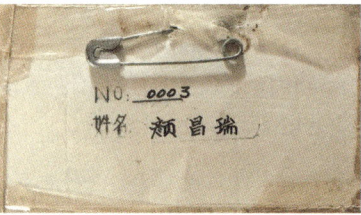

图7-3-11：春节慰问团证

图7-3-12：代表街头看诗刊（颜昌瑞提供）

文化应该尽可能包括工农兵学商各行业，这才是真正的群众文化。所以当时安海被评为群众文化全省示范点。

颜昌瑞任职期间还主编了《安海歌声》，举办了"鸿江之夏"音乐会（1980年），组织了一个只有13个演员的乌兰牧骑演出队。此外，他还领导安海镇艺术团，发挥优势，鼓励创作，自己也参与

247

作词或编剧。

在他的带领和支持下，一批新文艺工作者创作了300多个剧目，举办了数十次文艺会演。曾经"四进北京放异彩，十上省城展艺功"[5]。每年春节都组织队伍慰问部队官兵，以及渔民、民兵等，都是代表晋江市演出，因而多年以来被晋江市政府授权为"晋江县春节慰问团"。

因为颜昌瑞在文艺方面的突出贡献，退休后被聘为音乐舞蹈协会的永久名誉会长。

三、其他群众活动

颜昌瑞爱好文学，除了春节期间组织大家创作春联外，还于1958年搞了一个"诗歌镇"活动，发动大家创作诗歌。当年及第二年中央文化检查团两次亲临指导参观，其中率团前来的文化部办公厅华主任挥毫题词："安海是诗海、歌舞海、文化海"。颜昌瑞还组织相关人员成立灯谜协会，四处搜集灯谜，举办灯谜比赛；搞陈列馆，专门陈列安海人出的书；倡议、发起创办《安海报》，并主编出版了《安海民间传说》《安海名胜古迹》《古镇春联》《安海诗选》《安海文艺》《安海歌声》《安海楹联》等书刊。

1955年5月1日，颜昌瑞组织举行了第一届职工火炬接力比赛。没地方买现成的火炬，便嘱咐收破烂的人帮忙收集大手电筒，制作成火炬。之后基本每3年举办一次。

颜昌瑞还在文化宫后面建了一个灯光球场。虽然因为光线不够强，大家都取笑说别的灯光球场是看不到影子的，这里人在打球，影子也跟着跑。但是不管怎样，安海人晚上也能打篮球啦，所以球场热闹非凡。颜昌瑞组织大家在每个星期六下午举行每周一赛，安海各地、各单位的篮球队轮流参与比赛，观看的人很多很热闹。晚上则请来一些比较有名的球队打比赛卖门票，每张票5分钱，每次都坐满了人。

安海还有一种"百盏联珠灯"，由101盏灯构成。在颜昌瑞的记忆中，安海也就后库祖公生、型厝祖公生两处做过，再有就是晋江市建市五周年举行游街活动时，负责人提出让安海做一盏"百盏联珠灯"参与游街。这是"百盏联珠灯"头一回"动"起来。颜昌瑞调了25个人抬这盏灯，为了保证灯的电力充足，还连上了发电机，用小摩托车运载。活动结束后，这盏灯在安海文化宫挂了3天。

安海白塔在新中国成立后第一次结塔（即在塔上张灯结彩）也是颜昌瑞提议并负责搞起来的。1945年，日本无条件投降后，安海白塔结塔庆祝，当时10岁左右的颜昌瑞感觉非常好看。1959年，安海公社正在准备国庆10周年庆祝活动时，颜昌瑞把结塔作为一个项目上报，得到批准。他认为应该让安海白塔成为活塔，不能是死塔。白塔共有5层，每层一个正门，需要5对楹联。正好颜昌瑞一贯重视楹联，而且安海也有许多善于创作楹联的人。于是他就把这些能人召集起来集中创作。由此，颜昌瑞也进一步意识到楹联与对联的重要性，所以之后便积极成立楹联协会。

第四节　结语

颜昌瑞在"嗦啰嗹"上花了这么多心思，做了这么多工作，而且敢于顶着当时的社会运动出面组织活动，这种勇气，这种感情难能可贵。"嗦啰嗹"只是颜昌瑞传承的众多民俗活动之一。然而，颜昌瑞任文化站站长期间，一方面，力争尽可能保留和传承安海各种地方节日民俗活动；另一方面，发动广大群众积极展开各种文化体育活动，使得安海小镇的文化娱乐生活丰富多彩。只是由于"嗦啰嗹"成功申报了国家级非物质文化遗产，因而备受各方关注，

颜昌瑞访谈

图7-4-1：笔者与颜昌瑞　　　　　图7-4-2：笔者采访颜昌瑞

他对"嗦啰嗹"所作的贡献也更为人们所熟知。

颜昌瑞说：我们要重视传统文化，传统的东西能流传到现在，就说明它有它的价值。我一辈子与文化结缘，可惜当时没有现在这样的社会环境，传承得很辛苦。现在政府这么重视，非物质文化遗产这么多，更要把这些传统文化好好传承下去。

[注释]

① 关于龙山寺，详见第一章第二节之"有形文化遗产"。
② 颜昌瑞：《千年民俗文化瑰宝——"嗦啰嗹"》，内部资料。
③ 颜昌瑞：《千年民俗文化瑰宝——"嗦啰嗹"》，内部资料。
④ 关于"掠鸭""午时水""午时盐"等，参看第二章第四节。
⑤ 颜昌瑞：《绿叶集》，中国广播电视出版社2003年版，封面图片介绍。

第八章 『嗦啰嗹』的角色、道具分析

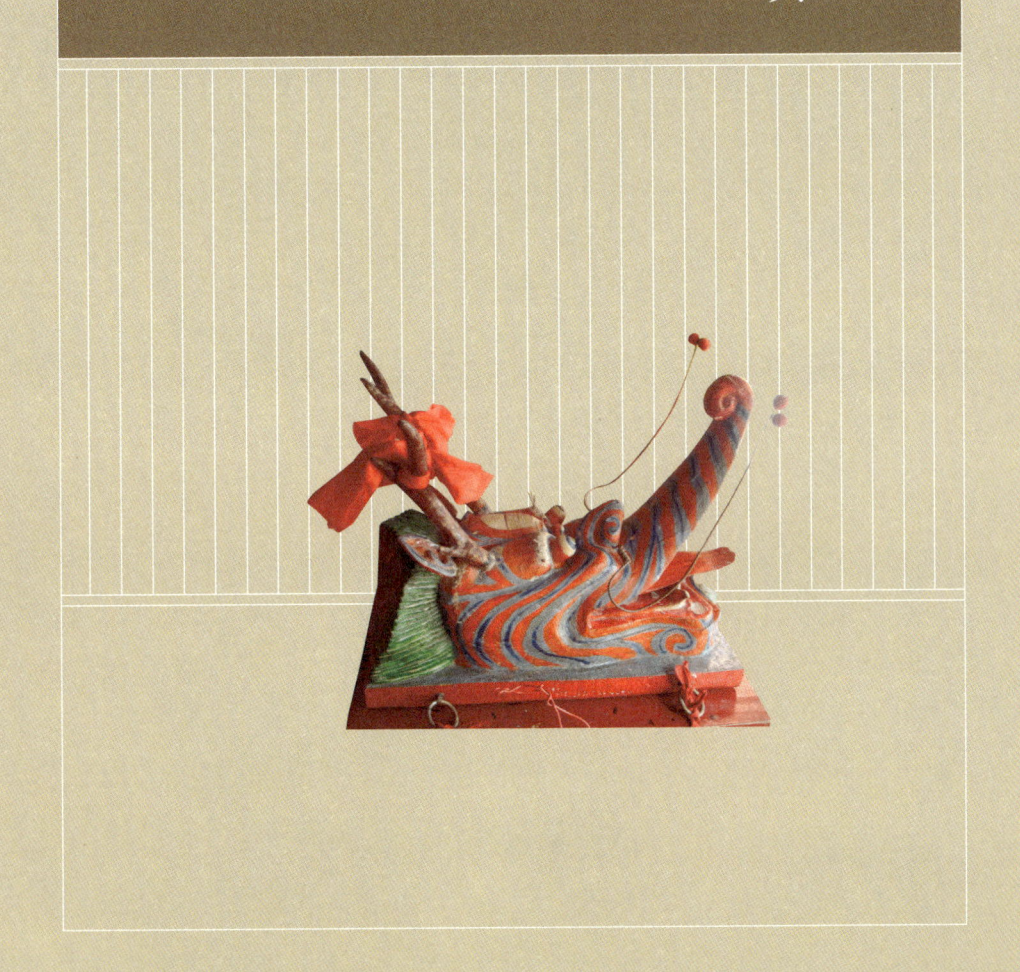

各个"嗦啰嗹"队伍中的人物角色与道具虽各有特点,但主体大致相同:前导旗是必不可少的,言明身份,师出有名;龙王是神威所在;铺兵、家婆、旗手作为采莲队中的铁三角,各有各的职责;《嗦啰嗹》曲响彻大街小巷,配合锣鼓之声,制造气氛;花姑是旗手的跟班,随着旗手进进出出;各式乐队、民俗演出队,壮大队伍声势。

这些队伍总的来说,是丑角当家。队伍的主角铺兵、家婆、旗手都是丑角形象。这些形象的扮相与表演吸收了很多高甲戏中丑角的特点。"高甲丑注重化妆造型的艺术夸张,形成鲜明的滑稽性。男丑脸谱化妆通常用肉色打底,两颊涂上圆形的大红色,在鼻梁上画块白粉,四角眼、三角眉、樱桃小嘴,俗称三花脸。"[1]这种化妆脸谱在"嗦啰嗹"队伍中随处可见。吸收高甲丑的表演是因为高甲戏在闽南,为群众喜闻乐见。"高甲丑的表演给闽南乡村的观众带来了欢乐,也以一种轻松愉快的形式消解了民众日常的疲劳和辛苦。这也是闽南观众从心理上接受高甲丑角表演的一个重要原因。"[2]在采莲队伍中,家婆与铺兵时不时互相打逗,家婆手持蒲扇轻打铺兵的头,铺兵假装晕头转向歪歪倒倒;行进过程中假装没看见互相碰撞,作踉跄跌扑状,引人发笑。

第一节　铺兵

铺兵，古代负责巡逻以及递送公文的兵卒，每个采莲队伍中不可缺少的人物装扮。

"霁云殿嗦啰嗹"队伍中的铺兵，头戴黄漆红缨清兵笠，画着大粗眉毛，鼻梁上涂成戏剧丑角的一片白，鼻头是大红色，两颊涂胭脂，下巴画着假胡须，嘴唇上戴着假八字胡须。身穿裹着绿边的粉色对襟古式上衣和绿色长裤，但是左手并未套入袖子中，而是光着左肩以致整条左臂扣子斜扣，一副滑稽邋遢样。肩挑缠上红、黄绸布的扁担，前头绑着一大捆榕枝，挂着一面铜锣，铺兵左手握住铜锣上的挂绳，右手持裹着绸布的鼓槌沿路敲击。铺兵身后的扁担上挂着一只生猪蹄、一双草鞋以及一个装着酒的瓷制夜壶。脚穿黑白两色的布鞋。

"妈祖宫嗦啰嗹"队伍中的铺兵，头戴红漆粉缨清兵笠，笠的边沿还有红须垂下。鼻头和两颊涂着红色，戴着八字胡须。身穿绿色黄边对襟古式上衣和黄色长裤。肩挑赭红色漆的竹担，前挂

图8-1-1：霁云殿铺兵

第八章 "嗦啰嗹"的角色、道具分析

图8-1-2：妈祖宫铺兵　　　　　　　图8-1-3：当兴境铺兵

铜锣，后挂生猪蹄、草鞋和瓷制夜壶。脚穿黑色便鞋。

"当兴境嗦啰嗹"队伍中的铺兵，头戴草编红缨清兵笠，画着长眉毛，两颊和鼻子涂着胭脂，留着拉碴胡子。身穿蓝色白边对襟古式上衣和蓝色长裤，上衣扣子未扣，只是用一条白布缠在腰间，裤腿一边长，另一边卷至膝盖处，一副衣衫不整的样子。肩挑当地居民常用的粗竹制扁担，一头尖，一头上翘。尖头挂着猪蹄和铜锣，翘头挂着瓷制夜壶。脚穿拖鞋。

"三公境嗦啰嗹"队伍中的铺兵，头戴古旧残破的清兵笠，两颊涂着胭脂，身穿蓝色斜襟古式上衣和黄色长裤，腰系红色腰带。肩挑竹担，前挂铜锣，后挂猪蹄和塑料夜壶。脚穿便鞋。

4个队伍的铺兵，装扮虽然各有细节差异，但都头戴清兵笠，脸上涂红抹绿，身穿古式服装，肩挑竹担，挂着铜锣、夜壶，其中两个队伍还挂有草鞋。铺兵的表演为紧敲锣鼓指引众人前行，或在旗手入户采莲或采莲结束等待主人烧香祭祀等闲暇时候，与家婆配对逗乐，手扶竹担，做出酒醉迷糊状，颠来倒去。还经常高举夜壶往旗手口中倒酒，或请观众喝夜壶中的酒。

铺兵的由来最早可追溯到宋代。宋太祖赵匡胤为减轻百姓负

255

| 安海嗦啰嗹

担，下令以军卒代百姓为递夫。当时的"递夫"就是铺兵，主要职责是传递文书，由地方上的兵卒担任。铺兵非常辛苦，为了赶路，起早贪黑，而且盘缠不多，经常忍饥挨饿。可见如今采莲队伍中的铺兵形象贫苦邋遢，是有现实根源的。

晋江有十九个铺，总铺在泉州东街府署前，叫府前铺，此外有古楼、新铺、洛阳铺、下辇铺、井铺、石龟铺、驷行铺、潘径铺、宝月铺、新亭铺、白塔铺、山前铺、苏厝铺、福全铺、安平铺、西湖铺、白沙铺、秀山铺、莲埭铺。"铺兵"任务繁重，公文不按时送到就要受罚，因此天天东奔西走，晓行夜宿，"头无梳，面无洗"，像小丑一样。不知哪朝哪代，晋江人让他粉墨登场，塑造成游艺队伍的"铺兵"，逗人发笑，颇受喜爱。③

当时的铺兵身上系有铃铛，一说是让人远远就知道铺兵来了，

图8-1-4：三公境铺兵（左）　　图8-1-5：夜壶、草鞋和猪蹄（右上）　　图8-1-6：铜锣（右下）

图8-1-7：清兵笠

另一说是惊虎狼之用。据《马可·波罗游记》卷二："他们身缠腰带，并系上数个小铃，以便当他们还在很远的地方时，听见铃响，人们就知道驿卒将来了。"再据《元史·兵志》，铺兵"皆腰革带，悬铃，持枪，挟雨衣，带文书以行，夜则持炬火，道狭则车马者、负荷者，闻铃避诸旁，夜亦以惊虎狼也"。同样，如今采莲队伍中的铺兵敲着锣走在队伍前头，人们远远地就知道队伍来了。而且采莲本意是驱傩逐疫，铺兵以锣代铃铛，都具有驱逐不祥之意。

由于铺兵是跑腿的角色，因此采莲队伍中的铺兵，随身携带猪蹄和草鞋。因为铺兵要走很长的路，草鞋很容易磨破，因此要随身携带一双新草鞋以便替换。猪蹄是路上解饥之用。铜锣的作用相当于腰上系的小铃，人们远远地听见铜锣的声音，就知道铺兵来了。而装酒的夜壶，一可以驱邪，二可以装酒，三可以增加滑稽效果。壶中之酒主要供旗手享用，在以前必须是雄黄酒，酒性烈，喝了之后容易发作，旗手才能真正踩出醉步来。但雄黄酒也有弊端，要是控制不好量有可能醉倒，耽误队伍行程。而且如今大街上车来车往，喝醉了还有安全隐患。因此如今壶中所装一般都是较为温和的葡萄酒等。铺兵滑稽的装扮加上装酒的夜壶，更加引人发笑。

铺兵头戴清兵笠，可能是因为采莲活动盛行或者成型于清代，因而沿用了清代的服装。目前可查最早记录泉州采莲活动的文字资料就是清代《泉州府志》的记载。因此，小小的清兵笠，反映的可能是采莲的起源问题。

第二节 家婆与花姑

一、家婆

男扮女装的家婆是闽南民俗活动中经常出现的一个具有喜剧色彩的角色。

图8-2-1：霁云殿家婆（左）
图8-2-2：妈祖宫家婆与铺兵配对表演（右）

第八章 "嗦啰嗹"的角色、道具分析

图8-2-3：当兴
境家婆（左）
图8-2-4：家婆
旗手摆造型（右）

　　"霁云殿嗦啰嗹"队伍中的家婆，男扮女装，头包乌巾，顶着大发髻，四周插着红红绿绿的大花。画着大粗眉毛，两颊涂胭脂，左颊还点着一颗黑痣。身穿大红裹黑边的斜襟古式衣裤，腰间系着红丝巾。左手拎盛玉兰花的红漆扁篮，右手持蒲扇，边走边扇。脚穿粉色布鞋，鞋头还有黄色大花。

　　"妈祖宫嗦啰嗹"队伍中的家婆，男扮女装，头包乌巾，四周插花。耳挂大坠子。画着柳叶眉，两颊涂胭脂，左颊还点着一颗黑痣。身穿大红蓝边的斜襟古式衣裤，脚穿黑布鞋。左手拎装满鲜花的藤篮，右手持蒲扇。

　　"当兴境嗦啰嗹"队伍中的家婆，男扮女装，头包乌巾，顶插各色大花，画着柳叶眉，两颊涂红，黑痣点在右脸颊。身穿大红裹黑边的斜襟古式衣裤，脚穿鞋头缀有绿色大花的粉色布鞋。左手挥着红色丝巾，右手扇着大蒲扇。

　　"三公境嗦啰嗹"队伍没有家婆一角，以花姑代家婆。

　　"嗦啰嗹"队伍中家婆的基本装扮就是头包乌巾，顶插大花，身着大红衣裤，足穿绣花鞋，右手持蒲扇，左手拎花篮或握红色

259

安海嗦啰嗹

图8-2-5：家婆铺兵配对表演

丝巾。这种装扮同样与高甲戏中的家婆如出一辙。许多高甲戏演员因为成功地塑造家婆一角而享誉闽南，如柯贤溪、赖宗卯等红极一时。家婆的表演主要是走着小碎步，挥动手中蒲扇，招呼众人前进，或取笑铺兵，用蒲扇拍打、用屁股撞击铺兵，原本就醉颠颠的铺兵就势做出更可笑的动作。

据说闽南的"家婆"一词源于民间婚嫁习俗中的媒婆，并用来形容那些好管闲事、油嘴滑舌的人。家婆在采莲队伍中作为丑角，与铺兵演对手戏，引人发笑，活跃气氛。

二、花姑

"霁云殿嗦啰嗹"队伍中的花姑，未戴头饰，施淡妆，身着红色对襟古式服装，脚穿黑布鞋，手挎盛放玉兰花的红漆扁篮。

"妈祖宫嗦啰嗹"队伍中的花姑，头顶着古装大发髻，浓妆艳抹，身穿红色对襟古式上衣，绿色长裤，脚穿绣花鞋。一手持大红雨伞，另一手挎盛放鲜花的藤制红花篮。

"当兴境嗦啰嗹"队伍中没有花姑，除了什音队中一位女性敲小

第八章 "嗦啰嗹"的角色、道具分析

图8-2-6：霁云殿花姑（上）
图8-2-7：妈祖宫花姑（下左）
图8-2-8：三公境花姑（下右）

盏外，清一色的男性。因此其提花篮分花者也是男士，身着便装。

"三公境嗦啰嗹"队伍中的花姑，头戴粉色草帽，施淡妆，身穿红色对襟古式衣裤，脚穿便鞋，手挎盛放鲜花的红塑料花篮。

花姑由女性扮演，基本不做表演。作用主要是在旗手入户采莲时，向户主分发鲜花，并收取红包。一般一位旗手配置一位花姑。因为在大街上采莲时，各旗手会在同一时间分别进入不同人家采莲，因此需要相应数量的花姑紧跟其后。花姑收了红包后，会统一交给背钱箱的人。

第三节　旗手

"霁云殿嗦啰嗹"队伍中的旗手，头戴黄漆红缨清兵笠，画着大粗眉毛，有的鼻梁至两颊间涂着一片白，有的将鼻头涂成大红色，两颊涂胭脂，下巴画着假胡须，嘴唇上戴着假八字胡须，有

图8-3-1：霁云殿旗手

图8-3-2：妈祖宫旗手　　　　　　　　　　　　图8-3-3：当兴境旗手

的还戴着滑稽的墨镜。其中一个队伍身穿黄边橙色对襟古式上衣和橙色长裤，另一个队伍身穿红边黄色对襟古式上衣和黄色长裤。有几个旗手将衣服穿得端端正正，有几个则斜扣扣子，像铺兵一样露出一条手臂。手撑各色幡旗，有黄、橙、红三色，上书"安平镇霁云殿龙王公祈求平安"等字样。旗头扎着起辟邪作用的榕枝。脚穿黑白两色相间的布鞋。

"妈祖宫嗦啰嗹"队伍中的旗手，头戴红漆粉缨清兵笠，笠的边沿还有粉或绿须垂下。鼻头涂红，两颊先涂白，中央再着红色。画着八字胡须。身穿红、黄、绿各色对襟古式服装，有的斜扣上衣，露出一条手臂，脚穿黑色便鞋。手撑红、黄、橙、紫各色幡旗，旗头扎榕枝。旗上书"鸿江澳妈祖宫彩梁队"。

"当兴境嗦啰嗹"队伍中的旗手，头戴草编清兵笠，画着长眉毛，两颊和鼻子涂着胭脂。身穿绿色黄边对襟古式上衣和黄色长裤，腰系红布，脚穿便鞋。手撑红、黄幡旗，旗头扎榕枝。旗上书"安海当兴泉境龙王公合境平安"，旗杆处还写着"一九八五年岁次乙丑蒲月吉旦"。"蒲月"就是农历五月，与端午节家家户户

263

挂菖蒲的习俗有关。

"三公境嗦啰嗹"队伍中的旗手，头戴古旧残破的清兵笠，两颊涂着胭脂，身穿红色黄边斜襟古式上衣和红色长裤，斜扣上衣，露出一条手臂，脚穿便鞋。手撑黄色幡旗，旗头扎榕枝，旗上书"三公境采莲队"。

通过对比可见，旗手与铺兵装扮大致相同，头戴清兵笠，脸上涂红抹绿，身穿鲜艳的古式服装，手持旗头扎着驱邪榕枝的幡旗。不同的主要是旗帜上书写的文字。旗帜上一般写上各采莲队名称，有的队伍还有龙王公、平安等字样。旗手的表演有挥旗、抢旗、转旗等手部动作。脚步动作也很丰富，但基本为双脚交叉，

图8-3-4：三公境旗手

进几步退几步，形成迂回盘旋状。例如，原地等待时，进2步、退2步，或原地踏步，但是右脚踮脚尖，如跛脚状；后退时，先进2步，后退4步；前进时，进6步、退2步等。做这些动作时，都屈膝躬身，给人不稳定感。即将冲入屋内时，还要后退几步，单脚独立，做出蓄势待发状，然后充满爆发力地向前直冲，寓意有力地扫除污秽。

蔡湘江认为："《嗦啰连》舞蹈还保留了我国宋代队舞以竹竿仔念致语勾队、放队——指挥进出场和以竹竿仔领舞的遗风。泉州《嗦啰连》舞，走在前面举采莲艾旗指挥队伍进退的角色叫'小蠢帜'。'小蠢帜'举着采莲旗进入人家厅堂舞弄、独舞，其他人则列于厅口或门前伴唱、伴舞。"④

因为旗手肩担入户采莲的重任，他们以龙王使者的身份，手持象征神力的幡旗，四处拂扫，寓意驱除邪垢，所以旗手在入户时，经常口呼"龙王入厝""龙王到啦"之类的语句。采莲时，待龙王头在香案后摆放妥当，主人上过香，跪拜磕头后，在家婆的召唤下，旗手挥舞着幡旗，高喊着一些吉祥语，冲入屋内，在各

第八章 "嗦啰嗹"的角色、道具分析

个角落拂扫。据说，幡旗所到之处，晦气邪垢统统扫光。旗手所用吉祥语一般为七字句，如："龙王采莲采四方，主人世代当富翁！""龙王采莲采向东，主人钱银用毋空；龙王采莲采向西，主人金银满厝内；龙王采莲采向南，主人财源通龙潭；龙王采莲采向北，主人黄金顶厝角！"

第四节 前导旗/牌

"霁云殿嗦啰嗹"队伍设有"泉郡晋邑八都都主"前导旗、"泉郡安平采莲队"队旗各一支。橙布黄边，金线绣字，大字两旁还绣有栩栩如生的飞龙。持旗者身着黄色对襟古式服装，脚穿黑布鞋。另有"安平文化古镇霁云殿嗦啰嗹采莲示范队"牌匾、"国家非物质文化遗产保护名录'嗦啰嗹'安海霁云殿采莲示范队"牌匾各一个，红底黄字。这牌匾只在两队会合时抬出游街，由颜为民和黄素珠二位负责人亲自扛着。

"妈祖宫嗦啰嗹"队伍设有"泉郡八都安平朝天宫天上圣母进香谒祖""宫府妈祖母"等前导旗3面，其中2面为黄布镶红边，1面为红布，靠近旗杆处为金线绣的大字，外围绣了一圈各种颜色的飞龙。持旗者头戴红色"朝天宫"凉帽，身着橙色对襟古式服装，脚穿便鞋。另有"天上圣母（朝天宫）"牌匾一个，金线绣字，只在3队会合

图8-4-1："霁云殿嗦啰嗹采莲示范队"牌匾

安海嗦啰嗹

图8-4-2：霁云殿前导旗（左）
图8-4-3：妈祖宫前导旗（右）

图8-4-4：妈祖宫前导旗

图8-4-5：妈祖宫天上圣母牌匾

图8-4-6：当兴境前导旗　　　　　　　　　图8-4-7：三公境前导旗

时抬出游街。由4位小伙子扛在肩上，与持前导旗者同样装扮。

"当兴境嗦啰嗹"队伍设有"安海当兴源泉境采莲队"前导旗1面，黄布红字。持旗者为着便装的少年。"三公境嗦啰嗹"队伍设有"八都安海三公境三公爷合境平安"前导旗1面，与"妈祖宫嗦啰嗹"队前导旗相同，黄布镶红边，靠近旗杆处为金线绣的大字，外围绣了一圈各种颜色的飞龙。持旗者为着便装的少年。

这些金线绣字的前导旗，皆为金苍绣，在泉州随处可见：各大寺庙、道观的门楣上挂着金苍绣字牌；在祭桌前，绑上绣有龙头、八仙或南极仙翁等各色神灵的金苍绣桌裙；神像身上还披着金苍绣绣衣；各民间组织，如南音社团，有金苍绣郎君祖师神像、彩牌、凉伞等；普通人家也都备有金苍绣桌裙，有重大节日祭祀时都要绑在祭桌上以示隆重；有红白喜事还要到祠堂租借金苍绣字牌、金苍绣大灯等。可见泉州金苍绣应用之广泛，到了随处可见的地步。踩街活动更是少不了金苍绣。各个阵头必备之物就是金苍绣道具，字牌、凉伞之类，一是表明队伍来头，二是增加热闹气氛。

采莲队伍的金苍绣前导旗，皆以飞龙作为装饰，凸显活动的龙崇拜主题。

第五节　锣鼓队与乐队

一、锣鼓队

"霁云殿嗦啰嗹"队伍每队配锣鼓一队，由2人组成。头戴红缨草帽，身穿绿色对襟古式衣裤，脚穿黑布鞋。2人一头一尾扛着缠上红布的扁担，两头装饰布花，前挂鼓，后挂锣。2人都手持头绑着红布的鼓槌，前者敲鼓，后者敲锣，和着《嗦啰嗹》的节奏敲打。

"妈祖宫嗦啰嗹"队伍中的锣鼓队，共4人，分为2组，每组2人，一组敲锣，一组敲鼓。头戴帽子，款式并未统一，身穿黄色对襟衣裤，脚穿黑布鞋。两根红漆竹竿，其一中间挂锣，另一中间挂鼓。两人一前一后扛着竹竿，由后者手持头绑着红布的鼓槌，和着歌曲节奏敲击发声。

"当兴境嗦啰嗹"队伍的锣鼓队由2人组成，身着便服，一前一后扛着扁担，前挂锣后挂鼓，和着节奏敲击。

"三公境嗦啰嗹"队伍未设专门的锣鼓队。但其雇来的大八音

图8-5-1：霁云殿锣鼓队

第八章 "嗦啰嗹"的角色、道具分析

图8-5-2：妈祖宫锣鼓队

图8-5-3：当兴境锣鼓队

乐队中有锣和鼓。

以前《嗦啰嗹》曲由民间乐队演奏，众人合唱，如今多数简化，用一盘磁带代替。但是乐队虽简，锣鼓却不能简。一是锣鼓简单，只要和着《嗦啰嗹》曲的节拍，在歌词"啊啊啊咧，咧啊去咧"处敲击，即使是不懂音乐的人也能轻松应对，因此，比较好雇人，而且男女都行。二是锣鼓声音大，有了它们，热闹气氛更浓。三则如前文分析，锣鼓自古以来就用于驱傩队伍中，是必不可少的驱邪道具。

二、乐队

闽南人喜欢擅长营造热闹气氛的锣鼓吹乐队。在采莲队伍中，

269

图8-5-4：霁云殿乐队　　　　　　　　　图8-5-5：妈祖宫大开路

也常可见他们的身影。

"霁云殿嗦啰嗹"队伍雇用了开路锣鼓吹乐队。前有一女队员右肩扛木棍，棍前为开路大锣，后为"鸣锣""开道"字牌，左手持鼓槌击锣。队伍中心是一辆状如小亭的装饰精美的鼓车，红色底漆，金色花边装饰，内置大鼓一面，一男队员击鼓，一女队员负责在行进时推车。鼓车左边一女队员敲小锣，右边一男队员打小钹，后为两男一女吹唢呐。队员统一着装，头戴草帽，身穿黄色对襟衣裤。

"妈祖宫嗦啰嗹"队伍雇用了一支锣鼓吹乐队和一支桐林大开路。锣鼓吹乐队由一人在前面拉装有一面大鼓和一面铜锣的小车，一人在车后击打。车的左右各一人，分别敲铜锣和小钹。3个吹唢呐的队员跟在队伍后面；除拉车者外，皆为男性。他们身穿红色黄边对襟古式上衣，黑色裤子，头戴凉帽。"晋江市安海镇桐林大开路"，一个小女孩戴着凤冠，穿着粉色服装骑在一匹马上，她的右手边固定着一把遮阳伞和写有队伍名称的彩旗，一位身穿便服的男士负责牵着这匹马。2位姑娘举5色凉伞跟在后面。其后，是4位吹长喇叭的姑娘。最后的2位姑娘肩扛木棍，前为开路大锣，后为彩旗，上面分别绣着"鸣锣""开道"。这些姑娘统一服装，皆穿粉色带披风的服装，除了撑凉伞的2位外，个个撑着普通的伞遮阳。

"当兴境嗦啰嗹"队伍雇用了一支什音乐队，包括一人吹竹笛，一人吹唢呐，一人敲小鼓，鼓用铁架支撑，固定在打鼓人腰上，两人弹南琶，一人拉二弦，一人敲小锣，一人敲小盏，共8人。除敲小盏者外，皆为男性，着便装。

"三公境嗦啰嗹"队伍雇用了晋江东石井林村大八音乐队。队伍共10人，2位女队员敲开路锣，锣挂在一根棍子前端，棍子后端挂绸布字牌，分别写有"鸣锣""开道"。敲锣人左肩扛木棍，右手持鼓槌击锣。其后跟着一辆装有2个小鼓的车，由2位女队员一左一右推车，1位男队员立于中间敲鼓。左边1男队员敲小锣，右边1女队员敲小钹，鼓车后有3位吹唢呐的男队员。他们头戴草帽，身穿红色黄边对襟古式服装。

从上述4个采莲队伍的乐队乐器构成来看，不论是锣鼓吹乐队、什音乐队还是大八音乐队，锣、鼓和唢呐都是踩街队伍中不

图8-5-6：三公境乐队（左）
图8-5-7：当兴境乐队（右上）
图8-5-8：开路锣（右下）

安海嗦啰嗹

可或缺的乐器装备。这三样乐器声音大，锣鼓一敲，唢呐一吹，气氛就起来了。人们远远听见它们的声音，就知道有热闹可看，许多人会循声而至。另外，许多锣鼓吹乐队还担当着开路者的角色，有驱除邪垢之作用，上述挂"鸣锣""开道"字牌的大锣，说明了它们的另一功用。开路锣鼓"在晋江侨乡广泛用于迎神游行，出殡送葬，乃至娶妇迎亲之列，因用开路鼓以开辟前路，就可驱邪逐鬼，迎祥纳吉"[⑤]。

第六节　木刻龙王头

"霁云殿嗦啰嗹"队伍有两尊木制龙王，其一历史较长，原来供奉于霁云殿。这尊龙王头，以墨绿为底色。张着血盆大口，露出血红的舌头、4颗锋利的金色獠牙和其他普通牙齿。上颌上翘，顶端是一浪花造型。上颌内侧有弧形线条。嘴角至下巴处是黄色黑条纹的胡须，下唇还装饰金色圆钉。大大的红鼻头两侧伸出两根长长的红须，鼻颊处另有两根，须头饰有红绒球。凸出的两眼

图8-6-1：霁云殿龙王（左）
图8-6-2：霁云殿龙王车（右）

第八章 "嗦啰嗹"的角色、道具分析

图8-6-3：妈祖宫龙王　　　　　　图8-6-4：妈祖宫龙王车

怒目圆睁，金色红边的立体睫毛更增威严。额头绘有山字形火焰图案。头两侧是黄色的耳朵，以及红黄两色如同火焰般的须毛。头顶两只黄色带黑斑的角，形同鹿角，末梢漆成黑色。脑后还有墨绿色的鳞毛飘逸。另一尊龙王塑于20世纪90年代，形制模仿前者，但稍小，精致程度稍逊于前者。龙王车是一辆二轮推车，车内放置播放《嗦啰嗹》曲的录音机，车上铺黄色绸布，四周装饰布花，龙王头放置其上，龙王座前置一香炉。左、右、前三面有绿色绸布垂下，遮盖住车轮和车内的东西。车前挂红底黄字的"霁云殿"大牌。4个角插红、黄、绿、粉4支旗。推龙王车者头戴清兵笠，身穿绿色对襟古式服装，脚穿黑布鞋。

"妈祖宫嗦啰嗹"队伍的龙王共有三尊，皆于1992年请来，因此几乎一模一样。以白为底色，4颗獠牙及其他牙齿、下颌、舌头的上面也都是白色，上颌、舌头下面为红色。上颌上翘顶端如波浪形，嘴角两侧是红色胡须，下巴分2层，上层为红色，下层是墨绿色黄边黑黄条纹的浪花装饰。超大的红鼻子前端伸出两条长须，须头饰红绒球。鼻子两侧是高高凸起的黑眼珠，红底黑条纹的眉毛如同焰火般向上蹿。额头绘一绿色的王字，两侧是山字形绿色火焰。耳朵外红内绿，中间是黄色波浪条纹。脑后两侧是尖刺形

273

图8-6-5：当兴境龙王

图8-6-6：三公境龙王之一

图8-6-7：三公境龙王之二

红色鳞毛，饰以黄、黑条纹。头顶两只暗红色大角。龙王车是一辆二轮推车，车内放置播放《嗦啰嗹》曲的录音机，龙王直接放置在红漆木板上。四周布置塑料花朵，车前挂橙布黄字的"朝天宫"金聪绣牌。推龙王车者头戴红漆粉缨清兵笠，身穿黄色对襟古式服装，脚穿便鞋。

"当兴境嗦啰嗹"队伍的龙王通体红蓝条纹相间。张着血盆大口，上颌上翘顶端呈浪花状，上颌内侧有弧形线条。大红舌头白牙齿，下唇是蓝色浪花纹。鼻头也是红蓝相间，前端伸出两根长须，须头各装饰两个红绒球。两眼凸起，眼睫毛如尖刺状翘起。头顶两只暗红色大角，红底蓝边的耳朵竖立其后。脑后是绿色条纹的鳞毛。当兴境未设龙王车，而是采用传统的手抬或肩扛方式，用两根红色长木棍，中间固定一块红色木板，龙王直接放置其上，用红布固定，由4位着便装的男士扛着。

"三公境嗦啰嗹"队伍有两个龙王头，其一稍大，以黑为底色，张着血盆大口，4颗金色獠牙，大红舌头上翘。上颌上翘顶端呈浪花状。嘴角至下巴处是橙色火焰状装饰，下巴正面还有绿色海水状花纹。大黑鼻子，两侧长须饰以红布条。金色的眼珠向前凸起，顶端为黑色。眉毛至嘴角两侧是橙色火焰状装饰。耳朵为橙色云朵状，头顶两只金色大角，饰以红色绸布。额头有橙色火焰。另一龙王稍小，通体浅蓝、深蓝条纹相间，血盆大口，白色牙齿。上唇上翘顶端呈波浪状。上颌有弧形线条。两眼凸出，眉毛为白色饰以红色花纹。鼻子两侧伸出两根长须，饰以红布条，须头饰大红绒球。头顶双角。龙王车是一辆三轮机动板车，身着便装的司机在前驾驶，车身前、左、右三面装饰鲜花，竖立各色彩旗。

另外，西宫境近年来虽不采莲，但仍供奉龙王，采莲所用的龙王牌也陪伴左右。其龙王以深蓝为底色，配以浅蓝白边条纹。张着血盆大口，上颌上翘顶端呈浪花状，上颌内侧有弧形装饰。大红眼圈黑眼珠，鼻子两侧伸出两个长须，须头饰红绒球。头顶两只大角。底座和脑后有波浪形装饰。

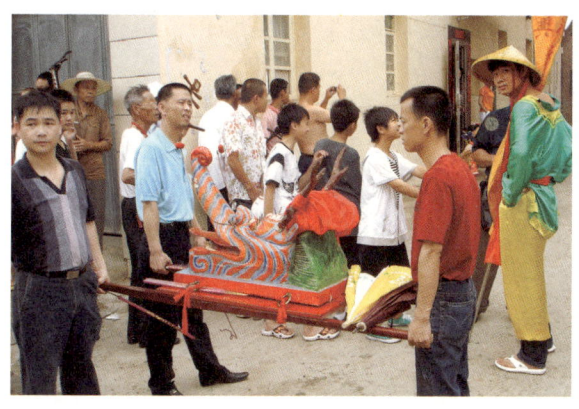

图8-6-8：抬龙王　　　　　　　　　图8-6-9：三公境龙王车

总结起来，各境的龙王形制大体相同，即都张着血盆大口，上颌上翘成浪花状，舌头也弯曲上翘，有牙齿，有的还有獠牙。大鼻子，鼻子周围有须伸出，须头饰绒球。双眼凸出，头顶双角。下巴、两颊、眉毛、额头、脑后等都有装饰花纹，这些花纹或为海浪状，或为火焰状。龙头虽有大有小，但长度大致在60—70厘米之间。然而每个龙王又各有特点，首先是颜色不一。其次是装饰不同，细节处理有简有繁；有的有獠牙，有的无獠牙；有的上颌内侧有弧形条纹等。龙王游街的方式有延续传统的4人肩扛、有简便的二轮车手推，还有更节省人力的三轮机动车运载。

当地善男信女一再强调，应该称呼其"龙王公"，否则就是不敬。据说龙王平时云游四海，只在端午节时才回来。因此人们平时会收起龙王头，在端午节前几天将之抬出，并举行简单的请神仪式。人们相信龙王会在此时附身。据妈祖宫采莲队负责人黄荣科说，每年端午节，宫里的神伎都能看见龙王到来。

第七节　民俗演出队及其他

舞狮队、"骑驴探亲"、"公背婆"和彩球舞队都是泉州踩街队伍中常见的民俗演出队。

"霁云殿嗦啰嗹"队伍和"妈祖宫嗦啰嗹"队伍都雇用了舞狮队。舞狮队由8—10人组成，编制大同小异。霁云殿雇用的2支舞狮队都为10人，1人敲大鼓，1人敲小钹，1人敲铜锣，1人拿彩球扮演弄狮者，另6人舞狮，包括2头2人扮演的大狮子，以及2头1人扮演的小狮子。妈祖宫雇用的舞狮队一支由8人组成，与10人队相比，少了2头1人扮演的小狮子；另一支队伍由9人组成，少了敲大鼓的人。舞狮队一般都有自己的座驾——一辆拖拉机。弄

第八章 "嗦啰嗹"的角色、道具分析

图8-7-1：骑驴探亲　　　　　　图8-7-2：公背婆

狮者身穿绣有黄色飞龙的红色衣裤，舞狮者穿或黄或红的狮服。但是狮队只参与上午的采莲，因为下午的大街游行是多队会合，气势已足够壮大。

"霁云殿嗦啰嗹"队伍请来了"骑驴探亲"队伍，表演者可男可女，脸上涂红抹绿，丑角打扮，头戴古装帽，身着大红衣裤，腰间绑着用竹子制架、用布做外皮的驴子，作骑驴状。"骑驴探亲"既是一民俗游艺，又是高甲戏传统喜剧剧目，为著名艺人柯贤溪的代表作。说的是女儿出嫁后受婆婆欺负，两老公婆骑驴去找亲家评理，全剧嬉笑怒骂滑稽搞笑，深受大众喜爱。

"霁云殿嗦啰嗹"队伍和"三公境嗦啰嗹"队伍请来了公背婆队。公背婆表演由打城戏、木偶戏《目连救母》"会缘桥"一折中的"哑背疯"演化而来。由1人扮演公、婆2角色，一般由女性扮演，上半身扮婆，盘头插大花，身穿大红衣，腰部固定一个用竹篾、纸扎做成的假屁股，以及向上翘起的一双腿，作为婆的下半身。腰前固定一个穿黑衣戴黑帽的假老公的上半身，假双手向后

安海嗦啰嗹

图8-7-3：五彩旗手　　　　　　　　　图8-7-4：南少林五祖拳

别，做背婆状。真人的下半身穿黑裤，扮公的下半身。"演出时，要佯装逗乐的老公和打情骂俏的老婆，一人妆成两个，进行男女声对话（或对唱），背上那位一手执蒲扇，一手拿手帕，不时扭摆腰肢，动作滑稽诙谐，令人捧腹大笑。"⑥

"三公境嗦啰嗹"队伍请来了彩球舞队。彩球舞又名踢球舞、贡球舞、郑元和，源自梨园戏的《郑元和》剧。舞蹈一般由1名持彩球者、1名家婆、4—8名村姑组成。"三公境嗦啰嗹"队伍请来的彩球舞队中，持彩球者为一老汉，身穿红色黄边古式服装，袒露右手，将右袖扎在腰间。手持一根1米来长的木棍，棍的顶端固定一空心彩球，内装铃铛。该队没有家婆，但是公背婆显然顶替了家婆的位置，随着音乐在彩球舞队中摇来摆去。4名村姑头顶着古装大发髻，浓妆艳抹，身穿粉色对襟古式服装，轮流上前做踢球状。

这些民俗演出队起到了活跃气氛、壮大声势的作用。

此外，"霁云殿嗦啰嗹"队伍特设五彩旗手，每队10人。身穿浅蓝色对襟古式服装，手撑五彩长旗，旗上书各种吉祥藏头联，如"霁宫奉帝座""云天佑黎民"等。五彩旗手不表演，只是跟着队伍走。

"妈祖宫嗦啰嗹"队伍的特色就是安海南少林五祖拳学会,以及由几位大妈组成的扫街队伍。五祖拳学会队伍由1支前导旗,7个10岁左右的儿童以及20个成人组成,清一色的男性,个个手持棍棒,头戴统一发放的绣有"朝天宫"字样的凉帽。7个孩子中有1个身穿红色服装,上衣两侧绣龙。其余6个身穿黄色服装,上衣两侧同样是龙的图案。成人无统一服装,但多为白色短袖上衣,深色裤子。扫街队伍由4位老大妈组成。她们穿上黑色围裙,腰系一根红绳,左手持遮阳伞,右手持扫帚。这是在进香、谒祖、舀火的队伍中常见的装扮。她们在行进中会不断地用扫帚做出向外扫地状,意欲将污渍邪垢统统扫光。

这些队伍同样用来制造热烈的气氛,壮大队伍声势。

[注释]

① 陈力群:《高甲丑表演艺术阐微》,《艺苑》2009年第2期,第35—41页。

② 戴冠青、许雪仪:《"高甲丑"与闽南观众的接受心理》,《文艺争鸣》2006年第5期,第141—145页。

③ 李灿煌等编著:《晋江民间风俗录》,载黄延艺主编《晋江文化丛书·第五辑》,厦门大学出版社2010年版,第267页。

④ 蔡湘江:《泉州民间舞蹈》,福建人民出版社2006年版,第104页。

⑤ 刘浩然:《晋江民俗掌故》,载范清靖主编《晋江文化丛书·第二辑》,厦门大学出版社2002年版,第228页。

⑥ 李灿煌等编著:《晋江民间风俗录》,载黄延艺主编《晋江文化丛书·第五辑》,厦门大学出版社2010年版,第274页。

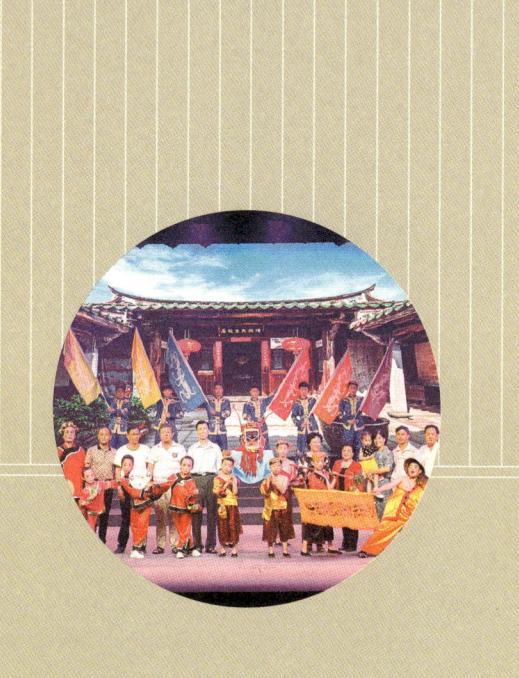

第九章　『嗦啰嗹』的舞台化

第一节 "嗦啰嗹"舞台化溯源

"嗦啰嗹"的舞台化，从源起到之后的发展，都与政府部门的相关活动密切相关。

把"嗦啰嗹"搬上舞台始于1956年。当时，新中国成立不久，继1953年成功举办第一届民间音乐舞蹈会演后，中华人民共和国文化部于1956年在全国各地发动和准备第二届会演，并于次年3月在北京成功举行。于是福建省也如火如荼地展开了节目准备和筛选活动。

据民间艺人陈再来回忆，当时安海有四五个特色，如复兴社区以尤金满为首，擅长民间舞蹈；鸿塔社区有一个有名的杂技团，是一位温州人在粮站组织成立的；兴胜社区跳新式舞蹈；海东社区（如后库、安东）等擅长演戏。当时晋江组织民间会演的人找到各个街道，让他们排演节目。任务下来后，安海文化站站长颜昌瑞成立了一个创作组，由尤金满负责，目标就是将"嗦啰嗹"搬上舞台。由于舞台表演与行进中的民俗活动有本质上的不同，民俗的"嗦啰嗹"只能是素材，舞台化的"嗦啰嗹"还需要提炼、创造，而且舞蹈所用音乐也必然要有所不同。于是尤金满就开始搜集资料，寻找创作灵感，还自己琢磨歌词，到处去问懂行的人，安海哪个月开哪种花。

舞台版的嗦啰嗹以尤金满为主创，但也凝结了许多人的智慧。由于当时的人们做这些事情，凭的是对乡土文化的满腔热情，完全没有想到要留姓名，因此多少年来，众人只知领头的尤金满，至于还有没有其他人参与编创没人深究，当事者也并不当一回事。直到近些年，"嗦啰嗹"伴着"申遗"的脚步引起了多方关注，许多人开始追问当年的舞台"嗦啰嗹"如何创编，参与者何人。

据颜昌瑞回忆，当时成立的创作小组以尤金满为首，林华居、郑普雪、俞贵祥、黄仁仁等人参与；歌词方面，尤金满承认伍棠参与了整理。

音乐方面，文友颜长江提供了一条线索，在南音名师高铭网（又名高文网）的儿子高翔云家中，保留着一张1956年12月颁发的奖状。颁奖单位为"福建省晋江专员公署"，奖状内容如下："高文网参加晋江专区民间音乐舞蹈选拔演出大会，演出采莲午钱鼓弄经评选委员会评定，经本署批准给予优秀音乐奖，特给此状，以资鼓励。"颁奖人为"专员张连"，时间"一九五六年十二月廿四日"。由此奖状看来，获奖时间与1956年底在晋江的会演时间吻合。当时的进京会演选拔相当严格，先从镇里排练节目，然后到晋江，接着是泉州，再到福州会演，层层选拔最后确定进京会演节目，晋江会演时间正是1956年12月。获奖音乐名称也与会演节目相符。当时尤金满准备了"采莲舞"和"钱鼓弄"等4个作品，但是只有"采莲舞"被选中，并改名为"嗦啰嗹舞"进京会演。因此高铭网所获奖状属晋江级的奖励，其名称还保留"采莲舞"之名，也与事实吻合。遗憾的是高铭网1958年去世，甚至连他儿子都不清楚这段创编历史。当事人尤金满已去世，颜昌瑞、陈再来等老人对具体情况不甚了解，"嗦啰嗹"舞台音乐的详细创编过程已不可知。所幸还有一纸奖状留存，供后人追溯。众人都认为由高铭网创编音乐的可能性很大。颜长江认为高铭网有收集闽南音乐的习惯，而且还创编了很多新曲，当时的他在闽南又享有盛誉，由他创编音乐顺理成章。

第九章 "嗦啰嗹"的舞台化

图9-1-1：高铭网　　图9-1-2："优秀音乐奖"奖状

最后成型的"采莲舞"，演员构成为4个举木制龙王牌的艄公，男性扮演；4个提花篮的花姑，女性扮演；再加上扮演旗手的尤金满，共9人。没有家婆、铺兵。表演时间共15分钟，采用五月令歌词，每一句歌词换2个造型。舞蹈音乐所用乐器为南音乐器，琵琶、二弦、三弦、品箫、嗳仔，以及小叫、双铃等打击乐器，属南音中的下四管乐器构成。①不用洞箫而用品箫是因为后者善于营造热闹欢快的气氛，洞箫则过于深沉。演出时，乐器在后台演奏，舞蹈演员们边表演边和着节奏唱"嗦啰嗹"曲。

各节目编排成型后，在安海俱乐部举行了汇报演出，尤金满排练的舞蹈《采莲舞》《打铁记》《钱鼓弄》《河蚌相争》等4个节目被选中。

据陈再来回忆，当时经济条件很差，演出服装成了一个大问题，没有资金做专用服装，于是晋江青阳文化馆借给了他们几套腰鼓装。1956年末，当选的各节目演出人员聚集在青阳文化馆集中排练，总共花费了半个月时间。之后，再赴泉州开元寺继续排练半个月。在泉州排练最后一天的下午，南安市石壁水库就要封口了，正处于关键时刻，为了激发民工的斗志，将石壁水库修好，演出队赴南安慰问演出。当天晚上，演出队赶到福州。刚到福州，

安海嗦啰嗹

图9-1-3：安海嗦啰嗹舞赴京选拔成员合影，后排左二为陈再来，左一为原晋江文化馆馆长陈启初（摄自"古韵安海老照片展"）

尤金满就召集大家开会，说一定要把这些节目打响，于是紧锣密鼓地组织大家排练。当时在青阳、泉州排练时，地方上的舞台很小，队伍是照着小舞台排练的，结果福州省城的舞台很大，排练时队伍不是偏到这一角就是偏到另一角，总也不在舞台中间。尤金满非常生气，但是时间紧迫，也无法多做练习。结果正式演出时，台下坐着许多的外国专家、各机关单位的重要人物，大家高度兴奋，跳出来的队形很正，演出效果非常好。当时虽然准备了4个节目，打算在不同的演出中轮流上演，每次演两个节目，但是由于《采莲舞》备受欢迎，因此成了每场演出必演的节目。这次省城的会演共持续了10天，每天都有演出，每场都有《采莲舞》。当时晋江地区评选优秀节目，虽然《采莲舞》只得了第二名，但是却更受群众欢迎，舆论很好。

福州演出之后，确定《采莲舞》进京参加全国会演，并改名为《嗦啰嗹舞》。但是由于经费问题要裁减人员，只留尤金满和其他

4人继续在福州排练，准备来年的全国会演。陈再来等4人则回到安海，由其他进京人员顶替他们排练。从离开安海到回来，这一去一共是49天：青阳15天、泉州15天、福州12天，再加上来回路程，刚好回家过春节。从省里回来后，陈再来到俱乐部汇报工作，讲述了这49天的经历。过了年，尤金满等人赴北京会演。

据陈增荣《端午采莲》：安海民间艺人和专业文艺干部合作，就"采莲歌"进行一番整理加工，去糟粕存精华，创作出"嗦啰嗹"舞，曾参加华东区民间文艺会演，并拍成电影。由于它有浓厚的闽南风味，影片在南洋放映，很受华侨欢迎。[②]

此为"嗦啰嗹"舞台化的开端，此次会演打响了成功的一炮。后来，虽然因为反右运动、"文化大革命"等影响，不论是民俗活动"嗦啰嗹"还是舞台"嗦啰嗹"都一度沉默。但是自1978年之后，文艺复苏。当年全国会演的影响至今犹存，晋江市在许多民俗表演活动中都会想到"嗦啰嗹"。尤其是近年来，全世界对非物质文化遗产的重视，更是使"嗦啰嗹"备受关注。

第二节　多才多艺的尤金满

尤金满是"嗦啰嗹"舞台化第一人。他一生创作排演了许多文艺作品，涉及音乐、舞蹈等多个方面，所以其排演的"嗦啰嗹舞"能一炮打响，并在之后的半个多世纪里持续产生广泛影响，与其高水平的创编能力息息相关。

根据黄冬艺等人提供的资料，1957年，由福建省文化局、青年团福建省委联合举办的"福建省民间音乐舞蹈观摩演出大会"，在福州举行。第二场演出的节目介绍单上，除了有厦门市代表队演出的南乐合奏《八骏马》、龙岩专区代表队的民间舞蹈《火花舞》

等节目外，还有晋江专区代表队演出的民间舞蹈《唆啰嗹舞》。创作者为尤金满，表演者有尤金满、黄仁仁、黄抱治、颜孔雀、陈再来、吴建义、黄幼忠、何秀琼、王健等人，伴奏者有吕其树、张沧浪、黄清泉、林文扁、邱志竹、吴敬水、李祖武、黄尔生、杨金銮、吴国聘、黄良佑等人。节目介绍如下："东海龙王故意把玉帝降雨的旨意颠倒，造成水、旱灾。五月五日，魏征奉命斩龙王。龙王头落人间，民心称快。就在这一天，男女群众、穿红戴绿，由一个领队拿着红旗，前导挨家挨户用旗扫尘，表示驱邪。这个民俗流行于闽南沿海一带，群众叫作'唆啰嗹舞'。尤金满把它加工、创作为舞蹈。"除此之外，在第6场节目介绍单上，晋江专区代表队还表演了舞蹈《戏球舞》，此节目只罗列了表演者和伴奏者，与《唆啰嗹舞》为同一班人马，但是并无特别说明创作者。此次参加演出大会，尤金满因《唆啰嗹舞》还获得了一张由主办方颁发给他个人的"演员奖"奖状。

  尤金满曾获得过许多奖状及证书，印证了他在音乐舞蹈方面所做成就及贡献。证书分为几类，其一是"演员奖"。除了前文提及的《唆啰嗹舞》演员奖外，还有1956年3月15日，因在福建省第一届群众业余文艺观摩演出大会上，演出"大补缸"而获得省文化局等单位颁发的演员奖。其二是创作奖，包括舞蹈和音乐创作。如1980年8月30日，创作的歌曲《妈妈，我明天就要出嫁》因在全省青年演员、新作品独唱、重唱比赛中，获得作品奖，得到福建省文化局、中国音乐家协会福建分会颁发的获奖证书；1986年9月29日，舞蹈《童嬉》在"省首届少儿音乐、舞蹈、木偶调演"中，获福建省文化厅、教育厅等多个单位颁发的"创作二等奖"，该奖状还特别标明"作曲"。该作品在1989年5月，还与陈建一起获得由文化部、国

图9-2-1："唆啰嗹舞""演员奖"奖状（黄冬艺提供）

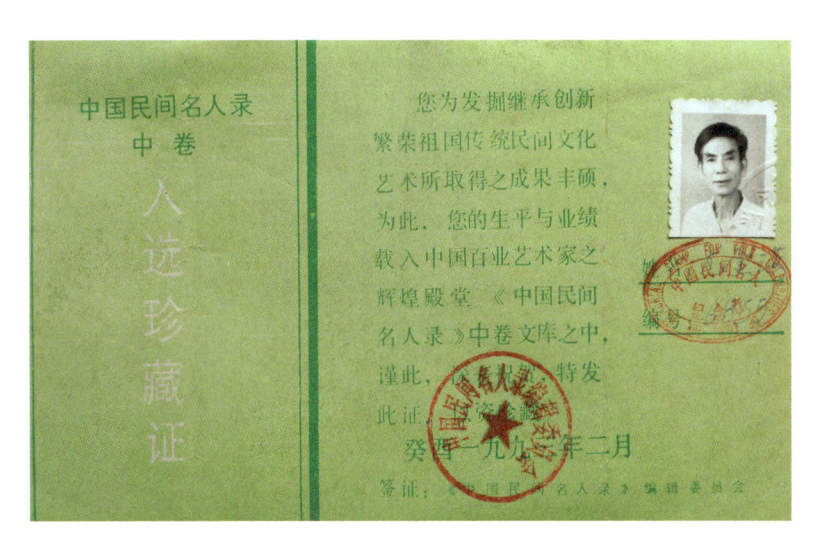

图9-2-2：入选《中国民间名人录（中卷）》

家教育委员会等12个单位共同颁发的"音乐创作奖"奖状；1987年2月1日为中国人民解放军海峡之声广播电台创作的《田蛤仔哼哼叫》歌词，获评二等奖。可见尤金满的创作不仅是舞蹈，还包括音乐和歌词。其三，工作表彰证书。如1987年3月获得热心民族民间舞蹈集成工作表彰；1988年因参加"艺术科学国家重点研究项目文艺集成志书"编纂工作和资料整理工作获得文化部等单位颁发的证书；1992年6月，在"福建省民族民间舞蹈集成精选节目展演会"上表演《拍胸舞》和《摇钱树》，为保存民间舞蹈精华做出贡献，而获得福建省文联、文化厅颁发的证书；1998年因参加《中国民族民间舞蹈集成·福建卷》编纂工作，获得福建省文化厅颁发的证书。

此外，尤金满还曾撰写文章，如他与曹美玉联合撰写的《试论闽南民间舞蹈拍胸舞的风格特点》，参加了1990年的"八闽民间舞蹈文化研讨会"。他曾于1993年入选《中国民间名人录（中卷）》，曾任中国舞蹈家协会福建分会第一届理事、第二届常务理事，并获得了许多其他荣誉。

第三节 "嗦啰嗹"舞进校园

如今在安海,只要有大型演出,往往都少不了"嗦啰嗹"。

例如,2005年,晋江市启动了"乡土文化进校园"试点,并于同年6月举办了试点观摩活动,之后,又举办了"乡土文化进企业"演出,其中都有安海养正中心小学表演的舞蹈《嗦啰嗹》;2006年5月27日,中国闽台缘博物馆开馆,开幕式演出中有安海养正中心小学表演的舞蹈《嗦啰嗹》;2008年6月,"晋江市(安海)首届端午民俗旅游文化节",在当晚的"中国移动'合家欢'之夜民俗文艺晚会"上,安海镇音乐舞蹈协会艺术团表演了舞蹈《嗦啰嗹》;2010年12月,安海建镇880周年举办了文艺会演,安海养正中心小学排演了舞蹈《嗦啰嗹》;2011年6月举办的"海峡情·闽南风——第三届海峡论坛·闽南文化节开幕式"之《乡土印象》——闽南民间歌舞会演"有安海养正中心小学表演的舞蹈《嗦啰嗹》……

此类"嗦啰嗹"舞台表演不胜枚举,而且都是以政府为主办单位,体现了官方对"嗦啰嗹"的重视。也正因如此,更加激发了艺人们的创作热情,以"嗦啰嗹"为素材的音乐舞蹈作品越来越多,每次都以全新的姿态出现,成为安海的一个保留节目。值得注意的是,在这些舞台版的演出中,安海养正中心小学成了一支主力军,频频出现在人们的视野中。

安海养正中心小学一直以来就非常重视艺术教育,前任校长黄肖星、颜肖辉等都喜欢艺术,乐于发掘乡土文化。1999年,学校开设了包括南音在内的多个兴趣班,并聘请南音名师黄国新到校任教。之后,南音走进课堂,正式成为校本课程。多年来,该校的南音教学成效显著,获得各界好评。2001年,学校成立了艺术团,排演各类民俗节目,如布袋戏、拍胸舞、南音、舞龙等,并多次举办文艺会演。2004年,学校开始尝试排演"嗦啰嗹"。

2005年,响应"乡土文化进校园"的号召,安海养正中心小学艺术团更为重视"嗦啰嗹"节目的编排,请来多位嗦啰嗹老艺人担任艺术指导。先由舞蹈老师模仿学习,学会了再教给学生。当年6月,节目排练成型,在试点项目现场观摩活动上,安海养正中心小学作为参演的11所学校之一,表演了舞蹈《嗦啰嗹》。之后,晋江市又举行了"乡土文化进企业"活动,演出节目包括舞狮、高甲戏《骑驴探亲》、舞蹈《彩球舞》、掌中木偶《大名府》,以及安海养正中心小学表演的《嗦啰嗹》等。

安海养正中心小学的《嗦啰嗹》成为一个保留节目,多次应邀参加省级、泉州市级、晋江市级调演,获得好评。

2006年5月27日,中国闽台缘博物馆开馆,当日举行了盛大的开幕式演出,安海养正中心小学艺术团表演了舞蹈《嗦啰嗹》。

2007年安海养正中心小学百年校庆时,精心编排了一场节目,其中《嗦啰嗹》也是重头戏。此时,上台表演的已经是第二代演员,第一代演员多数已毕业。当时有一位演家婆的学生已毕业,就读于晋江市子江中学,由于排练需要,临时把他叫了回来,客串演出。

2010年12月,安海建镇880周年举办文艺会演,要求养正中心小学教师排演一个节目。于是学校再次排演了舞蹈《嗦啰嗹》,不同以往的是,此次演出由教师表演,在舞台表现以及音乐方面也做了大胆的改变和发挥,不再拘泥于"原汁原味"的呈现。

2011年6月11日,"海峡情·闽南风——第三届海峡论坛·闽南文化节开幕式"之"《乡土印象》——闽南民间歌舞会演"在青阳侨乡体育馆举行。养正中心小学的舞蹈《嗦啰嗹》仍是演出节目的重要组成,时任校长颜肖辉亲自带队参加演出。这场节目,在建镇880周年文艺会演之演出的基础上,将舞台一分为二,上层展示原味"嗦啰嗹",下层展示创新"嗦啰嗹",二者有机结合,同时更为强调现代化的音、舞、美的感官效果。演出以教师为主,也有部分学生参与。

自2004年起,养正中心小学编排"嗦啰嗹"至今不辍,经历了演员从学生到老师再到兼而有之，舞台表现从"原汁原味"到大胆创新的过程。如今，参与演出的老师还是那些老师，学生却已传到第4代。校长明确指出《嗦啰嗹》舞蹈要作为学校的传统延续下来。除了舞台版外，养正中心小学也编排行进间的"嗦啰嗹"，受邀参与各类大型踩街活动。

第四节　多种风格的《嗦啰嗹》舞

由于"嗦啰嗹"的逐渐升温，"嗦啰嗹"舞台化的尝试日益增多，舞台上的"嗦啰嗹"也呈现出几种不同风格。其一，更为尊重传统，以保留"原汁原味"为基本出发点，稍作提炼，使民俗活动舞台化，音乐方面也基本原态呈现。以安海镇音乐舞蹈协会艺术团的表演和养正中心小学的前期表演为代表。其二，更为强调创新，将嗦啰嗹作为创作素材，重新创编，民俗嗦啰嗹几乎不见踪影，或者只是作为点缀、边缘角色而出现，以安海建镇880周年文艺晚会上，养正中心小学的表演为代表。其三，传统民俗与创新并行不悖的二重奏，以《乡土印象》——闽南民间歌舞会演"中，养正中心小学的表演为代表。

一、安海镇音乐舞蹈协会艺术团表演的原味《嗦啰嗹》

2008年6月6日开幕的"晋江市（安海）首届端午民俗旅游文化节"，由众多活动组成。其中，在镇政府大门前举行的"中国移动'合家欢'之夜民俗文艺晚会"，压轴戏就是安海镇音乐舞蹈协会艺术团表演的民间舞蹈《嗦啰嗹》。

安海镇音乐舞蹈协会艺术团成立于2005年，共有团员45人，

《嗦啰嗹》舞蹈

第九章 "嗦啰嗹"的舞台化

图9-4-1：柯达斯在表演（右一）（摄自"古韵安海老照片展"）

团长柯达斯。柯达斯是安海名人，自小喜爱舞蹈，十六七岁时加入晋江专区文工队。她参与表演的《采茶扑蝶》于1953年被选送赴北京参加第一届全国民间音乐舞蹈会演。

艺术团表演的舞蹈《嗦啰嗹》，由柯达斯策划指挥，黄莺编舞导演。音乐方面，则由艺术团成员黄汉溪等人编创制作，提取了几句歌词做原样呈现，各句歌词之间以创编的器乐连缀。该节目以突出民俗嗦啰嗹为思路，家婆、铺兵和旗手三元素在舞台上得到重点呈现：家婆、铺兵在舞台上做出逗乐姿态，旗手则颠着醉步，不遗余力地挥动手中旗帜，四处拂扫。扮演主要角色的3人全来自"晋江市安平木兰拳协会"。其中正会长黄祖南扮演家婆，副会长周卫军扮演铺兵，副

图9-4-2：花姑表演

293

图9-4-3：花姑与艄公表演（左上）

图9-4-4：旗手与艄公表演（右上）

图9-4-5：家婆与旗手表演

会长沈诵游扮演旗手。为增加舞台演出效果，以沈诵游扮演的旗手为主，还有另几位旗手配合演出。此外，还有花姑队和艄公队，突出采莲主题。

演出开始，锣鼓声起，一男声高喊"花开啦"，在前奏声中，身着蓝色古式服装的5位旗手上台，左边2位右边3位，时而挥动时而旋转手中的旗帜，先交叉对舞，后绕圈跳舞。主要演员沈诵游扮演的紫衣旗手上台，与其他旗手对舞。前奏的尾声中，铺兵上台，歌声响起，"好啊好，好啊好梯桃，啊啊啊咧，咧啊去咧"。在歌声中，旗手集中在舞台右边，随着节奏如摇船般徐徐摆动身体，铺兵敲响铜锣，在舞台中央舞动。歌声结束，铺兵退到右边，乐器间奏，紫衣旗手出列领舞，其他旗手从紫衣旗手身后舞过，

第九章 "嗦啰嗹"的舞台化

图9-4-6：2019年演出后合影（颜昌瑞提供）

图9-4-7：2019年演出剧照（颜昌瑞提供）

从左侧舞台退出。家婆扭动屁股上台，与旗手、铺兵打闹，并引出花姑。身着深紫服装的花姑手持红漆扁篮从左侧上台，3人打闹了一阵退出，将舞台让给花姑，歌声再次响起，"五月初五是端午节啊，端午节啊，嗦啰嗹啊啰嗹哩啰嗹啊"。艄公手摇船桨从左侧上台，之后半跪在台前做划船状，花姑上前环绕艄公跳舞。间奏声起，旗手、家婆再次上场，家婆边舞边从扁篮中掏出玉兰花撒向台下。热闹地群舞了一阵，花姑偏到舞台左侧，艄公集中到舞台右侧，歌声响起，"好啊好，好啊好勒桃，啊啊啊咧，咧啊去咧"。旗手、家婆到舞台中央表演。"五月初五是阳和气啊，阳和气啊，嗦啰嗹啊啰嗹哩啰嗹啊……"众人一起舞动。最后，尾声，花姑一边朝台下撒玉兰花，一边退出。家婆与铺兵出台，见人已退

295

去，互相招呼着也退出舞台，演出结束。

这台节目作为艺术团的保留节目，经常在相关活动中上演。例如，曾于2006年9月29日，在安海公园举办的"安海镇庆国庆人口与计生宣传文艺晚会"上作为压轴戏演出；再如，2019年6月6日，在第十一届海峡论坛——晋江市（安海）第八届两岸端午民俗旅游文化节开幕式中的安海"嗦啰嗹"习俗舞台展示中上演。这些演出都与2008年的这台演出基本相同，音乐相同、动作相同，演员也大致是原班人马。

二、养正中心小学表演的原味《嗦啰嗹》

养正中心小学自2004年起就开始排练舞蹈《嗦啰嗹》，先后在"乡土文化进校园"试点观摩活动、"乡土文化进企业"专场演出、"闽台缘博物馆"落成开幕式上成功演出。2007年3月，养正中心小学迎来百年华诞。学校举办了一系列庆祝活动，其中第二个节目就是舞蹈《嗦啰嗹》。该节目在前几次表演的基础上，稍加修改精炼而成。

舞蹈演员全由学生组成，融入了民俗活动的各项元素，是"原汁原味"的呈现：演出使用5月令歌词，童声演唱。除了加上锣鼓引子外，对音乐未做任何改动；除了有家婆、铺兵、旗手、花姑等主要角色外，还有龙王牌、龙王头等民俗活动中必不可少的道具。演出中龙王牌、龙王头的表演成分很少，主要为凸显采莲民俗的主旨而设，同时也增加了舞台视觉丰富性。家婆、铺兵、旗手、花姑等角色中，家婆是贯穿整个节目的核心人物，其分量最重，而且起主导作用，龙王头队伍、花姑队伍等都由其引出；铺兵与家婆演对手戏，3次与家婆在舞台上对舞；前半场旗手的独立表演，展示了入户拂扫的主要动作；后半场10位花姑站满整个舞台，动作优美，身体晃动如摇船般，整个舞台犹如一艘摇曳江上的采莲船，暗示了采莲与龙舟的关系。

节目一开始，在密集的锣鼓声中，身着麻布破上衣、蓝色裤子的铺兵跑上台，从左侧一个筋斗翻到舞台右侧，接过台下扔上来的扎有榕枝的黄色采莲旗，挥舞着旗帜，颠着醉步倒退回到左侧。此时家婆引导队伍从左侧上台，包括4位持龙王牌、4位扛龙王头的小演员，以及4位持各色采莲旗的小旗手，全都身着黄色衣裤，系红色腰带。上台后，扛龙王头的演员以及持龙王牌者紧靠舞台后部一字排开，中间为龙王头，两侧各2位持龙王牌者。旗手则一边2个分布在舞台两侧。铺兵与家婆在舞台中央对舞，你来我往，做出各种风趣造型。几个回合后，2人下台，舞台让给4位黄衣旗手。旗手高举旗帜从舞台两侧来到中央会合，之后又分立两侧，旗帜指向前方，做出蓄势待发状。此时，电声乐器演奏的"嗦啰嗹"前奏响起，旗手向舞台另一侧冲去。交换位置之后，再一次冲刺。在童声合唱的"好啊好，好啊好勒桃，啊啊啊咧，咧啊去咧"旋律声中，家婆和铺兵从两侧上台，各自绕着舞台转了一圈，两人会合时家婆还用蒲扇拍了一下旗手，之后铺兵下台，只剩家婆还在舞台中央扭怩作态。在"正月立春（多）阳和气（呀啰），嗦啰嗹啊伊嘟啊啊咧"的歌声中，家婆用红纱巾遮面，小碎步向左徐徐后退。10位身着粉色衣裤手持扁篮的花姑从左侧一步一晃如乘船般上台，家婆也跟着摇晃着来到舞台中央。花姑手持扁篮在舞台中央表演，家婆和铺兵穿梭其中。唱到第5个月的歌词时，花姑来到舞台正中，从前向后依次排开，与龙王头形成一条直线。舞台两侧各2位旗手对舞，最后一句歌词时，2位持龙王牌者上前与旗手摆出造型，家婆和铺兵点缀其中，演出结束。

三、养正中心小学表演的创新《嗦啰嗹》

2010年，安海镇大张旗鼓地举办了"庆祝系列活动"。其中之一就是"'古镇·春风·彩虹'专题文艺晚会"，共15个节目。其中第一篇章的第三个节目为"民间舞蹈《嗦啰嗹》"。领队黄丽雅，作曲卢荣昱,编导蔡湘江、陈向群、黄冬艺,演出单位安海养正中心小学。

这是一场以"嗦啰嗹"为素材的舞台演出,与前述原汁原味的舞台演出不同,这场节目没有家婆和铺兵,旗手也只在最后作为点题出现,而反以花姑和艄公为主角。花姑在这里是一群着蓝色服装,手持花篮的采莲少女形象。艄公则是黄色上衣,棕色裤子,头戴树叶形装饰的少男形象。音乐以"嗦啰嗹"音调为素材创编,气氛活泼欢快,热烈异常。舞蹈重点展示了端午"嗦啰嗹"的狂欢场面。舞台分上下两层,两层之间有5个台阶。

前奏声响起,花姑已半跪在下层舞台上,在舒缓的音乐声中,她们做出种种优美的动作,犹如清晨美丽的姑娘慢慢苏醒过来。前奏结束,女声齐唱的"嗦啰嗹"响起,使用了原曲第一乐句的音调,但是反复诵唱"嗦啰嗹"3字,音乐轻快活泼。花姑也好像一下子清醒过来,纷纷起立舞动。短短的2句歌词之后,又是器乐部分。节奏加快,艄公跳跃着上台,花姑则退下,艄公动作刚健有力,气氛热烈起来。艄公独立表演一会儿后,花姑上台与艄公对舞,她们围住其中一位艄公,并在他头上戴了一个龙王面具,众艄公将戴龙王面具者举起向上扔,众人发出欢呼声。接着是一段欢快的群舞,在气氛达到最高潮时,"好啊好,好啊好勒桃,啊啊啊咧,咧啊去咧"的合唱歌声响起,反复3遍,8名旗手出场,举旗站立在上层舞台上,下层仍在狂欢舞动。最后,旗手来到下层舞台,与花姑和艄公一起摆出造型,共同唱出"嗦啰嗹"三字结束了这场演出。

四、原味与创新的二重奏

2011年6月的"海峡情·闽南风——第三届海峡论坛·闽南文化节开幕式"之《乡土印象》——闽南民间歌舞会演",养正中心小学表演的舞蹈《嗦啰嗹》,由晋江市安海镇人民政府选送。

图9-4-8：演出阵容强大（安海养正中心小学提供）

　　此次《嗦啰嗹》演出，主打民俗和创新的双主题，以安海建镇880周年文艺晚会上的创新演出为基础，最大的亮点是增加了民俗"嗦啰嗹"的表演。民俗"嗦啰嗹"的表演由霁云殿"嗦啰嗹"队派出1位家婆、1位铺兵和4位旗手参与，另有养正中心小学2人举龙王牌，2人抬龙王。在养正中心小学教师扮演的花姑、艄公的热舞中加入民俗"嗦啰嗹"的表演，形象逼真地营造了端午节的全民狂欢场面。

　　前奏变化较大。阵阵海浪声中，在舞台左侧楼梯处整齐排列的花姑们伴着音乐声缓缓舞动，艄公们则在传统民居二层右侧做出向岸边眺望的动作，暗示船即将靠岸。众人如行船般徐徐摇晃身体，之后手拉船索准备靠岸。接着艄公们齐声喊出"船到啦"，花姑们则为他们的到来而欢呼。此时，女声齐唱的"嗦啰嗹"响起，舞台上，众人的表演与建镇880周年文艺晚会上的演出大致相同。在花姑为其中一位艄公戴上龙王面具时，霁云殿"嗦啰嗹"队在家婆、铺兵的带领下摇摇摆摆地从左侧上台，后面跟着举龙王

299

| 安海嗦啰嗹

图9-4-9：民俗"嗦啰嗹"队上台表演（安海养正中心小学提供）

牌和抬龙王头的演员们。来到舞台中央，表演了招牌动作——铺兵拎高夜壶，旗手仰天喝酒。然后队伍行进到舞台右侧，绕到后面上了台阶，来到舞台第二层，边行进边从两侧退出。与此同时，下层舞台上的花姑、艄公们一直不受影响地热烈舞蹈。在"好啊好，好啊好勒桃，啊啊啊咧，咧啊去咧"的合唱歌声中，民俗"嗦啰嗹"队从民居布景的二层左侧出来，举龙王牌者一左一右持牌立正，龙王头位于中间，家婆、铺兵、旗手则四处舞动，展现入户拂扫环节。民居二层左侧还有2位演员，民众打扮，展现普通民众观看采莲的情景。最后，养正中心小学的16位旗手上台，在舞台二层一字排开，斜举大旗，与民居二层的民俗"嗦啰嗹"队，舞台下层的花姑、艄公队构成了三个不同层次，各自摆出造型，结束演出。

总的来看，这场演出，仍以创新动作为主，民俗"嗦啰嗹"队先是在节目进行到一半以后出现，在不影响花姑、艄公演出的前提下环绕舞台走了个过场；在即将结束时来到民居二层做了个短暂的入户拂扫的展示表演，所占分量并不重。但毫无疑问，这已为始终困扰着大家的传统与创新的矛盾问题之解决提供了新的思路。

第九章 "嗦啰嗹"的舞台化

图9-4-10：花姑、艄公热舞（安海养正中心小学提供）

图9-4-11：花姑、艄公热舞（安海养正中心小学提供）

图9-4-12：原味与创新二重奏（安海养正中心小学提供）

301

五、戏剧化的"嗦啰嗹"节目

2019年6月6日晚,在安海文化中心,第十一届海峡论坛——晋江市(安海)第八届两岸端午民俗旅游文化节开幕式上,做了一场"安海端午'嗦啰嗹'习俗舞台展示"。总导演为省级非遗传承人颜昌瑞。整场演出由3个不同风格的"嗦啰嗹"节目构成。

其中第二个节目是安海养正中心小学表演的舞蹈《请到安海嗦啰嗹》,导演倪达文,颜长江作词,王文麟作曲。这是个创新节

《请到安海嗦啰嗹》舞蹈

图9-4-13:大会组织者与全体演员合影(安海养正中心小学提供)

图9-4-14:演出剧照(颜昌瑞提供)

第九章 "嗦啰嗹"的舞台化

图9-4-15：演出剧照（颜昌瑞提供）

目，词曲均为新创，舞蹈方面主要突出教师扮演的采莲姑娘和旗手。演出中段，学生扮演的传统"嗦啰嗹"队伍上台，4个学生抬着龙王头，4个学生扮演家婆，1个扮演铺兵，1个扮演旗手，在舞台中央舞了一阵。第三个节目是安海镇音乐舞蹈协会艺术团表演的民间舞蹈《安海嗦啰嗹》。该节目是该团的保留节目，经常在相关活动中上演，本节第一部分已介绍过，在此不赘。

而第一个节目，由国家级非物质文化遗产安海"嗦啰嗹"习俗示范队表演的《安海嗦啰嗹》原生态展演，由颜昌瑞编剧，李娜娜导演，张贻钦、蔡秋云任副导演，领队黄明友，舞台监督黄汉溪。该节目与前文介绍过的都不同，是带剧情的"嗦啰嗹"民俗展演，将现实生活中的"嗦啰嗹"活动原样搬上舞台。与其他原味"嗦啰嗹"舞蹈作品不同的是，其他作品主要呈现"嗦啰嗹"队伍，突出旗手、铺兵、家婆等主要角色，并辅以采莲女等次要角色，增加观赏性，注重舞蹈动作。而这个节目带有剧情，并把采莲人家也搬上舞台，原样呈现民众对采莲队伍的期盼和欢迎，以及二者之间的互动。

节目一开始，"嗦啰嗹"队伍抬着龙山寺爪哇钟，举着前导牌，扛着旗，敲着锣，唱着《嗦啰嗹》曲，从观众席一路走上舞台，在台上绕了一圈后下台。一男一女两个小孩及女主人被热闹的声音

《安海嗦啰嗹》原生态展演

303

安海嗦啰嗹

图9-4-16：演出剧照（颜昌瑞提供）

吸引，循着"嗦啰嗹"的歌声先后上台。看到"嗦啰嗹"队伍到来，他们搬出祭桌，摆好供品，焚香祭拜。而后"嗦啰嗹"队伍做各种表演，打趣逗乐，家婆高呼吉祥语。节目还展示了家婆赠予女主人玉兰花，女主人回赠红包环节。最后，在众人齐唱"嗦啰嗹"的歌声中，演出以热闹欢腾的气氛结束。

第九章 "嗦啰嗹"的舞台化

[注释]

① 由于使用乐器的不同，南音的演奏分为上四管和下四管。上四管所用乐器为琵琶、洞箫、品箫、三弦、二弦和拍板。下四管的演奏在上四管的基础上，加入嗳仔以及小打击乐器，并以嗳仔为主奏乐器，主要用于演奏"指套"，因而又称为"嗳仔指"。

② 陈增荣:《端午采莲》,《福建日报》"海潮"副刊第二三四期，1959年6月10日（五月初五）。

第十章
基于『嗦啰嗹』的端午
民俗旅游文化节

第一节　政府大力扶持

纵观20世纪中期至今"嗦啰嗹"的传承与发展，政府力量的扶持始终是一条主线。

20世纪中期至后期，颜昌瑞之所以能在动荡不安的社会环境中组织"嗦啰嗹"活动，是因为文化站属于政府部门，作为站长的他代表的就是政府力量。有这样一位政府官员出面组织活动，自然更有说服力，更令人安心。当然，颜昌瑞能顺利组织活动，背后离不开政府及其他相关人员的支持。在颜昌瑞退休之后，"嗦啰嗹"还继续活跃在安海端午节的大街小巷，更是于2008年申遗成功，无疑同样得益于安海镇政府领导及相关人员的努力。

"嗦啰嗹"舞台化的整个过程也源自政府力量的支持。首届全国民间音乐舞蹈会演由当时的"中央人民政府文化部"主办，各地都高度重视。打响了赴京的第一炮，此后的"嗦啰嗹"舞不但成为安海文艺演出中的保留节目，晋江市、泉州市的大型活动也常邀请"嗦啰嗹"参与，如2000年赴泉州市区参加由联合国教科文组织参与主办的"第三届世界民俗摄影研讨会"以及"泉州民俗文化活动"、2002年泉州市"海丝文化节"、2006年中国闽台缘博物馆开馆开幕式、2011年"海峡情·闽南风——第三届海峡论坛·闽南文化节开幕式"之《乡土印象》——闽南民间歌舞会演"上的演出等,甚至还于2012年6月21日赴嘉兴参与了国家文化部与浙江省人民政府共同主办的"2012中国·嘉兴端午民俗文化节开幕式"暨"'嘉禾万事兴'全国端午民俗歌舞展演",由安海镇艺术团排演了群舞《嗦啰嗹》。这些演出同样以政府及相关部门为主办单位,体现了政府对"嗦啰嗹"的重视。

此外,"申遗"工作、乡土文化进校园活动的展开,更是使"嗦啰嗹"声名鹊起,吸引来各方的关注目光。2005年7月,安海镇政府制定"十一五"规划,出台"嗦啰嗹"活动保护五年规划,由安海镇党委、政府负责组织实施,晋江市民族民间文化保护工程领导小组和文体局负责管理、督导;2008年,中央电视台到安海拍摄"嗦啰嗹"民俗,并于央视10套非物质文化遗产日节目《中国记忆——我们的精神家园》中播出;2010年11月,晋江深沪镇宝

图10-1-1:安海镇政府(上左)　图10-1-2:接受采访(上右)　图10-1-3:宣传条幅(下)

泉庵150周年庆典，举行踩街表演，包括"龙阁""船阁""彩阁"，以及"嗦罗连"等阵头……

2008年，"嗦啰嗹""申遗"成功，在晋江市尤其是安海镇一石激起千层浪。

以"嗦啰嗹"成功申报国家级非物质文化遗产为契机，晋江市不失时机地推出了晋江市（安海）首届端午民俗旅游文化节（以下简称旅游文化节），集中展示安海古镇乃至整个晋江市的文化遗产，对"主打民俗牌，主推旅游业"起到了很好的宣传推广作用。

第一届旅游文化节成功举办后，市旅游局提出，利用契机做大做强端午节旅游民俗活动，以泉州端午节民俗活动为载体，在保留原有特色项目如嗦啰嗹、捉鸭、火炬传递等的同时，增加其他配套项目，加强活动的影响力。

会议思想在第二、三届旅游文化节中得到贯彻执行，主要体现在踩街队伍愈趋隆重和庞大。第一届旅游节基本上还局限于安海镇本地，第二、三届则呈现出晋江市各乡镇、各街道、各学校、各单位共贺佳节的场面。其规模之大，在安海镇鲜有所闻。通过踩街队伍，晋江市各项富有特色的民俗文艺一一呈现。

第二节　首届端午民俗旅游文化节实录

2008年农历五月初三（6月6日），晋江市政府在安海举行了"晋江市（安海）首届端午民俗旅游文化节"。

一、踩街活动

五月初三一大早，霁云殿采莲队负责人黄素珠家，大家开始准

嗦啰嗹队伍出发

图10-2-1：出发　　　　　　　　　　　图10-2-2：到达

备踩街事宜。早在前一天，龙王被请到了楼下，采莲旗和铺兵挑的扁担已准备妥当。6点52分，在原来供奉龙王的4楼，由于龙王搬到楼下腾出了空间，这里成为临时化妆间，队伍成员在这里涂脂抹粉，并换上专用服装。7点整，大家陆续装扮完毕，坐在黄素珠家门口及周围人家的台阶上等待。另一负责人颜为民用扩音器通知人员安排，具体如下：

2008年参加五月初三镇政府开展旅游文化节活动人员：

1. 前导旗：呈伟、呈乐
2. 铺兵：长城、卫鸿
3. 家婆：祖南、诗宪
4. 采莲旗手：昌志、施二、振龙、鸿亭、呈川、土龙、乌龟、安义、聪程、呈达
5. 五彩旗：敦礼、良忠、周户、国强、阿钢、阿头、杰灵、友才、小明、晓鑫
6. 锣鼓：宏卫、施三、方老师、灿祥
7. 扛龙王：杨明、和平、小聪、宏伟、施三、小达、焕毓
8. 推龙王车：阿昌
9. 香案桌：顺治、丽珊
10. 负责人：素珠、为民

图10-2-3：招牌动作（左）　图10-2-4：列队（右上）　图10-2-5：招牌动作（右下）

准备妥当，众人合影留念。

由于8点30分必须在镇政府门口集合，7点55分，队伍出发。在一处较宽阔的街道，负责人颜为民、家婆扮演者黄祖南示意大家停下来，简单讲解了队形变化方法，并让大家演练了一番。

图10-2-6：鼓队

8点22分，到达集合地点。镇政府门前的舞台已经搭好，开幕式和当晚的演出都将在这里举行。

简短的开幕式后，9点10分，在主持人的解说中，民俗踩街活

313

安海嗦啰嗹

图10-2-7：拍胸舞　　　　　　　　图10-2-8：公背婆

图10-2-9：什音　　　　　　　　　图10-2-10：舞龙

动正式开始。

踩街队伍如下：

1. 两轮摩托车开道，共4辆，每车2人，人员来自安海派出所。（照片：7摩托开道）

2. 前导牌，4人扛，4人护，人员来自安海保安中队。（照片：8前导牌）

3. 龙山寺爪哇钟队，4人扛，4人护，人员来自型厝村委会。（照片：9龙山寺爪哇钟队）

4. 晋江排子吹队，30人

5. 市旅游局"红灯队"，32人

开幕式踩街

6. "霁云殿嗦啰嗹"队，66人

7. "安海雅颂南音社"演唱队，40人

8. 东鲤社区居委会"奶奶腰鼓队"，40人

9. 晋江市旅游系统礼仪方队，200人

10. 安海水泵厂杂技舞狮队，15人

11. 菌柄村委会梨园戏表演队，25人

12. 下山后村委会刣狮表演队，60人

13. 安海拍胸舞表演队，30人

14. 安海公背婆表演队，30人

15. 安海什音表演队，30人

16. 罗山街道舞龙队，30人

总计652人。

队伍随着主持人的介绍，先在主席台前表演，然后按顺序列队行进。踩街路线如下：

镇政府—成功东路（东大街）—旧东海十字路口—海八南路—鸿江中路—恒安路—镇政府。

图10-2-11：摩托开道　　　　　图10-2-12：前导牌

图10-2-13：龙山寺爪哇钟队 　　　　图10-2-14：排子吹

图10-2-15：霁云殿嗦啰嗹队 　　　　图10-2-16：安海雅颂南音社

图10-2-17：奶奶腰鼓队

图10-2-18：礼仪方队 　　　　　　图10-2-19：舞狮队

图10-2-20：梨园 　　　　　　　　图10-2-21：刣狮

二、其他活动

踩街活动同时，三里街正在举办专项民俗展览，包括传统手工艺展示、灯谜竞猜、收藏品展、老照片展等。其中传统手工艺展示了磨剪刀、扎吉花、织羊毛鞋、扎藤轿、做戏服、刻印、床花雕刻、南音乐器修理、竹蒸笼、竹"轿车椅"、金聪刺绣、胜金橘红条制作、墨香斋画像、庐山国佛雕、捆蹄制作、土笋冻、扎灯笼、民俗绘画、打铁铺等。在三里街武馆门前、仁福宫前的广场上，还分别有南音、什音表演。开幕式一结束，众人直奔三里街。原本行人稀少的三里街顿时挤得水泄不通。

安海公园，从6月5日就开始的特色小吃展示也吸引来众多民

图10-2-22：老照片展

众，前来观看、品尝、购买的人群络绎不绝。展示的小吃有著名的土笋冻、食珍糕、捆蹄、五香卷、蚝仔煎、卷煎、腊肠、润饼菜、杏仁茶、寸金枣等。

活动一个接着一个，11点至下午2点半，是水上掠鸭活动。在安平桥旁的冬泳训练基地举行。

晚上7点半至9点半，是中国移动"合家欢"之夜民俗文艺晚会，在镇政府门前举行。演出主打民俗主题，节目如下：

1. 安海水泵厂舞狮队：《雄狮献瑞》
2. 东石镇政府选送：舞蹈《数宫灯》
3. 安海镇音乐舞蹈协会艺术团：方言快板《安海小吃》
4. 安海镇木兰拳协会：舞蹈《正月点灯红》
5. 安海镇音乐舞蹈协会艺术团：歌舞《安平桥放歌》
6. 安海可慕小学艺术团：儿童舞蹈《童谣新韵》
7. 安海镇音乐舞蹈协会艺术团：方言演唱《安海教坛花正红》
8. 深沪镇政府选送：民间表演唱《深沪褒歌》
9. 安海西安小学小雏鹰艺术团：民间舞蹈《火鼎公火鼎婆》

10. 安海镇音乐舞蹈协会艺术团：男女声对唱《海峡不再是心的距离》

11. 安海镇音乐舞蹈协会艺术团：民间舞蹈《彩球舞》

12. 梅岭街道平山小学：舞龙表演《金龙狂舞》

13. 安海镇音乐舞蹈协会艺术团：民间舞蹈《嗦啰嗹》

晚上8点至9点，是"民俗'薪火代代传'火炬传递活动"。传递路线为白塔—三里街—大埕头—旧东海路口—东大街—供电所—镇政府大院前（晚会现场）。选手们按年龄段分为"老中青少儿"五个方阵，并按由老到少的顺序传递火炬，最后由小朋友们将火炬传递到文艺晚会现场。火炬到达晚会现场后，小朋友们等待前一节

图10-2-23：刻印（左上）
图10-2-24：磨刀（右上）
图10-2-25：蚝仔煎（左下）
图10-2-26：润饼菜（右下）

图10-2-27：捉鸭活动现场

图10-2-28：晚会

图10-2-29：小火炬手

目结束，从两侧上台，合唱了一曲《我们是共产主义接班人》。演出人员和观众一起为小朋友们的到来欢呼鼓掌，掀起了晚会的高潮。

第三节　1—3届旅游文化节对比分析

2008年成功举办首届端午民俗旅游文化节后，民众反响热烈。2009年和2010年的端午，第二届和第三届端午民俗旅游文化节也顺利召开。2011年初，安海启动了旧城改造工程，端午期间正逢旧城拆迁工作大面积开展之时，端午民俗旅游文化节暂时停办。

2009年5月27日—6月1日，晋江市（安海）第二届端午民俗旅游文化节于安海镇召开，请来了省旅游局、省文化厅、泉州市妇联、泉州市旅游局、泉州市文化局各有关领导，泉州市、晋江市文化界知名人士，晋江市各镇（街道）、市直有关单位领导，以及《晋江经济报》等新闻媒体。安海镇刚刚荣膺"全国文明村镇"表彰，不久又获得"闽南文化生态保护实验区示范点"授牌，借此机会，隆重举行了授牌仪式。

2010年6月16日，晋江市（安海）第三届端午民俗旅游文化节开幕。该活动还得到"宝马中国文化之旅"组委会的关注，由22辆宝马车组成的车队从上海出发，特地途经安海采风；全国各大主流媒体的90多名记者也亲临安海。

比较来看，三届旅游文化节在活动内容和踩街队伍方面有如下异同。

一、活动内容

每届旅游文化节活动内容都是大同小异。在固定保留项目，如开幕式、文艺踩街、"嗦啰嗹"习俗、"水上掠鸭"、南音、什音等活动及非遗展演的基础上，视实际情况增删一些个别项目。每一届都有一些不同于往届的亮点。

具体活动内容，以前三届为例，列表对比如下：

第一届		第二届	第三届
开幕式暨民俗文艺踩街		开幕式暨闽南文化生态保护实验区示范点授牌仪式	载歌载舞庆端午——祥和喜气的端午民俗旅游文化节开幕式以及民俗踩街
		晋江民俗风情大展示（踩街）	
特色小吃展		特色小吃展	特色小吃展
"水上捉鸭"活动		"水上捉鸭"活动	"水上掠鸭"活动
"民俗薪火代代传"火炬传递		"民俗薪火代代传"火炬传递	"民俗薪火代代传"火炬传递
三里街专项民俗展览	传统手工艺展示	晋江旅游风光摄影展	张灯结彩迎端午——晋江民间档案图片及"闽南古厝/印象晋江"的综合展览
	老照片展		
	收藏品展		
	灯谜竞猜		"百盏连珠灯"游赏活动，结合座式、挂式花灯展示及灯谜竞猜
	什音、南音广场表演	地方戏曲专场	南音、木偶戏、高甲戏三场非物质文化遗产专场展演
		端午"嗦啰嗹"习俗活动	端午"嗦啰嗹"习俗活动
		"攻炮城"民俗活动	"攻炮城"民俗活动
		"亲情联欢 爱在端午"包粽比赛及煎饣追展示	"亲情联欢/爱在端午"包粽子大比拼
民俗文艺晚会		晋江市旅游系统第四届"十佳礼仪形象小姐"比赛	

三届旅游文化节对比，在活动内容方面主要延续第一届的思路，主要项目固定不变，根据当时条件适时增加一些临时项目。

固定不变的项目有：开幕式和民俗文艺踩街；"嗦啰嗹"习俗活动；"水上掠鸭"活动；"民俗薪火代代传"火炬传递；特色小吃以及其他展览等。第一届旅游文化节虽有什音、南音专场演出，但是纳入"三里街专项民俗展览"中，到了第二、三届时，将此类演出单列一项，作为非物质文化遗产专场展演。第一届旅游文化节的专项民俗展览包括了传统手工艺展示、灯谜竞猜、收藏品展、老照片展等，该部分内容到了第二、三届演变为"晋江旅游风光摄影展""晋江民间档案图片及'闽南古厝/印象晋江'"的综合展览，以及"百盏连珠灯"游赏活动。第二、三届还将"攻炮城"、包粽子比赛纳入固定项目中。在这些固定项目中，开幕式是开始一项活动前必不可少的仪式；踩街是泉州传统习俗，是展示各项民俗文艺的一个重要平台，用于制造热闹气氛，宣扬活动主题；"嗦啰嗹"、"水上掠鸭"、包粽子等原本就是端午节的常规项目，而"嗦啰嗹"更是重中之重；火炬传递、"攻炮城"是安海传统民俗活动，什音、南音、木偶戏、高甲戏是闽南闻名于世的非物质文化遗产，全都纳入旅游文化节中一并展示。

临时项目如第一届的"民俗文艺晚会"；第二届的闽南文化生态保护实验区示范点授牌仪式、晋江市旅游系统第四届"十佳礼仪形象小姐"比赛，都是根据当时情况适时加入。

需要说明的是，第一届旅游文化节为避开高考，于农历五月初三提前举办，因此在活动项目中少了"嗦啰嗹"习俗活动，但是该活动在端午当日照常举行。"水上掠鸭"活动在前两届都称为"水上捉鸭"，是因为按照普通话的习惯，应称为"捉鸭"，但是许多对民俗以及闽南语颇有研究的专家则认为应该按照闽南语的习惯，称之为"掠鸭"，突出"掠"的动作以及闽南话的特点。

二、踩街队伍

第二届旅游文化节踩街队伍如下（第一届详见前一节）：
1. 两轮摩托车开道，共四辆，每辆2人
2. 前导牌，4人扛，4人护
3. 旅游系统礼仪红灯队，60名
4. 龙山寺爪哇钟队，4人扛，4人护
5. "霁云殿嗦啰嗹"队
6. 安海下山后村的刣狮表演队
7. 安海雅颂南音社南音演唱队
8. 安海镇舞狮表演队
9. 安海镇火鼎公火鼎婆队
10. 安海镇雄狮竞舞队
11. 青阳街道的钱鼓舞队
12. 平山小学"明伟舞龙队"
13. 西园街道火鼎公婆队
14. 罗山街道舞龙队
15. 灵源街道大浯塘武狮阵
16. 新塘街道排子吹队
17. 陈埭镇回族风情展示方队"回民心灵的歌"
18. 池店镇仕春村女子拍胸舞队
19. 磁灶镇"三吴一元师祖"青狮阵
20. 内坑镇女子腰鼓队
21. 晋江旅游协会"花轿迎亲队"
22. 紫帽镇拍胸舞表演队
23. 东石镇灯俗
24. 永和镇什音演奏队
25. 英林镇"大开路"
26. 金井镇"晋江马"队

27. 龙湖镇"八仙大摇人"

28. 深沪镇扒龙船

29. 西滨镇排子吹代表队

30. 月月红高甲戏剧团表演的折子戏"百岁挂帅"

31. 晋江旅游协会"和森道"实验学校武术队

32. 旅游系统第四届"礼仪形象小姐"方队（彩车）

第三届旅游文化节踩街队伍如下：

安海镇前导方阵：两轮摩托车开道，共4辆，每辆2人

前导牌，4人扛，4人护

龙山寺爪哇钟队，4人扛，4人护

晋江马队，由8位骑士骑着晋江马，举着绣有"风调雨顺，国泰民安"的旗帜

开道大排吹，反复吹奏"嗦啰嗹"曲调

古安平24面铺境旗队，由24名身着黄色服装的男青年扛着

36盏以巷名点缀的彩灯队，由36名身着紫红服装的女性提着

1. 霁云殿"嗦啰嗹"队

2. 安海西隅小学舞狮武术队

3. 安海西安小学"火鼎公火鼎婆"表演队

4. 安海雅颂南音社南音演唱队

5. 安海下山后村刣狮表演队

6. 泉州市灵源药业有限公司彩车

7. 晋江市青少年宫少儿民间舞蹈《盛世旋鼓》表演队

8. 青阳街道高霞小学国学操

9. 梅岭街道表演方阵，包括梅岭平山小学舞龙队、岭山小学"梅岭之花"腰鼓队

10. 安溪县采茶舞表演队，由安溪艺术学校"茶文化艺术专业"学生组成

11. 西园街道赖厝紫宵宫舞狮队

12. 罗山街道内塘女子排子吹表演队

13. 灵源街道表演方阵——森道实验学校的长拳、短刀等传统武术，辅以彩车

14. 新塘街道南音社南音演唱队

15. "惠女风情"腰鼓表演队，前为乐队，后为腰鼓队

16. 深沪龙阁，表演者主要来自"沪御宾社"

17. "中国鞋都"陈埭民俗风情展示方阵——"家婆丑"

18. 德化女子舞龙队

19. 德化"瓷韵"走秀代表队

20. 池店车鼓唱

21. 深沪扒龙船

22. 磁灶镇"三吴一元师祖"青狮阵

23. 内坑镇女子腰鼓队

24. 晋江市旅游系统"科普杯"第五届"十佳礼仪形象小姐比赛"十佳礼仪形象小姐彩车方队

25. 紫帽镇拍胸舞表演队

26. 丰泽浔埔车鼓队

27. 东石魅力伞都方阵——"雨丝梦"代表队

28. 永和镇什音演奏队

29. 永春县白鹤拳表演队

30. 西滨镇彩龙船

31. 英林镇"大开路"

32. 金井镇方阵——健身操、彩车

33. 晋江安海职业中专学校"彩球舞"方阵

34. 深沪侨乡花轿迎亲队

35. 施琅故里表演方阵——高甲戏《施琅出征》，辅以海峡第一村——围头村的彩车

36. 晋江民间高甲戏剧团展示方阵——《狄青征西》

37. 安海水泵厂舞狮队——雄狮竞舞

三届文化节踩街队伍对比，第一届队伍较为简短，总共只有

16个阵头，包括了开道的两轮摩托车、前导牌、龙山寺爪哇钟队、排子吹队等各届旅游节踩街的必备开路行头，活动的主角"嗦啰嗹"队伍，南音、舞狮、梨园戏、台狮、拍胸舞、公背婆、什音、舞龙、腰鼓等闽南最为人喜闻乐见的民俗演出队，以及晋江市旅游局派出的"红灯队"和礼仪方队，共600多人，主要来自安海本地。由于是旅游文化节，所以旅游局的阵头必不可少。

第二届踩街阵头翻了一倍，请来各乡镇演出队，如陈埭镇、池店镇、磁灶镇、内坑镇、紫帽镇、东石镇、永和镇、英林镇、金井镇、龙湖镇、深沪镇、西滨镇等，而且响应"乡土文化进校园"活动的号召，请来了学校学生参与踩街，如安海镇舞狮表演队、安海镇火鼎公火鼎婆队、青阳街道的钱鼓舞队、平山小学的"明伟舞龙队"等，皆为学生组成，为队伍注入了新鲜血液。总的来说，在第一届的基础上，增加了2队火鼎公火鼎婆队，另外增加了雄狮竞舞队、钱鼓舞队、明伟舞龙队、高甲戏剧团及陈埭、池店等12个镇派出的演出队，以及晋江旅游协会的"花轿迎亲队""和森道"实验学校武术队。另外，礼仪方队还增加了彩车。

第三届踩街阵头更为丰富，形成了独立的前导方阵，除了开道摩托车、前导牌、爪哇钟、大排吹外，很有创意地增加了晋江马队、古安平24面铺境旗队及点缀有36巷名的彩灯队。沿着第二届的思路，增加了"乡土文化进校园"以及各乡镇的展示阵头。学生构成比重增加，如西隅小学舞狮武术队、西安小学"火鼎公火鼎婆"表演队、高霞小学国学操、青少年宫少儿民间舞蹈表演队、平山小学舞龙队、岭山小学腰鼓队、安溪艺术学校采茶舞表演队、晋江安海职业中专学校"彩球舞"方阵、深沪侨乡花轿迎亲队等。还增加了惠安、德化、丰泽浔埔、永春、围头等县、镇、村表演队，灵源药业彩车、女子排子吹表演队、新塘街道南音演唱队等。

总的来说，踩街队伍一届比一届丰富，一届比一届热闹，尤其是第三届，凸显了安海具有深厚历史积淀的铺境、巷名，不仅全方位地展示了晋江市各著名的民俗演出队，而且给民俗演出中的新鲜血液——青少年以前所未有的重视。这些无疑加大了传统文化的影响力，在培养接班人方面尤其具有深远的影响。

第四节 4—8届旅游文化节概况

安海的旧城改造工作持续了4年，旅游文化节也停办了4年。一直到2015年，旧城改造工程顺利完成。热闹的端午民俗旅游文化节在众人的期待中再次举办，至2019年共举办了8届。2020年，由于席卷全球的新冠肺炎疫情，旅游文化节再次停办。

欧阳之家"采莲"

旧城改造完成之后，围绕宋代古桥安平桥精心打造的安平桥景区成了人们娱乐休闲的好去处，也成为旅游文化节诸多活动举办的极佳地点。例如，在安平桥畔新建的一处"演艺岛"成为旅游节举办开幕式、文艺展演及捉鸭的不二选择；而景区入口处不远的一处观景长廊，则成为各种展览、展示的最佳地点。除此之外，景区内的古民居欧阳之家、入口处的广场、游客中心附近，都是举办展

图10-4-1：新安平桥景区中的"演艺岛"

览、活动的好场地。2016年，安平桥景区获评国家4A级旅游景区，成为继五店市传统街区之后，晋江市的第二个国家4A级旅游景区。

2015年6月20日举办的第四届端午民俗旅游文化节，除了与前几届相同的开幕式、民俗风情大展示、"嗦啰嗹"习俗、"水上捉鸭"、灯谜展猜、南音会唱、摄影展、什音演奏会、包粽子比赛等常规项目外，还增加了"民俗文艺游桥"及"古礼祭屈原祈福仪式"，共11项活动。其中民俗风情大展示中的文艺阵头比前几届精简了许多，没有外请阵头助兴，除了与第三届相同的，由前导牌、龙山寺爪哇钟队、"风调雨顺，国泰民安"方队、排子吹方队、24境境旗方队、36巷红灯方队组成的前导文艺方阵外，仅请来了安海镇自己的11个文艺队伍，包括：安海霁云殿采莲队和妈祖宫采莲队的民俗表演《嗦啰嗹》、安海养正中心小学的少儿民间舞蹈《嗦啰嗹》、安海西安小学的少儿民间舞蹈《火鼎公婆》、安海雅颂南音社南音演唱、安海西隅小学少儿舞狮表演《祥狮献瑞》、安海下山后村委会刣狮表演、安海水泵厂舞狮队舞狮表演《雄狮竞舞》、安海什音队什音表演、安海镇艺术团民间舞蹈《嗦啰嗹》、安海舞龙队舞龙表演等。

2016年6月8日至10日，在第五届端午民俗旅游文化节上，除常规项目外，还举办了晋江市安海文化创意发展协会成立大会；晋江市安海文化创意发展协会与台南文化协会、台南安平文教基金会互结友好协议签订仪式；"安海大讲堂"启动仪式；启动首届"安平古镇·海丝名城"摄影大赛；向安海镇文体服务中心颁发"全国服务农民基层文化建设先进集体"匾额；向为修缮白塔捐资100万元的张世源颁发荣誉证书；安平桥景区林木认养认捐揭碑仪式等，更是请来全国各地专家学者，召开了"福建省端午习俗传承与保护研讨会"。此外，还有"两岸两安平"文创市集，该市集在之后几年的旅游文化节中成了固定项目。从第五届开始，踩街队伍被取消。

受安海镇政府的邀请，笔者有幸参与了第五届端午民俗旅游文化节，并在"福建省端午习俗传承与保护研讨会"上发言。在多年以后再次参与到旅游文化节中，笔者感受到了安海镇日新月异的变化，感触良多。

　　笔者于6月8日晚到达安海，在有名的温德姆酒店品尝了精致化处理的安海小吃，思乡的味蕾得到了极大满足。9日一早，前往安平桥景区观看开幕式。景区门口几辆消防车严阵以待，景区内公园巡逻员骑着摩托车四处查看，警察、保安分布在景区各个区域，最大限度地保障活动顺利、安全地进行。打造一新的安平桥景区游人如织，近几年广受好评的旅游文化节吸引来了大量游客。一进景区大门，迎宾的鼓乐欢快地敲响，吸引许多民众观看、摄影。人们陆续集中到开幕式举办地点"演艺岛"，里三层外三层把"演艺岛"围得水泄不通。简短的开幕式之后，是"闽南风·海丝情"晋江民俗文艺展演。与此同时，浩浩荡荡的"嗦啰嗹"队伍从"演艺岛"不远处的安平桥上游行而过，水面倒映着队伍五颜六色的着装，构成了一幅热闹、喜庆的风景画。另外，还有节目摄制组驾着小船，在水面上穿行，从多个角度拍摄活动。"演艺岛"、安平桥及水面上的小船相映成趣。文艺展演之后，在"演艺岛"接着举行了"掠鸭"活动，许多水性好的民众跃跃欲试，排起了长队。

演艺岛上的《嗦啰嗹》舞蹈

图10-4-2：迎宾大鼓

第十章　基于"嗦啰嗹"的端午民俗旅游文化节

图10-4-3：安平桥景区游人如织

图10-4-4：观看开幕式的群众里三层外三层

图10-4-5：安平桥上的"嗦啰嗹"队伍

安海嗦啰嗹

图10-4-6：水上掠鸭

图10-4-7："演艺岛"、安平桥及水面上的小船相映成趣

由于竹竿湿滑，"掠鸭"现场状况频出，引来阵阵哄笑。9日下午，"福建省端午习俗传承与保护研讨会"在安海德豪酒店召开，与会者除了安海本地一些文化名人外，还邀请了泉州、福州、北京等地的一些学者。与研讨会同时，南音大会唱及包粽子比赛分别在安平桥的观景长廊及欧阳之家举行。此外，从9日持续到10日的"两岸

水上掠鸭

图10-4-8：福建省端午习俗传承与保护研讨会

第十章 基于"嗦啰嗹"的端午民俗旅游文化节

"两安平"文创市集、安海民间藏品展和"古韵安海"老照片展也分别在安平桥的不同区域举办。

2017年5月29日至30日,第六届旅游文化节纳入"第九届海峡论坛"举办,并加入了主题词"两岸",成为"第九届海峡论坛——晋江市(安海)第六届两岸端午民俗旅游文化节"。举办了吴杭州《石井书院志略》首发式和赠书仪式;安海公益慈善拍卖会(募集古建筑霁云殿、奎光阁修缮款);"新凯嘉"杯"安平古镇 海丝名城"两岸摄影大赛优秀作品展;蔡笃取《古镇丹青》油画作品展等。自此以后,"两岸两安平"成了旅游文化节的关键词。

2018年6月16日至22日,"第十届海峡论坛——晋江市(安海)第七届两岸端午民俗旅游文化节"举办,除延续上届内容举办了第二届"新凯嘉"杯"安平古镇 海丝名城"两岸摄影大赛优秀作

图10-4-9:"古韵安海"老照片展

图10-4-10:吴杭州《石井书院志略》首发式和赠书仪式

品展外，还举办了"大道无极"端午节遂岩中国画作品展；不忘初心——尤慎诗文书法回乡展等。

2019年6月6日至7日，"第十一届海峡论坛——晋江市（安海）第八届两岸端午民俗旅游文化节"上，除常规活动外，还启动了石井书院提升项目；举行了安海镇敬老院项目开工仪式；情缘安海——宜兴紫砂十二人艺术作品展；"两岸两安平"艺术家笔绘交流活动等。

自申遗成功乃至历届旅游文化节，从政府到民间，在各方努力下，"嗦啰嗹"制造的社会影响力是巨大且深远的。端午节安海街头、安平桥上众多的摄影爱好者、媒体以及挤得水泄不通的游客说明了这一点。

近几年，安海端午、中秋、元宵三大节庆活动吸引了越来越多的目光，尤其是端午节，由于国家级"非遗"——"嗦啰嗹"越来越知名，端午节庆成为三大节庆中最热闹的一个，甚至吸引来许多外国友人。2016年，哥伦比亚大学教育学院的欧瑞德教授

图10-4-11：外国友人的狂欢（骆静禾提供）

图10-4-12：外国友人的狂欢（骆静禾提供）

（Randall Everett Allsup Ed. D.）作为厦门大学艺术学院的特聘教授，带着他的一些学生到厦大研学交流，并在中央音乐学院黄宗权博士及其夫人骆静禾博士的陪同下，慕名而来，体验了一把"嗦啰嗹"式狂欢。

第十一章

『嗦啰嗹』的文化意义

第一节 文化中的"嗦啰嗹"

我们现在能看到这样的"嗦啰嗹",是因为有泉州这样一个独特的环境滋生它、包容它、繁衍它。

首先,南下移民带来的中原文化是滋生"沿门逐疫"之"乡傩"的土壤。"傩"文化"发端于上古的夏商,形成于周而规范于'礼'"[1],之后如蒲公英种子般遍地开花,行踪遍布整个中国。"中国是个多民族的古国,各族团间经济、文化发展的轨迹不尽相同,形成不同的文化圈,也形成多元、多层次的巫傩文化系统。以驱邪纳吉、禳灾祈福为功利目的的巫傩活动,在中国广袤的土地上已经存在了几千年,各地有不同的名称。"[2]

泉州自古就是移民社会。"泉州社会,追溯其历史沿革,主体是一个移民的社会,其中95%以上的居民,是从不同历史时期从中原地区的汉民族迁徙而来的,其中一小部分,则是历史上开放时期,外来民族到泉州进行经济、文化交流,流寓下来的。"[3]

这些中原移民,带来了"形成于周而规范于'礼'"的傩文化,于是便有了以"沿门逐疫"为主要活动方式和内容的"嗦啰嗹"。

其次,临海而居产生的海洋文化,构成了"嗦啰嗹"龙王崇拜的精神。"傩"最原始的目的是驱鬼,需要强有力的神祇担当此重任。最早是"黄金四目"的方相氏,在各地的流变过程中则由各种

安海嗦啰嗹

图11-1-1：海外交通史博物馆

俗神担任，有钟馗、判官等，在"嗦啰嗹"中则是龙王。"嗦啰嗹"以龙王为活动中的驱邪神灵，源自泉州广泛的龙神信仰。

泉州是中国历史上重要的对外通商港口，著名的海上丝绸之路的起点，于宋元时期达到鼎盛，可以媲美埃及亚历山大港。如此繁盛的海上贸易，航海远行自然是家常便饭。再加上如安海这样的地方，"濒海山水之区，土田稀少"④，于是很多人便选择了靠海吃海，以海为生。然而海上贸易的危险和辛苦非同寻常。他们"冲风突浪，争利于海岛绝夷之墟。近者岁一归，远者数岁始归，过邑不入门，以异域为家"⑤。许多人甚至在无情的风浪中葬身鱼腹。因此祈求风调雨顺，航海平安，成了事关人命的头等大事，近海地区发展出了一系列的信仰习俗。

从造船开始就有各种讲究，如前文所说，人们视船为龙的化身⑥，船造得好日后航行平安，没造好预示日后有危险。船造好后要择吉日试水，举行隆重的仪式。每艘船要出海时，船主都要到妈祖庙烧香，祈求航海平安。此外，还有新年"开海门"，每年的"补船运""过油""大发利市"等意在消灾纳吉，祈求平安顺利的仪式。所有这些仪式都要敬奉水神，祈求神灵庇佑。

"晋江濒海，人民历来多靠出海打鱼、航运、海外贸易为生。

海上风波凶险，俗语云'行船走马无三分性命'。故行船出海者自然会对于水神特别敬畏。"⑦晋江一代敬奉的水神主要有妈祖、玄天上帝、龙王等。如安海妈祖宫"嗦啰嗹"队敬奉主神"妈祖"，霁云殿"嗦啰嗹"队敬奉主神"玄天上帝"，二者还同时供奉龙王。

在这种奉祀水神极为普遍的社会环境中，"嗦啰嗹"以龙王而不是其他水神为游街神灵，首先因为它与龙舟文化密切相关，二者信奉同一神灵；其次还因为端午节前后为梅雨季节，气候恶劣，俗称"恶月"，人们认为龙王掌管风雨。"嗦啰嗹"民俗除祈求平安外，还祈求风调雨顺，五谷丰登。

因此"嗦啰嗹"民俗的龙神信仰与沿海人们的居住环境和生存方式是分不开的。

最后，挡境文化和信仰文化保证"嗦啰嗹"传承不辍。安海古时按地域划分为24个境，这种划分一直延续到现在。如前文所说，"境"既包含了地理范畴，又包含了神权疆界，是以民间信仰为纽带的地域划分。以境为单位，以供奉挡境神的小庙为统筹、聚集地，各境都有年复一年、循环往复的种种民间信仰活动。至今，各境的信仰活动仍然名目繁多，而且往往发动全境，搞得热闹非凡。在各境的周期性信仰活动项目中，"嗦啰嗹"作为其中一员，与其他活动项目同为挡境文化的有机组成部分，共荣共生，因而始终拥有广泛的群众基础。至今仍然充满勃勃生机的挡境文化是"嗦啰嗹"等民俗活动衍展不息的重要保障。当然，挡境文化的生机由信仰维持。安海人始终不变的信仰强有力地支撑着"嗦啰嗹"等民俗。这种信仰随处可见：活动中，旗手必须等户主拜过龙王，才能入户采莲，以示得到龙王许可；当兴境曾有一年停止采莲，结果境里不太平，众人都认为是因为没采莲，境里不干净，从此年年采莲不辍……值得一提的是，在"嗦啰嗹"活动中，家家户户在祭拜龙王之前，还需要先祭过自家的土地公。在前文列举的漳浦县龙船歌《四月初一开锣声》中，也提到了土地公。⑧土地公在众神之中，虽然职位不高，但是属于"现管"，最有实权，安海人家家户户都要奉祀土地公,每月初一、十五要烧香祭祀,有别的活动也要先告示过土地公方可进行。如前文所说,黄素珠在请出龙王后,先焚香告祭土地公,然后才祭拜龙王;在事先约好采莲的一户人家,主人有事不在,黄素珠吩咐他家中人先祭祀土地公,然后再来祭祀龙王,结果家人不会,采莲活动只好作罢。

图11-1-2:祭拜土地公

境中人家,有的还住在年代久远的老房子中,有的已搬进现代化的小楼或高楼大厦中,但他们支持民俗活动的心没有变。如格尔茨分析的那样,"就社会角度而言,卡蓬人(该镇居民)是城市居民;就文化角度而言,他们依然是乡民"⑨。在现代化的过程中,安海人成了城市居民,但是他们仍然守护着自祖辈一直传沿下来的习俗,在积极参与中显现出对传统民俗的热爱。

总之,中原文化、移民文化、海洋文化、挡境文化,以及安海的综合信仰文化,多方关联,多方互动,才使"嗦啰嗹"得以产生并延续。

第二节 社会发展中的文化变迁

"嗦啰嗹"(采莲)活动在近半个多世纪以来的发展变化历程,向人们展示了一个处于社会巨大变革之中,传统民俗如何产生文化变迁以及如何主动以变求生存的具体事例。

第十一章 "嗦啰嗹"的文化意义

仅以《"嗦啰嗹"（采莲）》歌谱为例，便可清楚地看到这种变迁。

如前文所说，如今流传于安海的，是五月令和十二月令的《"嗦啰嗹"（采莲）》歌谱。二者实为一回事，曲调完全相同，只不过前者只有5段歌词，后者在前者的基础上增加了7段歌词，从"一月"一直唱到"十二月"。笔者在实地考察时，许多热心人包括养正中学退休教师许书合、文人颜长江、霁云殿"嗦啰嗹"队负责人黄素珠、妈祖宫"嗦啰嗹"队负责人黄荣科等，都主动提供歌谱，全部为五月令或十二月令歌词。每年端午节，由不同人马各自录制的两个磁带版本的"嗦啰嗹"曲，响彻安海街头，用相同的旋律唱着月令鲜花歌词。不同队伍用的歌谱如此高度规范和统一，曾让笔者感到惊讶：这是民间传承的特点吗？难道就没有丝毫流变吗？对民歌来说，在流传中产生变异是再正常不过的事了，没有变异反而有点奇怪。

后来，笔者从民歌、舞蹈集成等资料中搜集到了另外5首歌曲，其中3首名为《唆啰嗹》（或《唆罗连》《唆罗莲》），皆用月令歌词，与如今安海流传的月令歌词版本词曲几乎分毫不差。另两首中的一首直接名为《采莲歌》，歌颂屈原；另一首名为《众人扛山山会动》，副题"采莲歌"，歌颂共产党领导的"土改"运动。这两首曲子与月令版在歌词方面完全不同，但曲调上非常接近，明显为同宗民歌，属不同变体。[⑩]这样看来，《"嗦啰嗹"（采莲）》曲在流传过程中确实产生了变体，只不过月令版以一种更强大的态势传播，因而覆盖了其他版本，几乎形成唯我独尊的局面。

那么是什么原因使得月令版本如此强势，影响如此之大？要回答这个问题，还得从民间寻找答案。

反思这个问题，在田野考察时听当地民众所说的原本显得支离破碎的话语变得格外清晰：颜昌瑞说当时将《"嗦啰嗹"（采莲）》搬上舞台时，许多人参与了歌词的整理工作；陈再来说尤金满当时很辛苦，四处问懂行的人哪个月开什么花；颜昌瑞还说以前的"嗦啰嗹"（采莲）歌词很简单，否则群众怎么能记得住。但如今的活动

343

都唱月令歌词;《中国民族民间舞蹈集成·福建卷》记载:"我们这次整理该舞,从舞蹈到音乐,都保存着民间原来的风貌,唯独歌词,则根据1954年参加全国民间舞蹈会演时由尤金满先生加工修改的。"⑪

如此看来,月令版的歌词肇始于"嗦啰嗹"舞台化。当时尤金满、高铭网等一批文艺工作者对"嗦啰嗹"的词、曲进行改编创造,使之适应舞台演出,并成功地进京参加第一届全国民间音乐舞蹈会演,影响深远。能够从层层选拔中脱颖而出最终参加会演,无疑就是得到最高层次专家的认可,得到国家的认可,这是一种至高无上的殊荣。这种殊荣就如同封建社会民间艺人受到皇帝召见一样。很多民间音乐都流传着受皇帝御封的故事。例如南音,民间传说清康熙皇帝60大寿时,文渊阁大学士李光地为取悦皇帝,从老家泉州请来了五位南音高手为皇帝祝寿。皇帝大悦,赐封五位高手为"五少芳贤",封南音为"御前清曲",并赐宫灯、彩伞、脚踏金狮。从此南音社团在祭祀本社过往的先贤时,都要先祭祀"五少芳贤";每个南音社团都有宫灯、金狮,以及上书"御前清曲"的彩伞等必备行头。

借助全国文艺会演的影响力,打上了"国家认可"的标记,"嗦啰嗹"曲从众多民间文艺形式中脱颖而出,从此不同于一般的乡间俚曲,而具有了非同一般的地位和身份。同样地,会演所用"嗦啰嗹"曲的版本也因而有了一圈其他版本所没有的光环,这就是它能得到强势传播的原因。

那么舞台版的"嗦啰嗹"曲是何时,以及如何取代其他版本,在"嗦啰嗹"民俗活动中唯我独尊的呢?上述所说有"国家认可"标记的"嗦啰嗹"曲更为人瞩目,只是原因之一,起决定性作用的则是更为重要、更为深刻的社会原因。

陈增荣发表于1959年的短文《端午采莲》说:"'采莲歌'的曲词具有比较浓厚的民歌风味。歌词大部分是'保平安,添福寿'之类的吉祥语句。解放后,人民觉悟提高了,'采莲'活动的内容也变了。去年端午节，晋江安海镇由民间艺人组成'采莲队'，不抬龙王头，'采莲歌'也换上了歌唱闽南五月好风光的内容。'端午采莲'成为了群众欢度民间节日的文艺活动。"⑫

陈增荣的这篇短文白纸黑字地印在1959年6月10日的《福建日报》上，有力地说明了月令歌词在民间的滥觞始于1958年。而歌词改变的原因被美其名曰"人民觉悟提高了"，实际上是因为"嗦啰嗹"之类的民俗在当时备受打压，如果不加以改变，根本无法生存。

当时，社会运动一个接着一个，没有人敢铤而走险出面组织民俗活动。颜昌瑞年轻气盛，于1956年组织了"嗦啰嗹"活动，立刻被说成是"封建迷信的复辟人"。为了使活动能顺利举办，他想出了"旧瓶装新酒"的方法，将歌词、入户拂扫说的吉祥语等改成了迎合社会运动的话语。安海"嗦啰嗹"民俗敢于坚持活动，就是因为大胆改编歌词，以变求生存。以陈增荣的文章来看，当时的歌词除了改成迎合社会运动的话语外，也使用了舞台版的月令歌词。

从此以后，月令版歌词被广泛使用。因为社会运动一个接一个，年年不同，老要改歌词，而月令版歌词既没有了所谓封建迷信的糟粕，又曾进京会演过，得到众人尤其是领导的认可，于是唱着月令版"嗦啰嗹"曲的民俗活动在那样特殊的年代中反倒显得无可非议。

因此月令版"嗦啰嗹"曲因其迎合时代需要，成了社会的宠儿，同时也保全了它赖以生存的"嗦啰嗹"民俗，使之不至于像其他地方一样销声匿迹。其作用是巨大的。然而，也正因为它的光辉过于夺目，其他版本的"嗦啰嗹"曲立刻黯然失色，并逐渐被人淡忘。而且在民俗活动中，人们仅使用舞台版的引子和第二部分，造成简化月令版在如今的盛行。

20世纪中期之前，真正在安海街头传唱的"嗦啰嗹"曲到底情况如何，我们已无法详知，只知曲调大致相同，歌词比较简单，以歌颂龙王，"保平安，添福寿"为主。又或许并无固定歌词，可以即兴编创。

上述歌颂屈原的《采莲歌》和歌颂"土改"的《众人扛山山会动》，以及陈增瑞辑录的《晋江民谣百首》中的《龙船歌》，为了解原始"嗦啰嗹"曲提供了参照。这3支曲子与月令版《嗦啰嗹》应为同宗民歌，在不同的流传过程中产生的不同变体。对比来看，月令版《嗦啰嗹》变化最大，其中最明显的变化是增加了引子和改变了衬句。前3首民歌的衬句同样都有"啰嗹哩"字样，为"唆罗连啊哩啊路里连罗""唆啰嗹啊啰嗹哩啰嗹啊"等，而后者则是"嗦啰嗹啊伊嘟啊啊咧，咧啊去咧"。

月令版《嗦啰嗹》曲去掉了衬句中的"啰嗹哩"组合，应该是有意为之，因为"啰嗹哩"带有过于明显的信俗意蕴，在那样的年代中就是封建迷信的糟粕，是应该坚决予以铲除的，更何况会演要经过层层选拔，要面对市级、省级，甚至国家级的专家和领导，这样的内容更是不合时宜。因此去掉这3个字，应该是经过了深思熟虑的。在今天看来，仍是极为明智的决断，否则一个好节目有可能因这3个字断送。更为明智的是，当时的文艺工作者们保留了衬句开头的"嗦啰嗹"3个字。此3字似乎不只是简单的衬词，但是又没有确切的含义。而且当地民众喜好以此3字来称呼该民俗活动，所以保留这3个字更凸显其传统文化的底蕴。同时，这3个字也成为后人追索歌曲源流的线索。

笔者在田野考察时，四处询问"嗦啰嗹"之意，许多当地人都说"嗦啰嗹"就是"啰嗹哩"。但是口说无凭，始终存疑。一直到发现上述3首民歌，才终于确定二者的关系，进而确定该衬句的驱邪祈福功能，以及该曲所具有的信仰内涵。

也正因此，笔者对一些学者认为"啰嗹哩"除了具有驱邪、祈福、生殖崇拜等功用之外，还作为衬字、帮腔使用的说法不敢苟同。那些初看起来没有特殊含义，似乎只是衬字、帮腔的"啰嗹哩"，其实只是因为年代久远，其隐藏的深意不为人所知；或者因为种种变迁，失去了与原始功用的内在联系，绝不是随意为之。[13]

总而言之，月令版的《嗦啰嗹》曲虽然借助政府之力，扩大了"嗦啰嗹"的知名度和影响力，保护了活动，使之顺利传承，但是覆盖并取代了其他版本；没有"啰嗹哩"3个字的《嗦啰嗹》曲虽然成功地进京会演，得到社会主流文化的认可，但却掩盖了原来具有的信俗意蕴，像是纯朴清新的普通民歌，造成了文化变迁。这种变迁随着时间流逝，变得特别自然，似乎原本如此。而且传统的"嗦啰嗹"活动为迎合社会需求，编创成舞蹈，有意提炼出一些踩街动作，美化服装道具，扩大队伍阵容等。于是"嗦啰嗹"民俗便离它的出发点越来越远，越来越难以辨认。须知民俗是民俗，舞台表演是舞台表演，二者不可混为一谈。如今，传统民俗被表演化、舞台化，甚至以表演化、舞台化的创新作品取代传统民俗，已经成为"非遗"发展中的一大问题。

第三节 深度的诠释

正如格尔茨所说："民族志研究者，除了在进行较为自动化的程式化资料搜集工作时以外，实际上面对的是复杂多样的概念结构，其中许多是相互补充和联结的；它们是陌生的、不规则的、含糊的；民族志研究者必须首先设法去把握它们，然后再去描述。民族志研究者的实地调查活动确实如此：采访资料提供者，观察仪式……为其刊物撰稿。进行民族志研究就如同阅读一部手稿（即'构建对于手稿的阅读'），这是一部褪了色的外文手稿，充满了省略号，不连贯，令人疑惑的校订和有倾向性的批注，但它不是用约定俗成的语音字符写成的，而是用转瞬即逝的具体化的行为例证写成的。"[14]

"嗦啰嗹"在泉州地区的流传时间少说已有几百年。在这个过程中，它如何源起，角色配置、活动程序等有何意义与作用早已不是人们关注的重点，以致被渐渐忘却。人们循着祖先的脚步，年复一年依葫芦画瓢地开展活动。人们如今还关注它，因为它是端午民俗，能热闹气氛，还能祈福。然而，对于真正想追根究底的人来说，它真的像"一部褪了色的外文手稿，充满了省略号，不连贯"，令人无所适从，不知从何入手。而且其中还充满了"令人疑惑的校订和有倾向性的批注"，如众人对"嗦啰嗹"以及"采莲"的各种解释，更令人如坠云雾。"嗦啰嗹"用它那"转瞬即逝的具体化的行为例证"隐约向人们展示着"陌生的、不规则的、含糊的"，但是却"复杂多样的概念结构"。

于是为了揭示这些充满了省略号的、含糊的现象背后复杂多样的结构，就有必要对之进行"深描"，也就是深度的诠释。

"深度描写"的原始是这样起讫的。比如有两个男孩子都在猛眨他们右眼的眼皮，一个孩子是因为有生理上的抽搐的疾病，而另一个孩子则是在对玩伴递一个捣鬼的暗号……虽然这两者行为上都是上下眼皮抽动的物理性动作，但有意识的、用社会公认的密码递的眼色是文化，而前者不是……赖尔认为对上面的眨眼抑或抽搐眼皮，观察者可作"肤浅描写"（thin description），即把病态抽搐、递眼色捣鬼、戏拟递眼色、排练递眼色、假装递眼色、假装戏拟……都描写成"右眼皮迅速抽动"；或作"深度描写"（thick description），将其动作行为的本义尽可能地还原。由上面的分析我们可以看出，对任何一种人类行为和文化现象，无论是描写还是分析，其出发点、理论、操作等方面在浅度和深度方面有一系列层次深浅不同的意义结构。探析的方式和深度不同，所获结果当然亦不同。依此类推，人类文化现象是个无穷无尽的研究课题。[15]

如前文所说，"嗦啰嗹"经历种种变迁，已经离它的出发点越来越远。它是端午旧俗的原样传承，这是人所共知的。至迟在清代乾隆时期的《泉州府志》中就有相关记载，与如今的活动高度一致。然而，很少有人知道，"嗦啰嗹"其实是古傩之活态遗存，是一种"驱疫傩"。如前文所述，"嗦啰嗹"活动角色设置和道具的使用看起来零散不统一，似乎是随意为之，但让人大吃一惊的是，推开"傩"家族的大门，家婆、铺兵、旗手、童子等角色以及他们的基本舞步——禹步，夜壶、竹竿幡旗、锣鼓等道具，都找到了自己的祖先和家族位置，就连给人带来极大困扰的反复诵唱的"嗦啰嗹""啰哩嗹"等语句也找到了根源。活动挨家挨户入门拂扫的方式，正是古乡傩"沿门逐疫"在当今的鲜活流传。而且以上这些都带有驱邪功能，直指驱邪主题。

"嗦啰嗹"还是龙舟文化的历史积淀。由于积淀太深，以至于从表面上都看不出它们之间的关系。活动抬着龙王头沿街游行，因此可以肯定与龙崇拜有关。但是要进一步联系到龙舟文化，则要费好大一番周折。首先，透露二者之关系的在于"采莲"之名。如前文所述，"采莲"之名同样给人带来极大困扰，有人说"采莲"是讹传，有人说"采莲"是谐音，也有人认为"采莲"是正名，理由是祖上就这么传下来的。然而，只要愿意花功夫，"采莲"之名又为人们揭开了另一片天地："采莲"与"舟"乃至"龙舟"密切相关；再进一步，"采莲"总是出现在"龙舟竞渡"之时；再往深里挖掘，在属于古楚越之地的湖南、湖北、福建、江西等地，有许多与"龙舟竞渡"有关的民俗活动以"采莲"为名。由此看来，"采莲"是正名，而且是包含着丰富意蕴的正名。失去了这一名称，也就失去了寻找其中深意的钥匙。其次，透露二者之关系的还有《"嗦啰嗹"（采莲）》曲。在闽南流传着一首《龙船歌》，与该曲一看就知为同宗曲调。反观"采莲"之名，可知二者并不是借曲填词这么简单，而是有着深刻的内在联系。[16]

第四节　狂欢：在象征与消解中

明代黄克晦《咏采莲斗龙舟诗》："乍采芙蓉制水衣，蒲觞复傍钓鱼矶。歌边百鹢浮空转，镜里双龙夹浪飞。倚棹中流风澹荡，四扰极浦雨霏微。为承清醴耽佳赏，自怪猖狂醉不归"，描绘的是一幅不折不扣的采莲斗龙舟的狂欢场面。

尤其现在，原本驱邪祈福的主旨渐趋消隐，娱乐狂欢的性质更显突出。也许全民狂欢是采莲深得人心的重要原因。

巴赫金指出，狂欢节诙谐而有着复杂的本性："它首先是节日的诙谐。因此，它不是对某一单独（个别）'可笑'现象的个体反应。狂欢节诙谐第一是全民的（上面我们已经说过，全民性是狂欢节的本质特征），大家都笑，'普天同庆'；第二，它是包罗万象的，它以万事万物取笑（包括以参加狂欢节的人们自己取笑），整个世界都以可笑的姿态出现，都被从它的诙谐方面，从它可笑的相对性方面来看待和接受；最后，这种诙谐是正反同体的：它是欢快狂喜的，同时也是冷嘲热讽的，它既肯定又否定，既埋葬又再生。这就是狂欢节的诙谐。"[17]

安海"嗦啰嗹"活动与巴赫金所说的欧洲文艺复兴时期民间狂欢节完全是两条路跑车，各走各的，互不相干。但是二者在上述狂欢、诙谐的本性上却有着惊人的一致性。"嗦啰嗹"也是全民性的集体狂欢活动，大家都笑。在安海，没有其他哪个节日能像端午节这样使全民参与。春节，人人走亲戚、聚会，各自狂欢；中秋节，家家团聚，博饼娱乐，各自狂欢；每逢重要节日，政府组织大型踩街活动，队伍所到之处，掀起狂欢热潮，但这仍只是局部狂欢。而"采莲"活动，遍及家家户户、大街小巷，家家狂欢、处处狂欢。活动中，人物和道具都被作为笑柄，以可笑的姿态出现：队伍成员将自己打扮得丑陋滑稽，故意做出一些可笑的动作；便溺用的夜壶拿来装酒用，队员还当众喝下壶中之酒……此外，家婆、铺兵等角色通过滑稽夸张的装扮和动作引起阵阵哄笑声，同时也是对多事讨人嫌的家婆和穷困邋遢的铺兵的嘲笑。

在狂欢节中经常出现的假面"是民间文化的一个最复杂也最意味深长的主题。假面同更替和变易的欢乐感相联系，同可笑的相对性相联系，也同情愿否定同一性和单义性、否定自身的因循保守和一成不变相联系；假面同过渡、蜕变、打破自然界限相联系，也同讥笑、绰号（别名）相联系；假面体现着生活的游戏原则，它的基础是古老的仪式和演出形式所特有的那种完全特殊的现实与形象的相互关系。假面的象征性是多值多义的，这里当然不可能尽数。需要指出的是，象戏仿、漫画、脸部夸张、装腔作势、忸怩作态等，就其本质而言，都是假面的衍生物"。假面具有"民间狂欢节本性；这种本性在假面中是不可消除的"。[18]

无论中国还是西方，假面的衍生和发展过程都是非常复杂和漫长的。但可以肯定的是，它们都与"古老的仪式"相关，而且具有"多值多义"的"象征性"。然而，无论假面来自何方，如何而来，它的"民间狂欢节本性"显露无遗。为达到狂欢气氛需要装扮，通过各种装扮有助于与现实生活产生一定的距离感，从而营造狂欢的氛围。中国式的狂欢，如庙会、社火、迎神赛事，泉州地区的踩街、"嗦啰嗹"等，都要穿上不同于日常的服装，涂脂抹粉，使用各种道具，装扮故事中的人物。"嗦啰嗹"活动中，队伍成员从始至终的"脸部夸张、装腔作势、忸怩作态"，全是营造狂欢氛围的"假面衍生物"。

"各种民间节日形式在消亡、退化过程中，把自己的许多因素——仪式、道具、形象、假面——传给了狂欢节。狂欢节实际上成了容纳不复独立存在的各种民间节日形式的蓄水池。"[19]确实如此，如前文分析，"嗦啰嗹"是古老的逐疫傩，与龙舟竞渡有密切关系。如今安海民众并不清楚也不关心什么傩、龙舟竞渡之类的活动本源问题，更不去深究活动的角色构成、道具使用等有何深意，而是原原本本地按照祖先活动的方式，实实在在地享受这种全民同乐的欢腾气氛。

　　这种狂欢，一方面借助种种象征营造了一个不同寻常的信仰世界。"通过仪式，生存的世界和想象的世界借助于一组象征形式的作用而融合起来，变为了同一个世界。"[20]而且在这个融合的世界中，"仪式给人以一定的自由和不拘形迹的权利，即打破日常相处规范的权利"[21]。人们以神之名，扮演角色，高唱乐曲，敲锣打鼓，横冲直撞，游遍街市人家。另一方面，又通过对日常生活的种种象征的消解和戏谑，制造狂欢的高潮。

　　格尔茨认为文化系统是"一种透过象征符号在历史上代代相传的意义模式，一种将传承的观念表达于象征性形式的系统；通过它们人与人相互沟通、绵延传续，并发展出他们对生命的知识和对生命的态度"[22]。在"采莲"民俗中，虽然很多时候，人们并不太清楚象征之意，但是他们学着父辈的样子，将其符号原样传承。

　　这是一个以龙王头为核心的想象世界中的符号系统。龙王头是一个符号，象征着神力和威严，是驱逐邪恶，赐予福祉的力量源泉。以之为核心，"采莲"活动在它的神威笼罩之下，发展出一系列符号化的行为：主人摆祭品，燃香祭祀，祈求龙王赐福；旗手执旗拂扫，象征龙王驱赶邪秽；家婆赠予主人鲜花、龙王旗，象征把福祉留在人家；采莲队伍沿门逐户，走街串巷，象征着整个街市的平安洁净……没有这些象征意义，"采莲"活动便如同儿戏。因为这些符号与象征，以一种近乎游戏的方式呈现：载歌载舞，遍游街市。

　　这种以符号与象征为依托的游戏性方式，构成了狂欢的基调。在此基础上，对象征的消解和戏谑增加了狂欢的浓度。

　　神灵一般供奉于固定场所，接受民众的顶礼膜拜，而"采莲"活动中的龙王，却亲临人家，四处巡视，这是对高高在上的神权象征的消解。龙王变得平易近人，主动将福祉带到百姓家中，形成人神同乐的场面。另外，旗手、家婆、铺兵的主要步法是跌跌撞撞，一进三退，这种看似狂乱的步法，助长了狂欢的气氛，更重要的是，与巫、道中使用的"禹步"很相似。传说"禹步"源自大禹制水，能驱邪，能制龙。[23]"采莲"活动使用"禹步"，同样是对神权象征的消解。此时，人与龙的关系是平等的，人不再只是俯首跪拜的姿态，而具有了一定的主动权和控制权。

活动中使用的道具"夜壶"也是一种符号。它象征着脏，因为是男性夜晚排溺专用器具。将夜壶用来装酒，而且当众喝下，确实让人很不自在，觉得很脏。道格拉斯在她的日常仪式象征研究中指出："脏是事物分类系统的产物……假如我们新买了个痰盂，我们知道它同我们新买的锅、脸盆一样，都是未曾用过的容器，但是，如果将这个新痰盂当锅或脸盆用，放在桌上或厨房中，就会不自在，感到它'脏'。考虑这些例子，就会明白，并不是菜叶、鞋子本身，而是这些东西的'位置'导致被认为是'脏'的。由此观点看来，肮脏是相对的。菜叶本身并不脏，只是落在衣服上才变成脏的……鞋子本身并不脏，只是放在桌子上就变成脏的。干净与肮脏取决于分类体系以及事物在该体系中的位置。"[24]

仔细想来，夜壶原本是不脏的，它与我们用的碗一样都是瓷制的，都是从瓷窑中千度左右高温烧制而成。刚买回来的夜壶并不比刚买回来的瓷碗脏。问题是，在我们日常用具的分类中，前者是用于盛放脏物的，后者是用于盛放干净的食物的，混淆了它们的用途，就会让人感到别扭，感到不舒服。

但是在活动中，"嗦啰嗹"队伍却一直在消解这种"脏"的象征，消解人们的日常分类体系，用自己的行动告诉大家，夜壶其实并不脏。他们利用人们的惯性思维，有意制造脏器盛放食物的别扭，而且试图通过种种行动来强化它。与

图 11-4-1：举酒

安海嗦啰嗹

图11-4-2：狂欢

日常生活中的别扭不同，人人都知道"嗦啰嗹"队员制造的别扭是一种表演，是为了活跃气氛，制造滑稽的效果而做的精心设计，因此往往一笑了之。有的人甚至还会主动配合，张嘴喝下铺兵递过来的夜壶中的酒，众人更是哄堂大笑，开心释怀。通过这种互动，"嗦啰嗹"活动暂时消解了日常生活的分类和规矩，掀起狂欢的高潮。

此外，竹枝、榕枝、锣鼓等也都是一种符号，象征着驱邪的力量。因此这不是一个纯粹的狂欢活动，而是象征驱邪祈福的狂欢活动，因而一呼百应。

于是在"嗦啰嗹"这个兼容并蓄的"蓄水池"中，利用象征以及对象征的消解戏谑，人们一次次地掀起狂欢热潮。

第五节　个人、众人和历史中的人

赖斯（Rice Timothy）有一个相当著名的三维理论模式："历史构成（Historical const）—社会维护（Social maintenance）—个体接受与体验（Individual adaptation and experience）。"㉕

笔者在对"嗦啰嗹"的研究体悟中，从这个三维理论模式中看到的是人、人，还是人。不同的是，其一是个人，即"个体接受与体验"；其二是众人，即"社会维护"；其三是时间维度中的人，即"历史构成"。

毫无疑问，我们研究的所谓文化，是"人"的文化，一切都在人的语言、行为基础上构建起来。首先是个人，从事着某一件事情；然后将视野扩大，发现是众人，共同做一件事情，或者分别做着同样的事情；最后持续追踪，人们长时间地，一代传一代地做着这件事情，便形成了某种文化。以闽南茶文化为例，在一个人的家里，每天不能少了茶；再观察周围人家，家家都泡茶，有客人来了必须泡茶接待，否则就是失礼；进一步追根究底，发现这些家庭的父辈、祖父辈全都爱喝茶，甚至他们的后代也爱喝茶。这就是茶文化的"个体接受与体验"，"社会维护"和"历史构成"。

言归正传，前文列举的构成"嗦啰嗹"队伍的各个成员都是独立的个人，有自己的家庭、事业和生活。他们由于共同的兴趣和热情聚到一起，构成了一个完整的"嗦啰嗹"队伍。联系或招呼队伍入户采莲的同样是独立的个人，同样有自己的家庭、事业和生活。他们对"嗦啰嗹"具有同样的兴趣和热情。于是队伍和人家构成了完整的"社会维护"。每一次的活动都为"嗦啰嗹"的"历史构成"添砖加瓦。颜昌瑞在非常时期出面组织活动，无疑是"历史构成"中极为关键的一环；尤金满等人将"嗦啰嗹"搬上舞台，进京会演，无疑翻开了"历史构成"的新篇章；众多为申报国家级非物质文化遗产做出努力的人，以及申报成功后的种种活动，都为"历史构成"添上了浓墨重彩的一笔。

参与活动的新老队员、尾随队伍观看嬉闹的儿童、迎接队伍入户采莲的人家，都是独立的个体，他们共同起到了"社会维护"的作用；年复一年活动不辍的"嗦啰嗹"一直都在更新着"历史构成"。

"嗦啰嗹"民俗经历时间的洗礼和社会的动荡，唯独在古镇安海留存下来，"人"在其中起着重要作用：在反右运动、"文化大革命""破四旧"那样的极端年代，如果没有人牵头组织，变着法子保护，被当作封建残余的"嗦啰嗹"可能会像其他地方一样，从此销声匿迹，永无重见天日的机会；但是光靠一人之力，如果没有虔诚信众的积极响应、积极参与，队伍就无法组成，活动就无法开展；由于"嗦啰嗹"需要沿街活动，入户拂扫，如果没有社会支持，那么采莲也无法实现。

总结起来，"嗦啰嗹"的保护主体在于个人、小集体和大众，全在于人，无论社会怎么变，无论环境怎么变，只要人心不变，传统就得以延续。安海古镇的现代化进程脚步虽然较为缓慢，但也在持续前行，并未松懈，区别于旧镇区的东大街和新镇政府所在地高楼林立，车水马龙。古镇人们也紧跟时代潮流，赶时髦、追时尚，并不孤陋寡闻。但是传统与现代对安海人来说可以并行不悖，和谐统一。他们可以一边吃着西式快餐，一边听着传统的南音；一边在网上聊天，一边准备中午的祭祀活动……即使环境变了，变得眼看就要威胁到传统的生存，人们也会寻求解决之道，将传统延续下去。例如，在特殊年代，给"嗦啰嗹"填上特殊歌词；在霁云殿另做他用，龙王无家可归的情况下，采取卜杯值年的方法将龙王轮流供在居民家中；当老艺人先后辞世，接班人尚不成熟时，采取雇佣方式，请人充实队伍……

上述适应环境而生的举措，可能有人会认为有悖传统。但是正如黄翔鹏先生那句名言所道破的那样：传统是一条河流。安海人不墨守成规，所以能随机应变，兵来将挡，水来土掩，在现代化的社会中守护传统。

[注释]

① 曲六乙、钱茀:《东方傩文化概论》,山西教育出版社2006年版,第1页。

② 王兆乾、吕光群编著:《中国傩文化》,汕头大学出版社2007年版,第12页。

③ 许在全:《清源撷芳录》,红旗出版社1996年版,第143页。

④ 安海乡土史料编辑委员会校注:《安平志》(校注本),中国文联出版社2000年版,第51页。

⑤ 王铭铭:《逝去的繁荣——一座老城的历史人类学考察》,浙江人民出版社1999年版,第163页。

⑥ 详见第四章第五节"龙王崇拜"。

⑦ 粘良图:《晋江海港琐记》,载黄延艺主编《晋江文化丛书·第五辑》,厦门大学出版社2010年版,第278页。

⑧ 详见第四章第三节"采莲曲与龙船歌"。

⑨ [美]克利福德·格尔茨:《仪式与变迁:一个爪哇的实例》,转引自夏建中《文化人类学理论学派:文化研究的历史》,中国人民大学出版社1997年版,第333页。

⑩ 详见第三章第二节"'嗦啰嗹'曲中的'啰哩嗹'"。

⑪ 《中国民族民间舞蹈集成》全国编辑委员会、《中国民族民间舞蹈集成·福建卷》编辑委员会编:《中国民族民间舞蹈集成·福建卷》,中国ISBN中心1996年版,第758页。

⑫ 陈增荣:《端午采莲》,《福建日报》"海潮"副刊第二三四期,1959年6月10日(五月初五)。

⑬ 详见第三章第四节"啰嗹哩"在闽南。

⑭ [美]克利福德·格尔茨:《厚描述:趋向一种解释文化理论》,转引自肖俊明《理论的转向:解释人类学的兴起》,载中国社会科学院文献信息中心国外文化人类学课题组编《国外文化人类学新论——碰撞与交融》,社会科学文献出版社1996年版,第39页。

⑮ 王海龙:《导读二:细说吉尔兹》,转引自[美]克利福德·吉尔兹:《地方性知识——阐释人类学论文集》,王海龙、张家瑄译,中央编译出版社2000年版,第47—49页。

⑯ 详见本书第三章、第四章和第五章。

⑰ [俄]M.巴赫金:《巴赫金文论选》,佟景韩译,中国社会科学出版社1996年版,第108页。

⑱ [俄]M.巴赫金:《巴赫金文论选》,佟景韩译,中国社会科学出版社1996年版,第140、141页。

⑲［俄］M.巴赫金:《巴赫金文论选》,佟景韩译,中国社会科学出版社1996年版,第186页。

⑳史宗主编:《20世纪西方宗教人类学文选》,转引自夏建中《文化人类学理论学派:文化研究的历史》,中国人民大学出版社1997年版,第338页。

㉑［俄］M.巴赫金:《巴赫金文论选》,佟景韩译,中国社会科学出版社1996年版,第168页。

㉒夏建中:《文化人类学理论学派:文化研究的历史》,中国人民大学出版社1997年版,第341页。

㉓详见第五章第三节"家婆、铺兵、旗手——丑之由来"。

㉔夏建中:《文化人类学理论学派:文化研究的历史》,中国人民大学出版社1997年版,第298—299页。

㉕Rice Timothy, *Toward the Remodeling of Ethnomusicology*, Ethnomusicology 31, 1987, pp.469-488.

结语：『嗦啰嗹』效应

晋江市、安海镇各级政府对"嗦啰嗹"的重视是有目共睹的。据"申遗"文本，为保护"嗦啰嗹"，有关负责人制定了十年保护计划及相应的保障措施、保护机制，并列入市镇"十一五""十二五"总体规划。计划由安海镇党委、政府负责组织实施，晋江市民族民间文化保护工程领导小组和文体局负责管理、督导。保护计划要点如下：

（一）静态保护

1. 列入晋江市级非物质文化遗产保护名录。

2. 进一步全面深入细致地开展普查工作，彻底摸清采莲发生、发展的历史沿革、民间艺人及价值等全部状况。

3. 普查所获资料进行归类、整理、存档。

4. 进一步深入开展理论研究工作，把研究成果编纂成文本予以出版。

（二）动态保护

1. 建立霁云境、妈祖宫、玄坛宫、明义境、西河境、西宫、三公境、兴胜境、上帝宫9个原生态文化保护区域；并对10支"嗦啰嗹"队的80名旗手实行重点保护。

2. 发展"嗦啰嗹"队伍。在全镇所有中小学开展"嗦啰嗹"活动普及教学，不断培养新艺人，从根本上解决新形势下的传承难题。

3. 举办一年一度的安海端午"嗦啰嗹"民俗文化节，检阅和促进活动的传播发展。

（三）保障措施

1. 建立有专家指导的，以镇党委分管副书记为组长的"嗦啰嗹"保护领导小组（现已建立）。

2. 设立以镇分管领导为负责人的"嗦啰嗹"普查工作队（现已设立并开始工作）。

3. 设立以镇分管副镇长为组长，教委办负责人为副组长，各中小学校校长为成员的安海镇"嗦啰嗹"教学工作组（该组现已成立），并设立中小学"嗦啰嗹"教学课件编写组（现已成立5人编写组，拟定了教材大纲）。

4. 把"嗦啰嗹"的保护纳入镇、村（社区）、学校等单位（部门）的干部考核，并实行责任追究制。

5. 实行招商引资，发展"嗦啰嗹"民俗文化产业，融入安海第三产业发展的大格局中。

6. 镇政府每年筹集一定的保护经费。

（四）保护机制

在实施五年保护计划中，要重点建立五大保护机制，提高干部、群众的保护意识，逐步健全动态的持续发展的保护体系。这五大机制是：

1. 以文化战略上"定向"、发展蓝图中"定位"、工作决策时"定项"、领导班子内"定人"、干部职责上"定责"、资金投入上"定额"为主要内容的领导制度建设机制。

2. 现有老艺人、新生艺人、专家学者步调一致，互动互补的人才队伍建设机制。

3. 生态保护与不断提高技艺，发展创新，协调发展的动态持续保护机制。

4. 品牌效应与闽南风情相结合，以打造品牌带动旅游业发展的活动开展机制。

5. 发展"嗦啰嗹"民俗与第三产业相结合，充分挖掘旅游资源，以引入市场竞争的市场营运机制。

由此可见政府保护发展"嗦啰嗹"的信心与决心。

"嗦啰嗹"是在历史长河中，在多方因素共同作用下，经历了复杂的发展历程才逐渐成形。它的源头之久远已难以追寻，发展过程之曲折已无法考察，只能从种种蛛丝马迹中去探寻它与古傩、龙舟文化等的关系，从言简意赅的文献中解读它的历史变迁。我们能确切把握的只是它在近几十年来的起起伏伏。20世纪50—80年代间令人窒息的社会环境着实让人为它的存续担忧；在众多热心人士的努力下，在安海一息尚存并得以延续至今，又令人庆幸；如今，它被列入国家级非物质文化遗产代表作名录，众人欢呼雀跃。

曾被作为封建残余遭到封杀的"嗦啰嗹"如今成了响当当的国家级非物质文化遗产项目，而且受到政府如此重视，制定了如此详细的保护计划和措施，这对民俗文化来说无疑是一针强心剂。围绕"嗦啰嗹"而举办的民俗旅游文化节集中展示安海古镇乃至整个晋江市的文化遗产，对文化遗产保护和增强民众保护意识起到了很好的宣传、促进作用。于是众人对原本视而不见的一些传统文艺、民俗开始关注起来，许多绝迹或尘封多年的事物在有心人的奔走、组织下重见天日，如安海的攻炮城、烧塔仔等。

在政府的大力支持与倡导下，包括"嗦啰嗹"在内的文化遗产越来越焕发出无限光彩。

重要的是，"嗦啰嗹"拥有深厚的历史、社会、文化、群众基础，缺少这些就像巧妇无米、长渠无水一样，再大声的口号、再大力的扶持，也将无济于事。"嗦啰嗹"个案告诉我们，传统文化之林需要全社会上下左右的同心合力才能根深叶茂。

后 记

每有专著出版，都会勾起笔者许多回忆。更何况这本《安海嗦啰嗹》是再版。笔者目前共撰写了5本专著（4本已出版，1本待出版），其他4本都以泉州南音为研究对象，只有这本《安海嗦啰嗹》是研究南音之余，"打酱油"式的著作，没想到却成为笔者迄今为止最畅销的一本专著，也是唯一一本再版的专著。

回想起2007年，笔者回到安海老家考察南音活动，在安海诗人黄天来老先生的热心引见下，见到了诗人颜长江及其他安海文友。起先我们只是闲聊，机缘巧合，谈到了"嗦啰嗹"。当时笔者对"嗦啰嗹"尚无关注，也已多年未见，但是对其记忆深刻。正巧颜长江老师一直以来对其颇有研究，曾有相关论文发表，并为"嗦啰嗹"民俗活动申请国家级非物质文化遗产撰写文本。颜老师无疑激发起了笔者对"嗦啰嗹"的研究兴趣，笔者当即表示要深入研究，并将之写成一本专著。然而，笔者的这一想法遭到很多人的质疑，人们的一致看法是"嗦啰嗹"活动很简单，而且也少有史料可供挖掘，写一两篇论文还可以，写成专著不太现实。笔者曾试图申请研究和出版经费，未获批准。

尽管如此，笔者仍坚信"嗦啰嗹"蕴含丰富，可挖掘的东西很多。由于"嗦啰嗹"又称"采莲"，但"嗦啰嗹"究竟何意莫衷一是，整个活动与"采莲"、莲花也没有什么联系，于是笔者打算从这两个令人疑惑的名称入手展开研究。然而，当真正开始着手研究时，笔者确实被难住了。如人们所说相关史料稀少，少有的如《泉州府志》记载之类的文献早就被人们反复引用、讨论，研究一度陷入僵局。

研究进行不下去时，笔者选择暂且搁置，但是脑子里仍挂念此事，常常会思考如何破解僵局。有一天在中央音乐学院图书馆网站查找资料时，看到"中国歌曲全文库"，遂以"嗦啰嗹"的各种写法作为关键词搜索，查到了多首年代更早的相关乐曲，罗列于本书第三章。这些歌曲为笔者打破了研究僵局，许多曲中的"嗦啰嗹啊啰嗹哩啰嗹啊"唱词证明了"嗦啰嗹"原本为驱邪咒语的开头，后因种种原因遭到篡改，才令今人不知所以。接着笔者查找了大量的志书，发现属于古楚越之地的湖南、湖北、福建、江西等地有许多与"嗦啰嗹"类似的民俗活动都称为"采莲"，从而为"采莲"正名。又进一步，笔者对"嗦啰嗹"的"驱疫傩"性质进行分析，指出家婆、旗手、铺兵、侲子等角色设置皆与傩有关，而夜壶的使用也绝不仅是为了制造滑稽效果，古时有一种驱傩活动名为"打野胡"，或称"打夜狐""打野呵"，以此为生的人被称为"路歧人"，他们唱着"啰哩连"沿门逐疫……

僵局一旦打开，思路便源源不断。虽然笔者花了大量的时间和精力查找资料才得出上述的历史追溯，但是每有新发现都令人兴奋不已，这就是学术研究最迷人之处。

本书从初版到再版经历了9年时间。回忆起其间的点点滴滴，需要感谢的人，比初版时多了很多、很多……

首先要感谢的是前文提及的安海诗人颜长江。颜长江是《安海嗦啰嗹》一书从确立研究意向到最终成书，再到如今再版的关键人物。十几年来，但凡有相关资料和信息，颜老师都第一时间提供给我，有了这些资料，《安海嗦啰嗹》的初版及再版才得以顺利进行。此外，由于颜老师的穿针引线，笔者拜访了传承和保护"嗦啰嗹"的关键人物——原安海文化站站长颜昌瑞，结识了许书合、颜呈礼等对"嗦啰嗹"颇有研究的文化人，以及黄素珠、颜为民、黄祖南、张丽珊等"嗦啰嗹"活动的负责人、传承人。他们热情接待笔者，并在之后的田野考察中给予了许多帮助和支持，使笔者获得许多重要的第一手资料。

笔者于2008年端午进行了第一次全方位的田野考察，围绕安海镇举办的"晋江市（安海）首届端午民俗旅游文化节"展开。考察结束回京后做了许多案头工作，查阅了大量资料，撰写并发表了《"嗦啰嗹"、"采莲"关系辨》《端午狂欢"嗦啰嗹"》《"采莲（嗦啰嗹）"与龙舟竞渡》等3篇论文后，由于种种原因，研究工作一度搁置。敦促笔者最终撰写成书，并提供出版机会的是中国艺术研究院郑长铃研究员，彼时他作为副主编正在策划非物质文化遗产丛书。2011年初，郑研究员邀请我撰写书稿，并以年底为交稿期限。于是当年端午，笔者再次赴安海田野考察。回京之后笔耕不辍，如期交稿。郑研究员详细审阅了本书，提出许多建设性意见。2012年10月，《安海嗦啰嗹》一书由浙江人民出版社出版。

本书出版以后得到很多人的关注，尤其安海乡亲对之青睐有加，纷纷慷慨解囊购买。据笔者所知，仅是扮演家婆的黄祖南先生就购买了几十本书分送给亲朋好友。2016年的第五届端午民俗旅游文化节，邀请来全国各地的专家学者，举行了"端午习俗传承与保护研讨会"。笔者有幸受到安海镇党委书记唐春晓、宣委张培良、文体服务中心主任洪德财等人的热情邀请，参与了该活动。更令笔者感动的是，组织方购买了80本《安海嗦啰嗹》作为会议资料赠予参与研讨会的专家学者。在安海开办书店的许著华先生负责购书，据他说本书几乎已断货，他作为书商，使用内部渠道联系了各地同行，最后只搜集到这80本书。听说此消息，笔者萌生了再版此书的想法。

本书的再版还有一个重要原因，即多年来在大家的帮助下，积累了许多新的资料，亟待补充。本书与初版相比，主要改动如下：

1. 在第二章第三节"当前的'嗦啰嗹'"中，增加了恢复"嗦啰哗"活动的泉郡南门后山四王爷宫情况介绍与分析。该资料的来源有些曲折。先是清华同衡规划设计研究院人文与创意城市研究所副所长齐晓瑾告知笔者四王爷宫恢复活动的消息，随后由她推荐并结识了曾考察过该活动的北大博士孙静，孙静又推荐了泉州海外交通史博物馆的杨诗琪。杨诗琪慷慨地提供了许多照片和资料，被收入本书。

2. 第三章"探究'嗦啰哗'之意"，增加了参考文献：周广荣的《梵语〈悉昙章〉在中国的传播与影响》。中国艺术研究院李玫研究员在得知笔者研究"嗦啰哗"后，特别推荐了此书。

3. 原本"'嗦啰哗'项目省级代表性传承人——颜昌瑞"只是第六章中的一节，由于笔者又多次拜访了颜昌瑞先生，得到许多第一手资料，于是将之扩充为独立的一章。

4. 在第九章"'嗦啰哗'的舞台化"中，增加了"多才多艺的尤金满"一节，资料来自尤金满外甥女、舞蹈家黄冬艺女士。在该章第四节中，增加了"戏剧化的'嗦啰哗'节目"分析，资料来自该场演出的总导演颜昌瑞先生。

5. 在第十章对安海端午民俗旅游文化节的探讨中，增补了4—8届旅游文化节概况。颜长江、黄胜利、吴杭州、张子祥等前辈对"嗦啰哗"颇有研究，也为多届旅游文化节的成功举办贡献了自己的力量，本书关于旅游文化节的相关资料主要由他们提供。

6. 本书增加了复合媒体资料，可以通过扫描微信二维码听音频、看视频。书中所附视频主要为笔者自2008年以来在田野考察时拍摄。由于笔者都是孤身一人去做田野考察，其间既要拍视频，又要拍照，而且多数活动都是在行进中甚至奔跑中展开，再加上十几年前录制设备条件有限，所以视频质量不佳。这些视频原本的用途为自用，方便在后期的学术分析和研究中反复观看。如今具备了与读者分享的条件，又考虑到十几年前的影像资料也许可供人们作对比研究，因而罗列于本书，不尽如人意之处还请读者海涵！遗憾的是，妈祖宫嗦啰哗队的采莲录像不知何故丢失，多方查找仍未能找回，只好以该宫2013年乔迁新宫的仪式录像作为弥补；而三公境和当兴境的采莲录像虽然还在，但是不知为何无法导出生成有效的复合媒体文件。

此外，文章个别地方也做了些微调和更正，恕不一一展开。

本书的再版，还要感谢文化艺术出版社总编辑王红，以及编辑齐大任、刘利健。笔者之前出版的4部专著中，其中的2部都由王红担任责任编辑，王红细心、负责，点子很多、很有新意，笔者受益匪浅。编辑齐大任、刘利健为本书的再版付出了许多辛勤的劳动，笔者心存感激！

需要感谢的，还有我的亲人。因为端午当日有多个"嗦啰嗹"队伍分头出动，笔者分身无术，哥哥陈鸿佳多次帮助拍摄视频、照片，母亲颜秀丽、大姐陈燕玉、二姐陈燕娜，以及在养正中心小学任教的表姐颜曼辉等人，也都协助拍摄、采访、收集资料等。

行文至此，笔者不禁感叹，多少人的鼎力相助和无私奉献才促成了本书的初版乃至再版！笔者无以回报，只能记录点滴，以示谢意！

陈燕婷

2021年4月

图书在版编目（CIP）数据

安海嗦啰嗹 / 陈燕婷著 .— 北京：文化艺术出版社，2021.5

（中国非物质文化遗产代表作丛书 / 王文章主编）

ISBN 978-7-5039-6655-2

Ⅰ.①安… Ⅱ.①陈… Ⅲ.①端午节-风俗习惯-介绍-福建 Ⅳ.①K892.18

中国版本图书馆CIP数据核字（2021）第072055号

（本书所用图片除已署名者外，均由作者提供版权）

安海嗦啰嗹

著　　者	陈燕婷
责任编辑	刘利健
数字编辑	李岩松
责任校对	董　斌
装帧设计	江慕青
出版发行	文化藝術出版社
地　　址	北京市东城区东四八条52号　（100700）
网　　址	www.caaph.com
电子邮箱	s@caaph.com
电　　话	（010）84057666（总编室）　84057667（办公室） 　　　　84057696—84057699（发行部）
传　　真	（010）84057660（总编室）　84057670（办公室） 　　　　84057690（发行部）
经　　销	全国新华书店
印　　刷	北京金彩印刷有限公司
版　　次	2021年7月第1版
印　　次	2021年7月第1次印刷
开　　本	700毫米×1000毫米　1/16
印　　张	24.25
字　　数	320千字　图片400余幅
书　　号	ISBN 978-7-5039-6655-2
定　　价	98.00 元

版权所有，侵权必究。如有印装错误，随时调换。